코리안 리더십

이순신의 킹핀

이영관 지음

 (주)백산출판사

Prologue

현충사와 이충무공 묘소를 방문할 때마다 나는 불패신화를 창조하신 이순신의 투혼에 절로 고개가 숙여진다. 어린 시절에는 장군의 위대함을 제대로 이해할 수 없었지만, 이제 비로소 이순신의 초인적인 정신력과 나라사랑 정신을 조금이나마 이해할 수 있게 되었다.

조선의 권력자들이 임진왜란을 보다 체계적으로 대비했다면 궁궐을 버리고 북으로 피신했던 선조 임금의 파천은 막을 수 있었을 것이다. 다행히도 1591년 2월에 전라좌수사로 부임한 이순신은 늘 자신의 본문에 충실하며 전란 준비에 빈틈이 없었다. 그는 불의를 참지 못하는 성격의 소유자로서 과욕을 경계하며 실력으로 승부하는 삶을 실천했다.

이순신은 첩보전의 달인이었고, 거북선과 판옥선을 건조하며 어떠한 적의 침략에도 대응할 준비를 갖추었다. 당시 거북선은 일본 수군을 압도할 수 있는 비대칭무기로서 적의 대장선을 침몰시키는 데 혁혁한 공을 세웠다. 이 밖에 천자총통과 지자총통 등도 일본 수군을 제압했던 첨단무기였다.

임진왜란이 발발하자 조선의 관군은 힘없이 무너졌고, 일본군은 20여 일 만에 한양을 점령하였다. 조총으로 무장한 일본군의 응집력과 빠른 공격에 조선사회는 충격에 휩싸였다. 그 와중에 조선 수군은 1592년 5월 7일에 옥포해전에서 승리함으로써 적을 물리칠 수 있다는 자신감을 회복하였다. 동년 7월 8일에 벌어진 한산대첩에서는 학익진 전법으로 세계 해전사에 빛나는 승리를 쟁취하였다.

명량대첩에서는 13척으로 10배가 넘는 적을 맞이하여 대승을 거둠으로써 전란을 종식시킬 수 있는 전환점을 맞이했다. 아쉽게도 이순신 장군은 1598년 11월에 발발한 노량해전에서 철군을 서두르던 일본군 함대를 분멸하며 순국하였다.

한국인들의 뇌리 속에 이순신은 위기에 처한 나라를 구한 영웅으로 각인되어 있다. 그는 법치로 다스릴 때와 덕치로 다스릴 때를 분별할 줄 아는 지도자였고, 부하 장졸들을 처벌할 수밖에 없을 때는 법치의 엄격함을 회피하지 않았다.

장군은 둔전 경작과 염전사업 등으로 부족한 군비를 자체적으로 조달할 수 있었고, 수군 진영으로 모여드는 굶주린 백성들을 보살피는 데도 만전을 기했다. 또한 포로가 된 백성들을 구출하는 것을 왜적의 수급을 베는 것 못지않게 중시했고, 조선 백성들의 피해를 최소화하며 적을 공격하는 리더십을 발휘하였다.

전란 중에 이순신이 추구했던 전쟁의 목표는 적을 섬멸하여 전란을 끝내는 것이었다. 그는 상부의 지시가 적에게 이용당하는 자충수가 되어 모함을 받거나 모욕을 당하더라도 나라를 지켜내기 위한 가시밭길을 묵묵히 걸어갔다. 그가 투옥되어 온갖 고초를 겪어야 했던 안타까운 스토리에는 부귀영화를 초월하여 나라 사랑을 실천한 이순신 장군의 인생철학이 담겨 있다.

이순신은 활쏘기도 생활화하였다. 무인들은 활시위를 당기며 전투에서 승리할 수 있다는 자신감을 충전했는데, 사회적인 친교수단으로도 활용하였다. 장군의 활쏘기는 군사훈련인 동시에 여가활동이었다.

그는 활쏘기 외에도 종정도 놀이, 바둑, 장기 등의 여가활동을 즐기며 친목을 도모하였다. 특히 바둑과 장기는 비오는 날에 즐겼다. 병졸들의 놀이수단으로는 씨름을 권장했는데, 체력훈련 효과와 함께 군인들의 사기 진작에도 큰 도움이 되었다. 아울러 장수들은 생사를 넘나드는 전쟁터에서 술을 마시며 현실의 고통을 잊기도 하고, 군인으로서의 자긍심을 확인하기도 했다.

인간의 놀이나 여가생활은 공동체의 문화를 형성하는 데 큰 영향을 미친다. 이제 한국인들은 놀이문화의 재미를 추구하면서도 보다 멋진 인생으로 도약하기 위한 문화체험이나 자기계발을 추구하는 여가문화를 확산시켜 나가야 한다.

끝으로 본 저술에서 '난중일기'의 콘텐츠 사용을 흔쾌히 허락해 주신 여해연구소의 노승석 소장님과 백산(백두산)에서 한라산까지 자유롭게 소통하는 통일된 대한민국을 염원하며 '코리안 리더십'의 발행을 승인해 주신, 진욱상 대표님과 관계자분들에게 감사의 마음을 전합니다. 늘 곁에서 응원해 주는 송진숙 교수와 가빈과 승빈에게도 감사드립니다.

2021년 3월

이영관

6

Contents

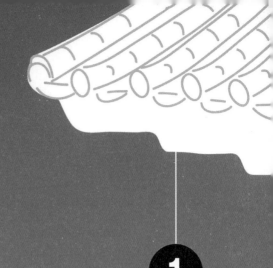

1

이순신의 인생철학

전란으로부터 나라를 구한 이순신의 삶은 순탄하지 못했다. 그는 어
린 시절부터 전쟁놀이를 좋아했지만 문인적인 소양이 남달랐고, 위기상
황에 처할 때마다 세상을 원망하기보다 창조적인 해법을 도출하는 삶의
자세를 견지했다. 늘 과욕을 경계하며 실력으로 승부하는 삶도 실천했다.
　인생이란 최선을 다하다 보면 은인의 도움을 받을 수도 있지만, 타인
의 힘을 빌려 출세하려는 욕심을 경계해야만 성공의 실크로드에 다다를
수 있다. 성공하려면 성실해야 하고 천부적 재능을 발휘할 수 있는 분야
에서 신명나게 일할 수 있어야 한다.
　이순신은 임진왜란이 발발하자 나라를 구하기 위해 혼신의 힘을 다했
지만, 선조는 장군의 충심을 의심하기 시작했다. 부산에 주둔한 일본군
본진에 대한 공격은 신중해야 한다는 이순신의 충언에 선조는 반감을 표
출했다. 결국 그는 한양에 압송되어 온갖 고초를 겪어야만 했다.
　백의종군 후 장군은 건강상태가 좋지 못했지만 위기에 처한 나라를
걱정하며 왜군을 몰아내기 위한 투혼은 흔들리지 않았다. 그는 노량해전
에서 순국했는데 살아야겠다는 의지가 강했다면 죽지 않을 수도 있었다.
이순신은 죽음을 두려워하지 않았고, 퇴각하는 450여 척의 적선들을 파
괴하며 전란을 종식시켰다.

이순신의 가풍과 청년기

역경을 극복한 사람들의 성공 스토리는 세상 사람들로부터 찬사를 받는다. 전란으로부터 나라를 구한 이순신의 삶은 어려움에 처한 사람들에게 꿈과 희망을 심어준다.

그는 1545년 3월 8일(양력 4월 28일)에 한성 건천동(서울시 중구 인현동 명보극장 앞)에서 태어났다. 어린 시절에 경제적으로 궁핍하지는 않았지만, 조부와 부친께서는 사람들이 우러러보는 높은 관직에 있지 않아 한성에서 주목받을 만한 명문가의 자제는 아니었다.

"이순신의 형제는 4남 1녀로 이 가운데 아들 네 형제는 희신, 요신, 순신, 우신인데, 이것은 중국의 고대 성인인 복희씨, 요, 순, 우 임금의 이름을 딴 것이다. 즉 요순시대와 같은 태평성대를 이루는 왕의 신하가 되라는 뜻으로 각 성인의 이름자 뒤에 신하 신을 붙인 것이다."[1]

그의 가문은 위세가 당당했었지만 그가 태어났을 때는 과거의 영화를 논할 수 없을 만큼 쇠락해 있었다. 덕수이씨인 이순신 집안은 고려 때 중랑장을 지낸 이돈수를 시조로 모시고 있다. 그의 5대조인 이변은 조선 세종 대에 문과에 급제하여 홍문관 대제학과 형조판서, 정1품인 영중추부사를 역임했다. 장군의 증조부인 이거는 성종 대에 문과에 급제하여 이조정랑과 병조참의를 역임했다.

달이 차면 기울듯이 장군의 조부인 이백록은 과거급제를 하지 못했는데, 불행히도 기묘사화에 연루되었다. 조선의 제11대 임금이었던 중종의 지원하에 조광조와 신진 사대부들은 성리학적 이상정치를 꿈꾸었지만 기득권 세력이었던 훈구파와의 대립은 심화되었다. 급기야 1519년 11월에 조광조와 그를 따르는 신진 사대부들은 남곤과 홍경주 등 훈구세력의 모략에 의해 대거 숙청당했다.

조광조는 1482년에 한양에서 태어났으며, 사림정치의 선구자인 김종직의 수제자였던 김굉필에게 수학한 인물이다. 그는 기득권 세력인 훈구세력을 제압해야만 조선 사회가 멋진 나라로 발전할 수 있다는 정치노선을 추구했다. 반면 훈구세력은 조선 건국에 기여한 공로를 인정받아 특권층을 형성하며 대대손손 부귀영화를 누리려 했다.

중종은 자신의 지지기반이었던 훈구세력의 그늘에서 벗어나고자 했고, 조광조는 중종과 성균관 유생들의 도움을 받으며 훈

전교하였다. "접때 조광조·김정·김식·김구·윤자임·기준·박세희·박훈 등이 서로 붕비가 되어 자기에게 붙는 자는 천거하고 자기와 뜻이 다른 자는 배척하여 성세로 서로 의지하고 권세있고 중요한 자리를 차지하고서 후진을 이끌어 궤격詭激이 버릇되게 하여 국론이 전도되고 조정이 날로 글러가게 하였으나, 조정에 있는 신하가 그 세력이 치열한 것을 두려워하여 감히 입을 열지 못하였으니, 그 죄가 크다. … 조광조는 사사하고 김정·김식·김구는 절도에 안치하고 윤자임·기준·박세희·박훈은 극변에 안치하라."
『중종실록』 1519년 12월 16일

구세력을 견제할 수 있었다. 그러나 조광조의 개혁정치는 본질적으로 정당성을 확보하는 데 한계가 있었다. 그는 과거시험보다 천거를 통해 신진 사림들을 등용시킴으로써 명분이 약했고 훈구세력의 불만은 점점 고조되었으며, 중종 자신도 독단적으로 자신의 세력을 확장해나가는 조광조를 경계하기 시작했다.

결국 조광조의 개혁정치는 중종과 훈구세력이 가까워지는 결과를 초래하였다. 동지였던 임금이 등을 돌리자 조광조는 국정을 농단한 죄인의 신세로 전락했고, 전라도 화순에서 유배생활하다 사약을 받고 생을 마감했다. 선생의 화순 유배지를 둘러보면서 나는 권력의 무상함을 느낄 수 있었다. 그는 사약을 받는 마지막 순간에도 주군에 대한 예의를 다한 것으로 전해지고 있다.

조광조를 따르던 신진 사대부들은 자연스럽게 숙청의 대상이 되고 말았다. 기묘사화를 리더십의 관점에서 분석해 보면, 절대 권력자인 임금이 아닌 2인자 또는 참모들이 추구해야 할 리더십의 한계를 되새겨보게 한다. 유비의 참모였던 제갈량이 부귀영화를 누린 것과 대비되는 조광조의 비극을 우린 반면교사로 삼아야 한다.

비록 이순신의 조부인 이백록은 기묘사화를 주도한 핵심인물은 아니었지만, 조광조가 주도한 별과에 추천됨으로써 기묘사화에 간접적으로 연관되었다. 훈구세력들은 자신들의 기득권을 유지하는 데 방해가 되는 인물들을 엄단했는데, 그의 조부가 기묘사화에 연루됨으로써 이순신은 문과에 급제하여 출세하기 어려운 처지에 놓이게 되었다.

당시 조선사회는 문인과 무인에 대한 차별이 존재했고, 명문가의 자제들은 무과보다 문과 급제를 선호했다. 반면 무과 급제는 문과보다 차별이 적었고, 가문의 위세가 뒷받침되지 못해도 실력이 출중하면 출세의 기반을 다질 수 있었다.

조부의 몰락은 이순신의 부친인 이정의 출셋길에도 장애가 되었다. 그의 집안은 순식간에 명문가의 명예를 유지하기 힘든 처지가 되었다. 그의 부친은 초야에 묻혀 생활했지만 이순신 장군께서 공신에 책봉됨으로써 덕연부원군 좌의정에 추증되는 영예를 얻었다. 장군의 모친인 초계변씨는 무장의 길에 들어선 이순신이 큰 꿈을 펼칠 수 있도록 늘 격려하고 응원했다.

장군의 어린 시절에 대한 기록은 많지 않다. 그의 조카 이분이 쓴 『이순신행록』에 따르면, 장군은 어린 시절부터 전쟁놀이를 즐겼고, 친구들을 이끄는 리더십이 남달랐다. 일찍이 형들과 함께 유학을 배웠고 재주도 있었지만, 전쟁놀이를 더 좋아했다.

이순신은 어린 시절 한성에서 생활하며 유성룡과도 인연을 맺었다. 1542년에 안동 하회마을에서 태어난 유성룡은 한성에서 생활하며 일찍이 이순신의 반듯함과 올곧은 가치관에 매료되었다. 그의 저서인 『징비록』에도 이순신과의 인연에 대해 상세히 기술했다.[2] 어린 시절 이순신과 유성룡과의 만남은 오랫동안 지속되지는 못했다.

정치적 소용돌이는 늘 변화무쌍하다. 이순신은 한성을 떠나 외가가 있는 충청도 아산으로 이주하여 생활하게 되었다. 21살 되던 해에 무남독녀인 상주방씨와 혼인했는데, 이순신보다 2살 아래였다. 상주방씨의 부친은 무관으로서 보성군수를 역임한 방진이며, 모친은 남양홍씨다.

  사람들은 처가살이를 부러워하기도 하고, 다른 한편으로는 부정적인 시각으로 바라보기도 한다. 조선 말기에는 남성 중심의 제사문화가 정착되어 아들이 없는 집안은 가까운 친척이나 지인의 아들을 양자로 들여 제사와 재산을 물려주는 것이 보편화되었지만, 이순신이 생활했던 16세기만 해도 남성 중심의 제사문화가 온전히 정착된 시기가 아니며, 아들이 없는 경우에는 사위가 처갓집에서 생활하며 자연스럽게 제사와 재산을 물려받았다.

  이순신은 집안이 몰락하여 경제적으로 궁핍한 어린 시절을 보냈을 것이라는 세간의 소문은 설득력이 약하다. 그는 부유한 집안의 자제였고, 아산지역에서 부자로 소문난 방진의 외동딸과 결혼함으로써 경제적인 어려움 없이 무과시험에 매진할 수 있었다.

  지금도 경쟁이 치열한 고시를 수년 동안 준비하려면 경제적 뒷받침이 중요한데, 당시에는 많은 백성들이 생존을 위해 일해야 했던 시절이었기에 과거시험을 준비하려면 경제적 뒷받침은 필수적이었다.

  충무공 종가에서 소장하고 있는 「초계변씨 별급문기」에는 이순신의 모친인 초계변씨가 이순신이 무과에 급제하자 이순신과 그의 형제들에게 노비와 토지를 나누어주었다고 기록되어 있다. 당시의 상황을 고려할 때 자식이 무과에 급제한 것을 기념하여 노비와 토지를 나누어줄 정도라면 상당한 재력가였다고 추론해 볼 수 있다.

  현재 현충사 경내에 남아있는 이순신 장군의 옛집은 처가로부터 자연스럽게 물려받은 고택이다. 오늘날까지 덕수이씨 충무공파는 이순신의 장인과 장모의 제사를 이어오고 있다. 충무공 이순신 가문의 예법은 오늘날의 관점에서도 칭찬받을 만하다.

성공을 꿈꾸는 사람이라면 불로소득으로 부귀영화를 누리려는 욕심을 경계해야 한다. "세상에는 공짜가 없다."는 격언이 있다. 열심히 살다 보면 운이 좋거나 은인의 도움으로 기대한 것보다 큰 결실을 맺을 수도 있지만, 이러한 행운들은 뜻밖의 보너스로 인식하는 것이 지혜롭다.

이순신은 문과 시험에 대한 미련도 있었지만, 장인의 권유를 받아들여 무인의 길을 걷게 되었다. 그의 장인은 이순신의 무과시험 준비에 큰 힘이 되었다.

오늘날 그가 청년기를 보냈던 현충사 일대의 곡교천 주변에는 은행나무들이 멋진 자태를 뽐내고 있다. 늦가을 노란 은행잎으로 물든 천변을 산책하면서 이순신의 청년기를 음미해 보면 역사여행의 묘미에 빠져든다.

현재는 현충사 인근 곡교천의 하류에서 서해바다로 이어지는 수상교통망이 삽교천방조제로 인해 단절되었지만, 청년 이순신이 살던 시절에는 그의 고택 앞으로 흐르는 천변을 따라 아산만으로 이동하다 배를 타고 서해바다로 나갈 수 있었다.

방진은 사위인 이순신의 잠재능력을 높이 평가했다. 현충사 경내의 고택 앞마당에는 활터가 남아있다. 그는 이순신에게 활쏘기와 말타기 기술을 집중적으로 가르쳤고, 하나를 가르치면 열을 터득할 만큼 이순신의 집중력과 승부욕은 남달랐다.

청년 이순신은 무과시험에 필요한 다양한 기술을 연마하면서도 문인으로서의 소양을 갈고 닦는 데도 소홀함이 없었다. 그는 난세의 영웅으로 발돋움할 수 있는 기본기를 청년기에 다졌다고 볼 수 있다.

수려한 필체로 『난중일기』를 남긴 이순신의 저력은 어린 시절부터 연마했던 문인적인 소양이 남달랐기에 가능했다.

그는 수년간 무과시험을 준비하고 1572년 8월에 훈련원 별과시험에 도전했으나 달리던 말이 고꾸라지면서 왼쪽 다리뼈가 부러지는 불운을 겪었다. 당시의 의술을 고려할 때 말을 타다 떨어져 다리가 부러졌는데도 불구자가 되지 않았다는 점을 고려해 보면, 당시 이순신의 골절상은 매우 심각한 외상은 아니었다.

낙마로 인해 이순신은 말 타는 행위에 대한 공포가 생겼을 수도 있고 불편한 다리로 무과시험을 준비하는 것을 포기할 수도 있었을 텐데, 그의 집념은 흔들리지 않았다. 그 후 4년 동안 무과시험 준비에 매진했고, 32세 때인 1576년 2월에 식년무과시험에 지원하여 병과 제4인으로 급제하였다. 「무과급제 교지」를 받고 이순신은 북방지역의 하급군관으로서 장수의 삶을 시작했다.

정읍현감에서 전라좌수사가 되다

　사회적 동물인 인간은 혼자만의 힘으로 성공하는 것이 어려울 수 있지만 실력으로 정정당당하게 승부하는 것을 중시해야 한다. 이순신은 지인의 도움을 받을 수 있는 기회가 찾아와도 거리를 둘 만큼 올곧은 성품의 소유자로서 출세에 대한 과욕을 경계하며, 아첨하는 행위를 지극히 멀리했다.

　그가 1576년 식년무과에 급제한 후 하급무관으로 있을 때, 덕수이씨로 종친이었던 율곡 이이가 이순신을 뵙고자 했다. 그러나 이순신은 이이의 제의를 정중하게 거절했다. 당시 이이는 이조판서였기에 하급관료가 고위관료의 심기를 건드리면 다방면에서 피해를 볼 수도 있는 처지였지만, 이순신의 판단과 행동은 단호했다.

　율곡 이이는 멈칫했다.

　'사람들은 나를 만나기 위해 사돈의 팔촌까지 동원하는데, 하급무관인 이순신이 나의 만남을 거절하다니….'

　'종친께서 저를 배려하시는 것은 고마운 일이나, 조선의 대표적인

학자이자 정치가이신 대감께서 저를 뵙자고 하시니 부담스럽습니다.'

이이는 이순신의 생각을 간파했고, 더 이상 이순신에게 부담을 주지 않았다. 이처럼 장군은 부정청탁을 선호하지 않았지만 부당한 청탁을 받지도 않는 삶의 자세를 중시했다.

민주화된 오늘날에도 윗사람과 소통하면서 상사의 도움을 거절하게 되면 아랫사람은 피해를 당하기 일쑤이다. 하물며 당시에는 신분 차별이 극심했고, 지체 높은 사람의 제의나 부탁을 거절하면 현재의 자리를 보존하기 어려웠던 사회적인 분위기를 고려할 때 이순신의 삶은 순탄했다고 보기 어렵다.

병조판서였던 김귀영도 자신의 서녀를 이순신에게 시집보내려 했으나 장군은 단호하게 거절했다. 그는 사사로운 이익이나 피해를 두려워하지 않을 만큼 자신이 추구하는 삶의 원칙을 고수했다. 그래서 무과급제 후 이순신의 진급은 빠른 편이 아니었다.

장군은 1587년 함경도 조산(함경북도 나선)의 만호와 녹둔도 둔전관을 겸하고 있었는데, 기습으로 침투한 여진족과의 전투에서 패하여 파직되었다. 그 과정에서 이순신을 싫어하는 자들의 시기질투도 영향을 미쳤지만, 그는 일희일비하지 않는 태도로 묵묵히 자신의

> 이경록과 이순신 등을 잡아올 것에 대한 비변사의 공사公事를 입계하자, 전교하였다. "전쟁에서 패배한 사람과는 차이가 있다. 병사로 하여금 장형을 집행하게 한 다음 백의종군으로 공을 세우게 하라." 『선조실록』 1587년 10월 16일

소임에 충실했다. 그리고 이듬해인 1588년 두만강 하류의 녹둔도 전투에서 여진족을 크게 무찔러 명예를 회복했다.

우여곡절 끝에 이순신은 무과에 급제한 지 13년 후인 1589년에 정

읍현감으로 부임하였다. 그리고 1591년 2월 초에 진도군수로 발령받았지만, 동년 2월 13일에 전라좌수사(전라좌도 수군절도사, 정3품)로 발탁되어 진도군수로 부임하기 직전에 전라좌수사로 임명되었다. 만일 그가 전라좌수사가 아닌 부산포를 관장하던 경상좌수사로 임명되었다면 임진왜란의 전세는 크게 바뀌었을 것이다.

이순신이 전라좌수사로 부임한 데는 좌의정이었던 유성룡의 도움이 컸다. 자기 자신을 바르게 다스리는 심학의 이치를 일찍이 터득한 유성룡은 이순신의 반듯함에 매료되었고, 서로 추구하는 길은 달랐지만 틈틈이 상대방의 안부를 걱정할 만큼 돈독한 우정을 지속시켰다.

사람들이 살아가는 세상은 유유상종의 가치를 중시한다. 술을 좋아하는 사람은 술친구를 사귀게 되고, 시를 좋아하는 사람은 시인들과 친하게 지내는 것이 세상살이의 이치다.

장군은 인맥을 통해 출세를 꿈꾸는 사람은 아니었지만, 유성룡은 국가의 안위를 위해 임진왜란이 발발하기 약 1년 전에 선조 임금에게 이순신을 전라좌수사로 천거하였다. 당시 조정에서는 일본을 다녀온 통신사들의 견해를 토대로 일본이 조선을 침략할 것이라는 의견과 침략하지 않을 것이라는 주장이 팽팽히 대립하다, 전쟁이 발발하지 않을 것이라는 낙관론을 받아들였다.

그러나 유성룡의 생각은 달랐다. 일본이 침략하지 않을 것이라는 중론에도 불구하고 나라의 안위를 걱정했다. 파격적으로 이순신을 발탁하면 거센 반대에 부딪칠 것이라는 지인들의 우려에도 불구하고 이순신의 전라좌수사 임명을 관철시켰다.

묵묵히 자신의 소임에 충실하며 장수로서 실력을 연마해 온 이순신은 전라좌수사라는 중책을 부여받았을 때 동요하지 않았다. 그는 완벽하게 준비된 장수였고, "하늘은 스스로 돕는 자를 돕는다."는 격언처럼 이순신은 전라좌수사로 부임하자마자 전쟁준비에 박차를 가했다.

당시 장군의 성품으로 짐작해 보면 정읍현감에서 전라좌수사로 파격 승진하는 기회가 찾아왔어도, 자신이 감당하기 어려울 만큼 버거운 자리였다면 그는 전라좌수사를 받아들이지 않았을 것이다. 그래서 성공을 꿈꾸는 사람이라면 불현듯 찾아올 수 있는 기회에 대비해야 한다.

최선책은 아니었지만 유성룡이 이순신을 전라좌수사로 천거

사간원이 아뢰기를, "전라좌수사 이순신은 현감으로서 아직 군수에 부임하지도 않았는데 좌수사에 초수招授하시니 그것이 인재가 모자란 탓이긴 하지만 관작의 남용이 이보다 심할 수 없습니다. 체차시키소서." 하니, 답하기를, "이순신의 일이 그러한 것은 나도 안다. 다만 지금은 상규에 구애될 수 없다. 인재가 모자라 그렇게 하게 하지 않을 수 없었다. 그 사람이면 충분히 감당할 터이니 관작의 고하를 따질 필요가 없다. 다시 논하여 그의 마음을 동요시키지 말라." 하였다.

『선조실록』 1591년 2월 16일

한 것은 신의 한수였다. 신하들이 파격 인사의 부작용을 우려했지만, 유성룡은 그들을 적극적으로 설득했고 선조 임금께도 충심으로 천거하며 이순신의 전라좌수사 임명의 필요성을 역설했다. 임진왜란 중에도 유성룡은 영의정으로서 이순신을 음으로 양으로 도와주었다.

당시 전쟁이 발발하지 않을 것이라는 조정 대신들의 중론에도 불구하고 유성룡이 전쟁 준비에 박차를 가해야 함을 선조와 암묵적으로 교감하며, 이순신을 전라좌수사로 임명하기 위해 혼신의 힘을 다

했는지는 확인하기 어렵다. 하지만 유성룡이 이순신의 전라좌수사 임명을 주도했고 선조가 파격인사임에도 불구하고 이순신을 임명한 데는, 일본과의 전쟁에 대비해야 하는 남해안의 전략적 중요성을 고려했다고 볼 수 있다.

이순신의 반듯함은 임진왜란 때 조선을 돕기 위해 명나라에서 파견된 도독 진린과의 교류에서도 엿볼 수 있다. 그는 비굴함을 경계하며 당당하게 조선 수군 장수의 위엄을 잃지 않았다. 당시 진린은 포악한 성격으로 조선의 대신들을 업신여기기로 유명세를 떨치고 있었다.

도독 진린은 자기 한 목숨 살겠다고 망명을 불사하려는 선조를 존경 어린 눈으로 바라보기는 힘들었을 것이다. 또한 나라가 망하기 일보 직전인 상황에서도 임금에게 잘 보이려고 아첨하는 조선의 대신들을 품격 있게 대우하고 싶지도 않았을 것이다.

'백성들은 야만적인 왜군에게 처참하게 도륙당하거나 굶어죽어 가는데, 조선의 임금은 살기 위해 압록강을 건너려 하고, 간신들은 그 와중에도 실익을 챙기는 행태를 멈추지 못하고 있으니…'

당시 조선인들을 업신여기는 진린의 태도에 분개하는 사람들은 많았으나, 힘이 강한 자와 약한 자가 평등하게 교류하기란 쉽지 않았다. 진린은 조선을 우습게 여기며 전쟁이 빨리 끝나기만을 바랐지만, 반듯하게 예의를 표하면서도 죽는 것을 두려워하지 않고 자신의 소임에 최선을 다하는 이순신을 바라보며 큰 감동을 받았다.

그도 이순신을 처음 마주할 때는 우습게 여기며 함부로 대하려 했다. 하지만 나라를 구해야 한다는 투철한 신념으로 불패신화를 써내려가는 이순신을 대하며 그의 매력에 빠져들었다.

모범적인 삶을 살면 도독 진린을 감동시킨 이순신처럼 멋진 결과를 이끌어낼 수 있다. 결국 진린은 이순신의 인품과 실력에 매료되었고, 점차로 둘 사이는 돈독한 관계로 발전하였다. 어려움에 처해 있을 때 은인을 만나 위기상황에서 벗어났다는 스토리는 동서고금을 관통할 만큼 보편적이다.

반면 어리석은 사람은 실력이 턱없이 부족한데도 자신이 감당하기 힘든 높은 자리를 사양하기는커녕 온갖 인맥을 동원해서라도 출세하려는 욕망을 내려놓지 못한다. 어리석은 자의 과욕은 결과적으로 더 큰 불행을 가져올 뿐이다.

사회적으로 존경받는 부모를 둔 자녀가 부친의 도움으로 자신이 감당하기 어려운 좋은 직장에 취직하게 되면 행복의 실크로드에 다다르기는커녕 불행의 미로에 갇히기 쉽다. '수기치인'修己治人에서 중요시하는 '수기'의 핵심은 자신이 취할 수 있는 것과 취하지 말아야 할 것을 엄격히 구분하여 행동하는 것이다.

전문가로서의 실력이 부족한 상태에서 인맥을 통해 성장을 도모하려는 접근법은 모래 위에 집을 짓는 것과 같다. 100층이 넘는 세계 곳곳의 고층빌딩들은 인간의 눈에는 보이지 않지만 땅속의 거대한 암반에 건물을 고정시킴으로써 오랜 세월 동안 세상 사람들을 매혹시킨다.

높은 자리에 오른 사람은 우수인재를 영입하기 위해 혼신의 힘을 다할 수밖에 없는데, 일가친척을 영입할 경우에는 신중을 기해야 한다. 2020년에 방영된 KBS 드라마 〈위험한 약속〉은 중견 그룹 회장

부인의 친정오빠와 조카가 온갖 불법적이며 부도덕한 방법을 동원하여 회장을 몰아내고, 경영권을 빼앗으려는 음모와 관련된 이야기로 사건이 전개된다. 결국 이 드라마에서 탐욕을 부린 자들은 법적·도덕적 처벌을 받음으로써 사회정의가 살아있음을 보여주었다.

드라마 속 이야기는 현대인들의 삶 속에서 심심찮게 벌어질 수 있는 스토리다. 그래서 경영자가 친인척을 영입할 때는 혈연관계에 따른 부작용을 심사숙고해야 한다. 조직 내에서 친인척의 비중이 커질수록 연고 없이 취업한 조직 구성원들은 보다 높은 곳으로 도약할 수 있는 기회가 줄어들 수밖에 없으며, 조직의 결속력이 와해되는 심각한 부작용을 초래할 수 있다.

인맥 자체를 부정할 필요는 없지만 세일즈맨과 같은 처지가 아니라면 너무 많은 사람들을 사귀려는 욕심을 내려놓아야 한다. 예수와 석가모니를 비롯한 인류역사를 빛낸 선각자들도 너무 많은 사람들을 사귐으로써 나타날 수 있는 부작용을 경고하였다.

선비정신과 충효사상

사람들은 성공을 꿈꾼다. 성공하려면 성실해야 하고 사회변화를 수용하며, 천부적 재능을 발휘할 수 있는 분야에서 신명나게 일할 수 있어야 한다.

조선시대는 사회변화가 적었고 전통적으로 사람들이 중시해 왔던 지식을 연마하며 지혜를 터득하면 앞서갈 수 있었다. 반면 현대사회는 조선시대와는 비교할 수 없을 만큼 사회적인 변화가 극심하다. 미래를 대비하는 자기계발 외에도 환경변화를 능동적으로 분석하고 대응하는 삶의 자세를 지녀야 한다.

신분차별이 존재했던 조선시대에는 부귀영화를 누릴 수 있는 고급정보들을 특권층이 독점했다고 해도 과언은 아니다. 그뿐만 아니라 특권층의 자제들은 통제된 경쟁으로 인해 보통 사람들은 꿈꿀 수도 없는 성공의 실크로드에 손쉽게 다다를 수 있었다. 물론 당시에도 기득권 세력들 간의 경쟁은 존재했지만, 오늘날과 같은 무한경쟁은 아니었다.

당시에는 태어나면서부터 계급이 결정되는 모순으로 인해 사회적 약자인 하층민들은 참으로 힘든 삶을 영위해야만 했다. 유교문화는 엄격한 신분제도에 기초한 예법을 중시했기에, 힘없는 사람들은 열심히 일해도 일한 만큼 보상받을 수 없는 불평등을 감수해야만 했다.

조선의 유교적 신분질서는 인권을 존중하며 평등과 민주적 가치를 지향하는 현대인의 관점에서는 모순투성이로 보일 수 있다. 하지만 당시 동북아시아의 국제질서 속에서는 보편타당한 가치관이었다.

조선의 사대부들은 의리를 매우 중시했고, 충과 효를 선비가 갖추어야 할 기본적인 덕목으로 인식했다. 이러한 경향은 조선의 지식인들이 추구했던 천지인天地人 삼재三才 사상과 선비정신에도 잘 나타나 있다.[3]

천지인에 기초한 삼재 사상은 하늘과 땅의 조화를 추구한다. 하늘은 초월적이며 형이상학적이고 땅은 구체적이며 현실적이다. 인간의 마음 씀씀이와 육체는 하늘과 땅을 연결하는 통로가 된다. 또한 하늘은 우주관, 땅은 세계관, 사람은 인생관을 상징한다.

반면 서양문화의 토대가 되는 기독교 사상은 인간으로 하여금 "땅을 정복하라."고 가르쳐 왔다. 하지만 우리의 전통사상은 땅을 정복하기보다는 하늘과 땅과 인간이 조화롭게 공존하는 가치를 중시한다.

우리의 전통 건축과 조경문화를 살펴보면 선조들이 자연과의 조화를 얼마나 중시했는지 단박에 이해할 수 있다. 불국사, 해인사 등의 사찰과 창덕궁 등의 궁궐 건축뿐만 아니라 조선시대의 대표적인 민간 건축인 강릉의 선교장을 방문해 보면 자연친화적인 우리 선조들의 건축미학을 쉽게 이해할 수 있다.

　　순리를 중시했던 우리의 전통사상에서 하늘은 인간이 잉태하고 탄생하며 존재할 수 있는 초월적인 영역으로서 인간의 능력을 뛰어넘는 숭배의 대상으로 인식되었다. 우리의 선조들은 주기적으로 하늘(하늘신)에 제사를 지내며, 현세에서 발생하는 난제의 해법을 도출하기 위해 혼신의 힘을 다했다.

　　삼재 사상은 자립, 정의, 의리, 애국, 애족, 예법, 지혜, 신의, 용기, 사랑 등의 가치를 중시한다. 이러한 사상적 가치들은 조선의 사대부들이 중시했던 선비정신과 일맥상통하는 측면이 있다. 조선의 선비정신은 대륙에서 유입된 성리학적 가르침을 중시하면서도 고조선 이래로 도도히 전해져 온 우리의 전통사상을 주체적으로 수용해 왔음을 의미한다.[4]

모름지기 선비란 학식과 인품을 두루 갖춘 자를 뜻한다. 그들은 품격을 갖춘 인성과 지성을 겸비해야 하는데, 수기치인을 중시한다. 자신을 올바르고 반듯하게 연마해야만 사람들을 이끄는 지도자의 길로 나아갈 수 있다.

올곧은 선비는 공익적 가치를 중시하며 자신의 목숨을 바쳐서라도 지켜야 할 명분이 주어지면 기꺼이 받아들이는 삶을 실천했다. 그들은 사회를 지탱하는 예법과 의리를 중시했고 조선시대를 이끄는 지식인으로서의 자부심이 대단했지만, 의로운 행동에 해가 되는 실리를 경계했다.

> 사헌부가 아뢰기를, "통제사 이순신은 막대한 국가의 은혜를 받아 차례를 뛰어 벼슬을 올려 주었으므로 관직이 이미 최고에 이르렀는데, 힘을 다해 공을 세워 보답할 생각은 하지 않고 바다 가운데서 군사를 거느리고 있은 지가 이미 5년이 경과하였습니다. … 적을 토벌하지 않고 놓아두었으며 은혜를 저버리고 나라를 배반한 죄가 큽니다. 잡아오라고 명하여 율에 따라 죄를 정하소서." 하니, 천천히 결정하겠다고 답하였다. 『선조실록』 1597년 2월 4일

선비들이 중시했던 의리사상은 자신의 양심에 따라 올바른 행동을 실천했으며, 인간의 생명을 소중히 여기고 약자를 보호하는 이타적인 행동을 이끌었다.

또한 유교적 건국이념으로 세워진 조선왕조에서 충과 효의 실천은 지도자의 기본적인 덕목이었다. 이순신 장군은 남해안 일대에서 불패신화를 일구며 혼신을 힘을 다했지만, 시기하던 자들에 의해 한양으로 압송되어 혹독한 고문을 받아야만 했다. 그럼에도 불구하고 그는 백의종군 후 13척의 전함으로 명량대첩을 승리로 이끌었는데, 그의 확고한 선비정신과 충효 사상이 흔들리지 않았기에 가능했다.

이순신 가문은 조선 말기까지 삼도수군통제사를 십여 명 이상 배

출했다. 이를 통해 조선의 왕들이 임진왜란 때 나라를 구한 이순신 장군의 후손들에게 조선 수군의 지휘권을 맡기며 특별히 신임했음을 짐작해 볼 수 있다.

오늘날에는 고위직 공무원 자녀의 취업 특혜에 대해서는 엄단하고 있지만, 교통이 발달하지 못했고 통신기술이 미비했던 당시에 지방에 파견된 고위직 공무원의 불만은 왕권을 위협하는 시한폭탄이 될 수 있었다. 그래서 임금들은 공을 세운 신하들을 각별히 챙겼고, 그들의 후손에게도 일정 수준의 특혜를 부여함으로써 지속적인 충성을 이끌어낼 수 있었다.

이순신은 효성도 남달랐고 가족 간의 우애를 삶의 밑바탕으로 여겼으며, 전란 중에도 불쌍한 조카들을 돌보는 데 소홀함이 없었다. 그는 전라좌수사로 부임하며 아버지를 여읜 조카들을 데리고 임지에서 생활했다.

장군은 홀로 되신 어머니에 대한 그리움과 사랑하는 마음도 『난중일기』에 상세하게 기록하였다. "나가서 공무를 보고 활을 쏘았다. 저녁에 탐후선이 들어왔는데, 어머니께서 평안하시나 식사하시는 것이 전보다 줄었다고 하니 걱정이 되어 눈물이 난다. 춘절이 누비옷을 가지고 왔다."(1596년 5월 18일)

무과에 급제한 후 이순신은 고향을 떠나 타지에서 대부분의 시간을 보냈다. 그의 부친은 장군께서 함경도의 군관으로 근무 중에 돌아가셨는데, 부친의 임종을 지켜보지 못한 이순신은 한동안 죄책감에 시달렸다.

유교적 이념이 약화된 현대사회에서는 반드시 충과 효를 실천해야만 영웅이 될 수 있다고 볼 수는 없다. 그러나 높은 자리에 오른 사람은 올바른 국가관과 충에 대한 가치가 흔들려서는 안 된다. 자유와 민주주의를 중시하는 오늘날에도 시민들이 자유롭게 생활하며 평화를 누리려면 국가에 충성하는 영웅들을 지속적으로 키워내야만 한다.

'효 문화'를 중요시하는 유교적 가치는 아직까지도 우리의 정신문화에 스며들어 한국인의 삶에 영향을 미치고 있지만, 그 영향력은 크게 약화되었다. 조선사회는 부모가 자식을 위해 헌신하고, 자녀들은 효를 다하며 부모의 은혜에 보답했다.

> 맑음. 종일 노질을 재촉하여 이경二更에 어머님께 도착했다. 백발이 성성한 채 나를 보고 놀라 일어나시는데, 숨을 가쁘게 쉬시는 모습이 아침저녁을 보전하시기 어렵겠다. 눈물을 머금으며 서로 붙잡고 밤새도록 위안하며 기쁘게 해 드림으로써 마음을 풀어 드렸다.
> 『난중일기』 1596년 윤8월 12일

하지만 우리의 효 문화를 보편적인 가치나 미덕으로 승화시키기는 어려운 일이다. 부모가 자녀를 돌보는 행위는 필연적인 의무에 해당되지만, 부모의 정성 덕에 성장한 자녀가 부모한테 받은 은혜를 반드시 갚아야 하는 것은 의무사항이 아닌 시대로 변모했다.

우리의 전통미덕을 공유할 수 있는 세계인들도 있겠지만, 그렇지 못한 외국인들과도 우리는 교류해야 한다. 정신적인 가치보다 물질적인 풍요로움을 중시하는 물질만능주의의 만연도 충과 효의 가치를 퇴색시키고 있다. 국익보다 사익을 우선시하는 사람들을 비판적인 시각으로 바라보는 것이 어색할 만큼 한국사회는 큰 변화를 맞이하고 있다.

전쟁의 신, 별이 되다

전쟁 중에 아군이 불리하게 되면 적을 물리치기 위한 방편으로 간계를 부려, 적군이 스스로 물러나게 하거나 적의 장수를 모함하여 곤경에 빠뜨리곤 한다. 일본군은 백성들로부터 존경을 받고 있던 이순신에게 콤플렉스를 느끼고 있던 선조와 조정 대신들을 자극하는 데 성공했다.

선조는 1597년 3월 13일에 비망기로 우부승지 김홍미에게 전교하였다.

"이순신이 조정을 기망한 것은 임금을 무시한 죄이고, 적을 놓아주어 치지 않은 것은 나라를 저버린 죄이며, 심지어 남의 공을 가로채 남을 무함하기까지 하며 방자하지 않음이 없는 것은 기탄함이 없는 죄이다. 이렇게 허다한 죄상이 있고서는 법에 있어서 용서할 수 없는 것이니 율律을 상고하여 죽여야 마땅하다. 신하로서 임금을 속인 자는 반드시 죽이고 용서하지 않는 것이므로 지금 형벌을 끝까지 시행하여 실정을 캐내려 하는데 어떻게 처리할 것인지 대신들에게 하문하라."

위기에 처한 나라를 구하기 위해 혼신의 힘을 다했으나 선조는 이순신을 불신했고, 원균과 갈등을 빚는 원인도 이순신에게 있다고 보았다.

『난중일기』에는 원균이 장수로서 법도에 맞지 않는 행동을 반복함으로써 실망했다고 하는 표현이 여러 곳에서 발견되는데, 선조는 이순신의 충정을 제대로 헤아리지 못했다.

이순신이 한양에 압송되어 온갖 고초를 겪었던 원인은 여러 가지 관점에서 살펴볼 수 있지만, 전란의 소강상태가 장기화되자 선조는 마음이 조급해졌고, 급기야 이순신 장군에게 부산에 둥지를 틀고 있는 일본군의 본진을 공격하라는 교지를 내렸다. 부산포 일대에 주둔한 일본군에 대한 공격은 신중하게 접근해야 한다는 명장 이순신의 충언에 선조는 귀를 닫아버렸다.

그는 선조의 계속되는 명을 따르지 못했다. 결국 이순신은 1597년 3월 4일에 투옥되어 온갖 고초를 겪었고, 동년 4월 1일에 풀려나 백의종군하였다.

이순신 장군이 임금의 명령을 받들지 못한 것은 해석하기에 따라서는 임금을 기만한 죄 또는 반역죄로 인식될 수 있는 엄중한 상황이었다.

맑음. 감옥의 문을 나왔다. 남대문 밖 윤간의 종 집에 이르니, 조카 봉, 분과 아들 울이 윤사행, 원경과 더불어 한 방에 함께 앉아 오래도록 이야기했다. … 영공 이순신李純信이 술병을 들고 와서 함께 취하고 간절한 뜻을 전했다. 영의정(유성룡)이 종을 보내고 판부사 정탁, 판서 심희수, 우의정 김명원, 참판 이정형, 대사헌 노직, 동지 최원, 동지 곽영이 사람을 보내어 문안했다. 술에 취하여 땀이 몸을 적셨다.

『난중일기』 1597년 4월 1일

1592년 9월 1일에 벌어진 부산포해전에서는 이순신이 이끄는 조선 함대가 왜군 함선 100여 척을 격파하며 대승을 거두었다. 하지만 1597년 일본군의 전쟁준비는 1592년 때와는 상황이 크게 변했다.

그는 불패신화의 주인공이었지만 부산포에 진 치고 있는 일본군 본진을 선조의 명에 따라 무모하게 공격하는 것은 화를 자초할 뿐이라고 판단했다. 이순신이 임금의 출전 명령을 받아들이지 못한 논리적 타당성은 『손자병법』에서 실마리를 찾아볼 수 있다.

"무릇 지형이란 용병을 도와주는 것이다. 적군의 적정을 헤아려 승리를 이끌며, 지형의 험난하고 평탄하며 멀고 가까운 것을 계산하는 것이 상장上將의 길이다. 이것을 알고 싸우는 자는 반드시 이기고, 이것을 알지 못하고 싸우는 자는 반드시 패한다. 그러므로 전쟁의 이치상 반드시 이길 수 있으면 군주가 싸우지 말라고 하여도 반드시 싸우는 것이 옳고, 전쟁의 이치상 이길 수 없으면 군주가 반드시 싸우라고 하여도 싸우지 않는 것이 옳다. 그러므로 진격하는 것은 명예를 추구하지 않고 퇴각하는 것도 죄를 피하지 않으며, 오로지 백성을 보호하고 이익이 군주에게 부합되는 것만을 생각하니 (이런 장수는) 나라의 보배이다."[5]

명장을 위기에 빠뜨리는 간계와 최고 지도자의 잘못된 의사결정의 위험성은 『삼국지』에도 잘 나타나 있다. 유비가 세운 촉나라의 제갈공명과 그의 후계자였던 강유는 전쟁을 통해 위나라를 제압할 수 있는 기회가 찾아왔으나 위나라 장수의 간계로 말미암아 무산되곤 했다. 강유는 제갈량으로부터 전수받은 팔진법에 따라 등애가 이끄는 위나라 대군을 압도하고 있었는데, 촉나라 후주인 유선의 갑작스러운 명령에 따라 본국으로 철수해야만 하는, 어처구니없는 간계에 농락당하는 일이 반복되었다.

위기에 처한 위나라의 등애는 촉나라의 강유가 주군인 황제를 미워하여 위나라에 투항할 것이라는 헛소문을 퍼뜨렸고, 환관을 매수하여 황제인 유선에게 전달하자, 유선은 더 큰 화를 자초할까 두려워 강유가 이끄는 촉나라 대군을 즉각적으로 철수하라는 명을 내렸다. 간계의 위험성을 경고하고 있는 『삼국지』의 교훈은 최고지도자가 취해야 할 의사결정의 중요성을 일깨워준다.

병법의 원칙을 준수했던 이순신은 옥에서 풀려난 다음 날 종일 비가 내리는 가운데 조카들과 정을 나누었고, 저녁에는 영의정인 유성룡과 새벽까지 세상사를 논했다. 그는 온갖 고초를 겪고 백의종군하게 되는 1597년 4월 이후에는 몸 상태가 나빠져 자주 병치레를 했다.

동년 4월 5일에 이순신은 부친과 두 형의 산소가 있는 선산을 방문하여 하염없이 눈물을 흘렸고, 한동안 흐느끼며 쉽사리 일어나지 못했다. 저녁때는 외가의 사당에 절하고 조상의 사당에도 절했으며, 본가를 방문해 장인어르신과 장모님의 신위 앞에서도 엎드려 절했다.

4월 13일에 장군은 어머님을 뵙기 위해 길을 재촉했지만, 종 순화로부터 어머님의 부고 소식

맑음. 일찍 식사 후에 어머니를 맞이할 일로 바닷가 길에 올랐다. … 얼마 후 종 순화가 배에서 와서 어머니의 부고를 고했다. 달려 나가 가슴을 치고 발을 구르니 하늘의 해조차 캄캄해 보였다. 바로 해암(아산 인주 해암리)으로 달려가니 배는 벌써 와 있었다. 길에서 바라보면서 가슴 찢어지는 비통함을 모두 적을 수가 없었다.
『난중일기』 1597년 4월 13일

을 듣고 통곡했다. 이순신의 모친은 장군이 투옥되자 하늘이 무너지는 아픔에 쉽사리 잠자리에 들지 못했고, 건강이 극도로 악화되어 옥에서 풀려난 아들과 재회하지 못한 채 돌아가셨다.

　그는 『난중일기』에 자신의 심경을 진솔하게 기술하였다. 동월 15일에는 돌아가신 어머님 장례식을 도와준 오종수와 천안 군수에 감사하는 마음을 기록했다.

"늦게 입관하는데 직접 해준 오종수가 정성을 다해 상을 치르게 해주니 뼈가 가루가 되도록 잊지 못하겠다. 관에 넣은 물품은 후회함이 없게 했으니 이것은 다행이다. 천안 군수가 들어와서 행상行喪을 준비해 주고 전경복씨가 연일 상복을 만드는 일 등에 성심을 다하니 슬프고 감사한 마음을 어찌 말로 다하랴."

16일에는 돌아가신 어머님을 떠나보내는 비통한 마음을 기술하였다.

"배를 끌어 중방포(아산 염치 중방리) 앞으로 옮겨대고, 영구를 상여에 올려 싣고 본가로 돌아왔다. 마을을 바라보면서 가슴이 찢어지는 비통함을 어찌 말로 다할 수 있으랴. 집에 도착하여 빈소를 차렸다. 비가 크게 내렸다. 나는 아주 지친 데다가 남쪽으로 갈 일이 또한 급박하니, 울부짖으며 곡을 하였다. 오직 어서 죽기만을 기다릴 뿐이다."

19일에는 더 이상 아산에 머물 수 없는 자신의 심경을 기술하였다.

"일찍 나와서 길에 오르며 어머님 영연靈筵에 하직을 고하고 울부짖으며 곡하였다. 어찌하랴. 어찌하랴. 천지 사이에 어찌 나와 같은 사정이 있겠는가. 빨리 죽는 것만 같지 못하구나. 조카 뇌의 집에 가서 조상의 사당 앞에서 하직을 아뢰었다. 금곡의 강선전의 집 앞에 당도하니, 강정, 강영수씨를 만나 말에서 내려 곡을 하였다."

이순신은 백의종군하는 처지여서 남해안으로 발길을 옮길 수밖에 없었다. 그는 아직 명예를 온전히 회복하지 못했고 남해안으로 향하는 그의 여정은 참담하기 그지없는 고통의 시간이었다. 그러나 백의종군 길에서 만난 조선의 관료들과 백성들은 이순신에게 예의를 표하며 그를 지극정성으로 보살폈다.

그가 백의종군하는 동안 삼도수군통제사가 된 원균은 조선 수군을 진두지휘했지만 역부족이었다. 도원수 권율과 도체찰사 이원익은 논의 끝에 원균에게 부산의 일본군 본영을 공격하라는 출전명령을 내렸다.

원균은 탐색전 끝에 예상 밖으로 힘이 세진 일본군의 위세에 겁을 먹었고, 권율은 출전에 미온적인 원균에게 출전을 강요했다. 결국 원균이 지휘하는 조선 수군 함대는 1597년 7월 15일에 거제도의 칠천량해전에서 적의 기습을 받고 대패하였다. 이 전투에서 원균은 사망하였으며, 경상우수사 배설이 12척의 전선을 이끌고 남해 방향으로 피신하였다.

조선 수군 함대가 칠천량해전에서 크게 패하자 조정에서는 큰 회오리바람이 불었다. 비상대책회의가 소집되었고, 동년 7월 22일에 선조는 이순신을 또다시 삼

> 조즙을 사간원 정언으로, 이순신을 전라좌도 수군절도사 겸 경상·전라·충청 삼도통제사로, 권준을 충청도 수군절도사로 삼았다.
> 『선조실록』 1597년 7월 22일

도수군통제사로 임명하였다. 이순신은 임금이나 대신들에 대한 원망보다 위기에 처한 조국을 구해야 하는 막중한 책임을 회피하지 않았다.

그가 삼도수군통제사가 되었다는 교지는 동년 8월 3일에 장군에게 전달되었다.

"이른 아침에 선전관 양호가 뜻밖에 들어와 교서와 유서를 주었는데, 그 유지 내용은 곧 삼도통제사를 겸하라는 명령이었다. 숙배를

한 뒤에 삼가 받았다는 서장을 써서 봉해 올렸다."

장군은 짧은 기간이었지만 전쟁 준비에 만전을 기했고, 동년 9월 16일에 벌어진 명량대첩에서 승전보를 올렸다. 일본군은 불패신화의 주인공인 이순신의 전략을 뛰어넘지 못했다. 적의 함선들은 울돌목이 좁아지는 수로에 가로질러 설치된 철쇄에 가로막혔고, 일자진 전법으로 포진한 조선 수군을 얕보고 쳐들어오다 큰 낭패를 당했다.

명량대첩에서 조선 수군에 대패한 일본군은 충청도 아산에 위치한 이순신 본가를 급습하는 만행을 저질렀다. 장군은 동년 10월 1일에 아들 회를 고향으로 보내 자식들을 비롯한 집안 사람들의 생사를 알아오도록 조치했는데, 당일 이순신은 병조의 역자로부터 이미 장군의 고향집이 적의 공격을 받아 폐허가 되었다는 공문을 받았다.

어머님이 세상을 떠나셨고 적의 공격에 아들 면이 전사한 현실 앞에서 그는 절망했지만, 전란을 종식시켜 나라를 구해야 한다는 일념으로 고통스러운 나날을 견뎌야만 했다.

조선사회는 혼란스러운 정국이 지속되면서 백성들의 삶은 눈뜨고 지켜보기 어려울 만큼 악화되었다. 흉흉한 민심을 다독이며 기강을 바로 세워야 하는 난제 앞에서 이순신은 남해안 일대의 기강을 바로 세우는 데 한 치의 흔들림이 없었다.

1597년 10월 30일에 기록된 『난중일기』의 내용을 보면 무너진 사회기강의 심각성을 엿볼 수 있다.

"늦게 적에게 붙었던 해남의 정은부와 김신웅의 부인과 왜놈에게 지시하여 우리나라 사람을 죽인 자 2명과 사족士族의 처녀를 강간한

김애남을 모두 목 베어 효시하였다. 저녁에 양밀은 도양장의 둔전의 곡식을 멋대로 나누어 준 일로 곤장 60대를 쳤다."

일본군은 명량대첩 이후 사기가 크게 저하되어 조선군과의 전투에 소극적으로 임하게 되었고, 조선 수군은 남해안의 주도권을 회복한 이후 전선 건조에 박차를 가하며 전쟁을 종식시킬 기회를 엿보고 있었다.

1598년에도 소강상태는 지속되었고, 동년 8월 18일에 도요토미 히데요시가 후시미성에서 병사하자, 일본군은 철군을 결심했다. 명나라 지원군과 조선의 각료들 중에서도 일본군이 철군할 수 있도록 퇴로를 열어주자는 견해가 있었지만, 이순신의 생각은 달랐다.

일본의 주력부대가 무력화되지 못한 상황에서 일본군이 철수하게 되면, 일본은 또다시 침략할 것이라고 판단한 이순신은 일본군의 퇴로를 막고 적의 주력부대를 섬멸해야 함을 역설했다. 결국 조정의 대신들과 명나라 원군도 뜻을 모아 일본군을 괴멸하기로 결정하였다.

8월 24일에 우의정 이덕형이 치계한 내용을 보면 노량해전이 벌어지기 전 일본군의 실태를 이해할 수 있다.

"예교의 적이 성곽을 수축하고 관솔을 많이 준비하여 야간에 불을 밝히고 총을 쏠 계획을 하고 있으니, 진을 철수한다는 설은 모두가 헛된 보고입니다. 통제사 이순신이 중국 장수와 함께 기회를 엿보아 적을 섬멸하려고 주사舟師를 정돈하여 바다로 내려갔다고 합니다."

드디어 11월 19일에 노량해전이 벌어졌다. 조명연합군은 황급히 달아나는 일본 함대를 순순히 보내주지 않았고, 적선들을 향해 포격을 감행하였다. 수십여 척의 왜군 전투선과 보급선들이 침몰하자 일본 병사들도 독기를 드러냈다.

포탄과 불화살들은 포물선을 그리며 일본 함대로 끝없이 날아갔고, 조총이 뿜어대는 연기와 칼싸움에 능한 일본 군인들의 살기는 침몰하는 일본 전선들과 함께 노량진 일대를 붉게 물들였다.

조선군의 거센 공격에 놀란 일본군은 전의를 상실하며 전투를 회피해 달아나기에 급급했다. 명나라 지원군도 이즈음 전투를 마무리하길 원했다. 그러나 이순신은 물러서지 않았다.

"올 때는 너희 마음대로 왔지만 돌아갈 때는 살아서는 가지 못하리라."

장군의 외침은 조선 수군은 물론이고 명나라 진영에도 엄중하게 전달되었다. 전투는 점점 더 치열해졌고, 포격전 외에도 배를 붙이고 벌이는 근접전투에서는 서로를 죽이기 위한 칼부림은 지속되었다. 침몰되고 부서진 배들과 핏빛 바닷물의 전쟁터에서 이순신은 쓰러졌지만 조선 수군은 대승을 거두었다.

백성들은 환호했고 도성에서도 승리의 함성이 터져 나왔다. 그러나 싸늘한 시신으로 육지에 도착한 이순신을 바라보며 백성들은 울부짖었다.

이순신이 지휘했던 조선 수군과 명군의 연합 함대는 노량 앞바다에서 격전을 벌여 왜선 450여 척을 부수었고, 일본과의 7년 전쟁은 막을 내렸다. 당시 이순신은 살아야겠다는 의지가 강했다면 죽지 않

을 수도 있었다. 그러나 그는 죽음을 두려워하지 않았고, 절체절명의
위기상황에 빠져버린 조국을 구하는 데 집중했다.

그의 죽음을 둘러싼 논쟁은 오늘날에도 뜨겁다. 나라를 구했고
한민족의 자존심을 지켜낸 장군께서 부귀영화는 고사하고 노량해
전에서 전사한 역사적 사건을 접하는 사람들은 안타까움을 금하기
어렵다.

그의 운구행렬은 쉽사리 남해바다를 떠나지 못했다. 남해안에서
장군의 고향인 충청도 아산까지는 가깝지 않은 거리였다. 나라를 구
한 장군의 혼에라도 존경을 표하려는 백성들의 울부짖음에 이순신의
장례식은 1599년 2월 11일에 거행되었다.

Korean Leadership

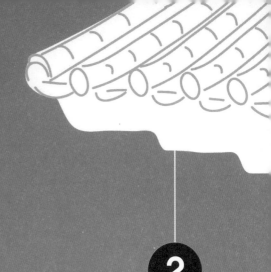

2

첩보전과 비대칭무기

16세기 말의 일본은 무인들이 통치하는 세상이었지만, 조선은 문인들이 우대받던 사회였다. 도요토미 히데요시가 일본을 통일하며 강력한 국가로 발돋움하고 있는 상황에서 조선은 지속된 평화에 안주하며 안이하게 대응하였다.

도요토미 히데요시는 통일과정에서의 내부적인 불만요인을 외부세계로 발산시켜 권력기반을 강화하고자 했다. 조선은 일본의 침략 의도를 파악하기 위해 1590년 3월에 통신사를 파견했지만 그들의 의중을 제대로 간파하지 못했다.

다행히도 전라좌수사로 부임한 이순신은 늘 자신의 본분에 충실하며 전쟁 준비에 빈틈이 없었다. 그는 거북선과 판옥선을 건조하며 적의 침략에 대비한 강도 높은 훈련에도 혼신의 힘을 다했다. 당시 거북선은 일본 수군을 압도할 수 있는 비대칭무기로서 적의 대장선을 제압하는 데 크게 기여하였다.

임진왜란 때 조선 수군은 지자총통과 현자총통 등의 화포 공격으로 적선들을 제압할 수 있었고, 진주대첩 등의 육상전투에서는 비격진천뢰가 위력을 발휘했다. 당시 일본의 해적들은 일본군에 편입되어 전쟁에 참여했다.

일본 수군의 주력 전함은 대형선박인 아타케부네安宅船과 중형 선박인 세키부네関船였는데, 선체가 튼튼하지 못해 화포 공격을 받으면 힘없이 부서졌다. 그들은 방어보다 공격을 중시했기에 배의 속도를 높일 수 있도록 배 밑바닥을 좁게 설계하여 포격전에는 매우 취약했다.

도요토미 히데요시의 야욕

유성룡은 『난후잡록』에서 임진왜란이 발발한 원인으로 도요토미 히대요시의 야욕 외에도 조선이 내부적인 문제들을 스스로 개선하지 못한 책임이 있다고 주장하였다. 명종조 대신들의 전횡으로 인한 정치기강과 병정兵政의 문란함, 그리고 선조 대의 붕당정치의 폐해를 지적하였다.[6]

선조가 즉위하자 명종 대에 국정을 농단했던 대신들은 축출되었으나 당쟁이 심화되면서, 관료들은 국익보다 자신들이 속해 있던 붕당의 이익을 우선시하여 국익에 반하는 의사결정을 하기도 했다. 당시 고위관료들은 당리당략에 따라 유능한 선비들의 등용을 방해함으로써 민심이 흉흉해졌고, 군대의 기강도 해이해져 조선군은 대수술이 필요한 상황에 이르게 되었다.

게다가 일본은 무사정권이 들어서면서부터 전투력이 크게 향상되었는데 조선의 권력자들은 주변국의 동향 파악에 실패하였다. 역사적으로 한반도에서 대륙의 선진문물을 일본에 전해 주던 우월의식도 일본인들을 우습게 여기는 풍조를 만들어냈다. 남해안 일대에서 백성들을 괴롭혔던 왜구의 노략질도 일본에 대한 부정적인 인식을 심화시켰다.

"전통적으로 조선은 중국을 제외한 주변 다른 나라나 민족을 야만시해 왔다. 고려 때부터 북방에서 유목민족이 일어나 중원대륙을 석권하고 정복국가를 세웠을 때도 비록 정치적으로는 사대했을지 몰라도 심리적으로 아래로 보았다. 바다 건너 일본에 대해서는 더욱 심했다. 한반도는 고대부터 중국에서 전래받은 문물을 일본에 전해 주면서 그들보다 우위에 있다고 생각해 왔다."7)

일본이 통일제국으로 발돋움하기 전에는 중국이나 한반도로부터 새로운 문물을 받아들임으로써 폐쇄된 섬나라의 단점을 보완할 수 있었다. 14세기 말에 시도된 몽골제국의 침략도 태풍으로 인해 좌절되면서, 일본은 외부의 간섭으로부터 자유로워질 수 있었다.

15세기에도 일본은 무인들이 통치하는 세상이었지만, 조선은 무인을 홀대하는 사회였다. 문인을 우대했던 조선왕조는 쿠데타를 예방하거나 제압하는 데는 효과적이었지만, 조정의 주요한 요직들을 대부분 문인들이 장악함으로써 무인들의 사기 저하를 불러왔다. 자연스럽게 조선의 군사력은 약화될 수밖에 없었다.

16세기 접어들어 일본에서는 영웅을 꿈꾸는 이들의 세력 다툼이 극심했는데, 무신정권의 우두머리인 쇼군將軍이 각 지역의 권력자인 다이묘大名들을 통제하고 있었다. 이처럼 무인이 일본사회를 지배하던 통치구조는 19세기 중반까지 지속되었다. 당시 일본에는 왕이 존재했지만 상징적인 역할을 수행했을 뿐, 실권은 모두 쇼군에게 집중되었다.

도요토미 히데요시는 가난한 농부의 아들로 태어났기에 어린 시절부터 주목받을 수 있는 처지가 아니었다. 키는 작았고 인물도 볼품이 없는 원숭이 상이었다. 그러나 그는 오다 노부나가織田信長의 가신으로서 능력을 인정받으면서 승승장구하였다. 외모가 훌륭해야 성공할 수 있다는 고정관념을 깨버릴 만큼 그의 생김새는 보통 이하였다.

"아명을 '원숭이'라고 불렀기 때문만이 아니라 그의 얼굴은 원숭이 빼다 박은 듯했다. 즐겨 사람들을 웃기던 히데요시는 남이 시키는 대로 일부러 원숭이 흉내를 내면서 이빨로 밤 껍질을 벗겨 먹곤 했다. 그렇게 애교 만점의 히데요시가 만년에 벚꽃놀이를 할 때 쓰던 걸상이 교토의 다이고사醍醐寺에 남아 있다. 그 높이로 계산하면 그는 키가 겨우 150cm밖에 되지 않는 난쟁이였다."8)

> 수길의 용모는 왜소하고 못생겼으며 얼굴은 검고 주름져 원숭이 형상이었다. 눈은 쑥 들어갔으나 동자가 빛나 사람을 쏘아보았는데, 사모紗帽와 흑포黑袍 차림으로 방석을 포개어 앉고 신하 몇 명이 배열해 모시었다.
>
> 『선조수정실록』 1591년 3월 1일

일본열도에서 도요토미 히데요시가 전국을 통일하며 강력한 국가로 발돋움하고 있는 상황에서 조선의 임금과 지도층 인사들은 건국 초기부터 지속된 평화에 도취되어 안이하게 대응했다. 오늘의 평화는 내일의 비극을 야기할 수 있다는 역사의 교훈을 저버린 대가는 혹독했다.

당시 일본에서는 약 100여 년간 춘추전국시대의 영웅들처럼 각 지역의 다이묘들이 패권을 쟁취하기 위한 전쟁이 지속되고 있었다. 임진왜란 직전까지 조선에서는 사농공상의 신분제도 속에서 상공업에 종사하는 사람들이 천대받았지만, 일본에서는 다이묘들의 전폭적인 지원하에 상공업 발전이 이루어졌다. 이를 토대로 막대한 부를 축적한 다이묘들은 일본열도의 신흥강자로 부상하고 있었다. 그들은 명나라와 서양의 국가들과도 적극적으로 교류하여 선진문물을 도입하였다.

본래 일본인의 국민성은 우리나라 사람들과는 사뭇 다르다. 그들은 몇 사람 이상 모이면 사회적 지위 등에 따라 서열을 정하는 데 익숙하고, 사람들과 동떨어진 행동을 취하기보다 주변 사람들의 행동에 동화하려는 경향을 보인다. 그들은 상대방의 기분이나 입장을 고려하여 발언하는 것에 익숙하며, 과할 정도로 존칭어를 사용하는 데도 익숙하다.[9]

당시 다이묘들 간의 전쟁은 칼싸움 중심이었는데, 서양에서 유입된 조총과 병법은 일본열도의 권력구조를 송두리째 바꿔놓았다. 사회변화를 주도했던 도요토미 히데요시는 1590년에 전국을 통일하는 위업을 달성했다. 그는 전국을 통일하는 과정에서 각 지역 다이묘들의 권한을 적절하게 인정해줌으로써 무력충돌을 줄이며 절대 권력자의 지위에 오를 수 있었다.

하지만 도요토미 히데요시는 권력기반이 공고하지 못했고, 언제라도 불만세력들의 반란이 일어날 수 있는 처지였다. 그의 통일전략은 통일신라 말기에 궁예를 몰아내고 고려를 건국한 태조 왕건처럼 불완전한 형태였다. 왕건은 고려를 건국하는 과정에서 지방호족들의 권한을 적절하게 인정해줌으로써 불만세력들을 통제할 수 있었다.

그의 야욕은 쉽게 제어되지 못했는데, 임진왜란이 발발하기 1년 전인 1591년에는 스페인 식민지였던 필리핀에도 항복하라는 서신을 보내 겁을 주었고, 1593년에는 대만에도 항복하라는 서신을 보냈다. 그는 전국을 통일하고 수많은 토지를 몰수하여 영향력을 확대할 수 있었지만, 그 과정에서 영향력을 상실하거나 토지를 빼앗긴 다이묘들과 각 지역의 호족 및 무사들의 불만은 고조되었다.[10)]

불만세력들은 도요토미 히데요시의 힘에 눌려 노골적으로 저항하지 못했다. 그러나 그들의 불만을 장기적으로 방치할 경우 그의 권력은 중대한 도전에 직면할 수 있는 상황이었다. 도요토미 히데요시는 마음이 조급해졌고, 쉽게 해소되지 않는 내부적인 불만요인을 외부세계로 발산시켜 권력기반을 강화하고자 했다.

그는 타국의 토지를 강탈하여 불만세력을 잠재우려는 무모한 도전을 실행에 옮겼다. 1592년 4월 13일에 임진왜란이 발발하자 동북아시아의 국제질서는 순식간에 혼돈 속으로 빠져들었다.

일본의 고니시 유키나가小西行長는 속전속결로 한성을 점령한 후 전라도 바다를 통과하여 보급품을 싣고 올 일본 수군을 기다렸다. 그러나 이순신 장군이 이끄는 조선 수군은 일본군을 완벽하게 제압함으로써 적의 보급로를 차단시켰다.[11)]

오늘날에는 임진왜란 당시보다 전쟁을 통해 목적을 쟁취하려는 최

> 왜구가 침범해 왔다. … 적선이 바다를 덮어오니 부산 첨사 정발은 마침 절영도에서 사냥을 하다가, 조공하러 오는 왜라 여기고 대비하지 않았는데 미처 진鎭에 돌아오기도 전에 적이 이미 성에 올랐다. 발撥은 난병亂兵 중에 전사했다. 이튿날 동래부가 함락되고 부사 송상현이 죽었으며, 그의 첩도 죽었다.
> 『선조실록』 1592년 4월 13일

고 권력자들의 탐욕이 어느 정도는 통제되고 있지만, 여전히 세계 곳곳에서는 크고 작은 전쟁들이 끊이질 않고 있다. 다양한 이해관계가 충돌하는 국제사회에서 호시탐탐 전쟁을 일으키려는 전쟁광들을 효과적으로 제어해야 하지만, 힘이 약한 자는 언제라도 강한 자의 먹잇감이 될 수밖에 없는 냉혹한 현실은 인류가 지구상에 출현한 이후 계속되고 있다.

역사적으로 인간은 청동기시대 이후 축적된 잉여 생산물로 인해 일부 지역에서는 부족장이나 왕이 출현하는 계기를 마련했다. 탐욕에 젖은 인간들은 성실하게 일해서 성공하는 길을 선택하기보다는 무력을 사용해 축적해 놓은 재물을 빼앗는 것을 선호했다.

인간의 야욕은 단순했던 노략질을 전쟁으로 진화시켰고, 오늘날까지도 인류는 전쟁을 두려워하면서도 전쟁의 유혹을 쉽사리 제어하지 못하고 있다. 선량한 백성들은 목숨을 잃을 수도 있는 전쟁을 기피하지만, 지배계층은 전쟁을 통한 패권쟁탈전의 기회를 엿보고 있다.

세계사에서 전쟁은 문명의 흐름을 뒤바꿀 만큼 절대적인 영향력을 발휘한다. 지중해 일대를 지배했던 로마제국과 칭기즈칸의 몽골제국뿐만 아니라 '해가 지지 않는 나라'를 개척했던 대영제국도 전쟁을 통해 자신들의 목적을 달성했다. 심지어 사랑과 평화를 부르짖는 종교 지도자들도 자신들의 종교적 신념을 확산시키기 위한 전쟁을 기피하지 않았다.

『전쟁본능』은 전사들의 몸에 칠을 하거나 화장을 함으로써 마법의 힘을 빌리려 했던 과거의 미신적인 전쟁풍습을 소개한다. 오늘날에는 병사들 간의 근접전투보다는 원거리에서 첨단무기를 활용하는 전쟁의 양상을 보이고 있어서 병사들의 얼굴에 화장을 하거나 특수한 복장으로 적의 기세를 제압하는 것은 예전만 못하다. 하지만 특수부 대원들의 근접전투에서는 여전히 전사들의 화장이나 분장은 적에게 공포심을 심어줄 수 있고, 아군의 사기를 드높이는 데 효과적이다.

"전투는 그 자체만으로도 기쁨, 어쩌면 가장 큰 기쁨을 불러일으키는 원천이 될 수 있다. 전쟁에 대한 매혹은 전쟁 문화를 발전시켰고 전쟁 자체도 그 문화 속에 함몰되었다. 다른 문화와 마찬가지로 전쟁 문화에는 여러 가지 '쓸데없는' 유희와 치장, 허식이 있으며 그러한 것들은 심지어 역효과를 초래하기도 한다."[12]

인간의 파괴적인 전쟁 본능은 쉽게 제어될 수 없으며, 인류가 지구 상에서 사라지는 마지막 순간까지 유효할 것이다. 인류문명이 발전 하면서 세계적으로 크고 작은 전쟁들이 지속되었고, 자연스럽게 전 쟁문화가 형성되었다. 본래 문화란 행동이 반복되면서 나타나는 사 회현상인데, 특정한 행위에 익숙해지면 인간은 관습적으로 경험하려 는 욕망을 표출한다.

한국의 일부 젊은 남성들은 군대생활을 꺼릴 수 있지만, 막상 군대를 갔다 오면 자신들이 경험했던 군대생활을 자랑삼아 이야기하는 데 익숙하다. 군복무를 마친 사람들이 주축이 된 모임에서는 자칫 군면제를 받은 자는 외톨이가 되기 쉽다.

조선과 일본의 첩보전

조선은 일본의 침략 의도를 파악하기 위해 1590년 3월에 통신사를 파견했다. "첨지 황윤길을 통신사로, 사성 김성일을 부사로, 전적 허성을 종사관으로 삼아 일본에 사신을 보냈는 데, 왜사倭使 평의지平義智 등과 함께 동시에 서울을 출발했다."

통신사 일행은 동년 4월에 대마도에 도착했지만, 일본에서는 조선의 외교사절단을 푸대접하였다. 자존심이 강했던 김성일은 일본 측에 강하게 항의하였고, 일본 측에서는 시중을 들던 왜인의 머리를 베어가지고 와서 사죄하고, 그 후로는 예를 갖추는 데 신경을 썼다.

당시 신분이 낮은 사람에 대한 생명 경시 풍조가 만연해 있었음을 엿볼 수 있다. 오늘날에는 외국의 사신에게 결례를 범한 사람의 머리를 베어가지고 와서 사과한다는 것은 상상하기도 어려운 일이다.

덕치의 미덕을 중시했던 신분제사회는 본래의 취지에서 벗어나 아랫사람들의 희생 위에서 권력자들의 부귀영화를 뒷받침했다. 인간에 대한 차별을 정당화한 유교사상은 근대사회로 접어들면서 인권과 평등을 지향하며 사회발전을 견인했던 서양사회를 따라잡지 못하는 결과를 초래하였다.

당시 조선과 일본의 기싸움은 상식 밖의 행동으로 나타났다. 일본은 5개월 동안 조선 임금이 보낸 국서를 접수하지 않는 추태를 부렸다. 도요토미 히데요시는 힘없는 왕을 대신하여 실권을 쥐고 있었는데, 조선의 사신들에게 무례하게 행동하였다.

> 당초 윤길 등이 지난 해 4월 바다를 건너 대마도에 도착하였는데, 일본은 당연히 영접사를 파견해서 사신 일행을 인도하여야 하는데도 그렇게 하지 않았다. … 사신 일행이 대마도에 있을 때 도주 평의지가 국본사에서 사신들에게 연회를 베풀고자 하였는데, 국본사는 산 위에 있었다. … 성일이 병을 핑계로 나오지 않자 다음 날 의지가 그 까닭을 듣고서 미리 알리지 않았다고 하여 시중을 든 왜인의 머리를 베어가지고 와서 사죄하였다. 이런 일이 있은 이후로 왜인들이 성일을 경탄하여 보이기만 하면 말에서 내려 더욱 더 깍듯이 예를 지켜 대접하였다.
>
> 『선조수정실록』 1591년 3월 1일

조선의 통신사들이 일본을 다녀온 1591년 윤3월 1일에 왜사 평조신平調信·현소玄蘇 등이 한양을 답방했다. 선조는 일본의 의중을 알아보라고 지시했다.

현소가 김성일에게 은밀히 말하였다.

"중국에서 오랫동안 일본을 거절하여 조공을 바치러 가지 못하였습니다. 평수길(도요토미 히데요시)이 이 때문에 분하고 부끄러운 마음이 쌓여 전쟁을 일으키고자 합니다. 만약 조선에서 먼저 주문奏聞하여 조공할 수 있는 길을 열어준다면 조선은 반드시 무사할 것이고 일본 백성들도 전쟁의 노고를 덜게 될 것입니다."

김성일 등이 옳지 못한 일이라고 타일렀지만, 일본 사신은 원나라가 일본을 공격할 때 조선이 원나라에 도움을 준 일을 상기시키며 겁을 주기도 했다.

이후 동년 4월 1일 조선 조정에서는 만에 하나라도 일본의 침략에 대비해야 한다는 여론이 조성되었다. 또한 대신들은 일본이 조선뿐만 아니라 명나라를 침략할 수도 있다는 정보를 명나라에 전해야 하는지에 대해서도 격론을 벌였다.

윤두수가 임금께 아뢰었다.

"일이 중국에 관계되어 기관機關이 매우 중요합니다. 전하께서 지성으로 사대하신 것은 천일天日이 위에 계시니 어찌 숨길 수 있겠습니까. 신의 소견으로는 곧바로 중국 조정에 주문해야 한다고 여깁니다."

이산해도 덧붙였다.

"주문한 뒤에 중국 조정에서 도리어 우리가 왜국과 통신하였다는 것으로 죄책할까 염려됩니다."

두 신하의 의견을 경청한 후 임금은 결론을 내리지 못했다. 동년 5월 1일에도 일본의 침략에 관한 격론이 벌어졌는데, 부제학 김수는 일본이 조선을 침범하지 않을 것이라는 견해를 피력했다.

"평수길은 광패한 자로, 그의 말은 겁을 주려고 한 것일 뿐입니다. 이런 실상이 없는 말로 진주陳奏하기까지 하는 것이 사리상 어찌 합당하겠습니까."

반면 병조판서 황정욱은 다른 의견을 개진했다.

"김수의 말에 대해 신은 전혀 그렇지 않다고 생각합니다. 우리나라가 중국을 섬긴 지 2백 년 동안 충근忠勤이 지극했습니다. 지금 이러한 말을 듣고서 어찌 태연히 있으면서 주문하지 않을 수 있겠습니까."

격론 끝에 임금은 일본이 조선 침략을 발판삼아 명나라를 공격할 의도가 있음을 명나라 조정에 알리기로 중론을 모았다. 하절사賀節使 김응남이 명나라에 파견되어 현지 사정을 살펴보니, 명나라 조정에서는 이미 일본의 침략 의도를 다양한 채널을 통해 인지하고 있었기에, 조선에서 사신을 파견하지 않았다면 명나라 조정으로부터 심각한 불신을 자초할 뻔했다.

"풍신수길(도요토미 히데요시)이 정병 1백만 명을 훈련시키고 이들을 다섯 부대로 나누어 먼저 조선을 점거하고 곧바로 요동으로 쳐들어가 천하를 차지하고자 하는 큰 계책을 세웠는데, 이런 계책을 세운 것은 일본이 나라는 작은데 군사는 많아 내란을 막을 수 없을까 염려해서였다."

1591년 10월에도 조선은 진주사陳奏使 한응인 등을 명나라에 파견하여, 일본이 조선을 정벌한 후에 대명大明으로 쳐들어가려 한다는 내용을 재차 전달하였고, 황제는 조선의 사신들을 극진하게 대접하였다.

하지만 조선의 전쟁준비는 부족했고, 일본이 침략하지 않을 수도 있다는 낙관론을 믿는 관료들이 많았다. "적을 알고 나를 알면 백 번을 싸워도 위태롭지 않다."知彼知己 百戰不殆는 『손자병법』의 관점에서도 조선의 대응자세는 부실했다.

"전쟁은 내 결정만큼이나 상대방의 결정에 따라 결과가 달라진다.

> 한응인 등이 북경에 들어가니 황제가 황극전에 임어하여 사신을 인견하고 매우 극진히 위로하였다. 그리고 상물賞物을 후하게 주는 한편 칙서를 내려 칭찬하였다. 황제는 오랫동안 조정에 임어하지 않았었는데 외국 사신이 직접 황제에게 위문을 받았으니 이는 전에 없던 일이었다. 이로 말미암아 계속해서 신점 등을 파견하여 사은하게 하는 한편, 전보다 더 자세히 적정敵情을 주달하게 하였다.
> 『선조수정실록』 1591년 10월 1일

문제는 상대방의 선택을 미리 알 수 있는 방법이 없다는 데 있다. 상대방의 군사적 결정은 한마디로 불확실하다. 불확실성은 전쟁의 본질적인 특성이다."13)

당시 조정에서는 일본군이 침략할 것이라는 의견과 침략하지 않을 것이라는 견해가 팽팽히 맞섰다. 중론이야 일본이 침략하지 않을 것이라는 결론이 내려졌지만, 나라의 안위를 걱정하는 대신들은 일본의 침략을 걱정하지 않을 수 없었다.

전라좌수사 이순신도 빈틈없이 전쟁에 대비했다. 그는 적군의 동태를 탐색하기 위해 탐망선 운영에 만전을 기했고, 적의 동향 파악이 용이한 산봉우리에는 탐망군을 배치하여 적의 움직임을 다차원적으로 감시하며 분석했다. 판옥선과 거북선을 건조하고 각종 화포를 생산하며 적의 침략에도 대비했다.

1592년 4월 13일에 일본의 전선 수백여 척이 부산을 공격하며 임진왜란이 발발했다. 이 지역을 관할하던 경상좌수사 박홍은 성을 버리고 경주로 달아났을 만큼 경상좌수군의 전쟁준비는 미흡했다. 일본의 기습 공격에 조선의 임금과 대신들은 우왕좌왕했고, 백성들은 스스로 자신들의 안위를 걱정해야 하는 처지에 내몰렸다.

일본군이 한양으로 밀려들기도 전에 분노한 백성들은 자신들의 손으로 경복궁과 창덕궁 등에 불을 지르며 임금을 원망했고, 적군의 총칼에 쓰러진 백성들이 곳곳에 널브러졌다. 죽은 백성들은 최소한의 장례식도 기대할 수 없는 처지에 내몰렸고, 굶주린 동물들의 먹잇감이 되기도 했다.

그 와중에 선조는 살겠다고 북쪽으로 피난길에 올랐다. 일본군이 선조 일행을 계속 추격하자, 임금은 압록강을 건너 명나라 땅으로 건너가려 했다. 결국 선조는 의주까지 피신했지만 압록강을 건너 명나라로 가지는 못했다. 의로운 신하들의 피를 토하는 충언에 임금은 백성들을 저버리고 자신만 살겠다는 뜻을 접을 수밖에 없었다.

임진왜란은 일본이 조선을 침략함으로써 발발했지만 명나라가 개입함으로써 동북아시아의 패권경쟁으로 진화하였다. 전쟁 초기에는 일본군이 압도적인 전력으로 한반도를 유린했지만, 1593년 초에 명나라 군대가 개입하면서 전쟁은 소강상태로 접어들었다. 다행히도 이순신이 이끄는 조선 수군은 전란 초기부터 연전연승을 거듭하며 전쟁의 분위기를 서서히 반전시키고 있었다.

당시 일본군이 선택한 군사전략의 핵심은 지상군이 한성으로 신속하게 진격하여 선조 임금을 제거하거나 사로잡는 데 초점을 맞추었

고, 일본 수군은 부산에서 남해안과 서해안을 따라 한양 등지로 군수
물자를 신속하게 조달하는 방식이었다.

일본군이 해로를 통해 전쟁에 필요한 물자들을 원활하게 공급하려
면 남해안 일대에 주둔하고 있던 조선 수군 함대를 격파해야만 했다.
부산에 주둔했던 일본군은 마음이 급했고, 수적인 우위에 도취되어
조선 수군을 얕잡아보는 우를 범하고 말았다.

한산도의 제승당에서 한산대첩의 격전지였던 한산도 앞바다를 바
라보면 첩보전의 중요성을 저절로 깨닫게 된다. 제승당의 수루에 올
라보면 바다인지 거대한 호수인지 분간할 수 없을 만큼 한산도 일대
의 지형지물은 크고 작은 섬들이 다채롭게 배치되어 있다.

인력으로 배를 움직여야 했던
16세기 말기의 수상 전투는 바다
의 물길과 바람, 그리고 조수간
만의 차이를 정확하게 읽고 대처
하는 정보대응능력이 필요했다.
당시 현장 정보만으로 적의 동태
를 완벽하게 파악하는 것은 무리
가 있었기에, 조선에 항복한 왜
군을 통한 적의 동태 파악은 적
을 무찌르는 데 큰 보탬이 되었다.

> 맑음. 아침에 순천 부사, 가리포 첨사,
> 광양 현감이 와서 만나고, 군사의 일을
> 논할 때 각각 가볍고 날랜 배 15척을
> 뽑아 견내량 등지로 보내어 탐색하도
> 록 하였다. 위장衛將이 거느리고 가보
> 니 왜적의 종적이 없었다. 거제에서 포
> 로가 되었던 한 사람을 데려와서 왜적
> 의 소행을 상세히 물으니, "흉적들이
> 우리 배의 위세를 보고 후퇴하여 돌아
> 가려고 하였다."고 하였다.
>
> 『난중일기』 1593년 7월 7일

1594년 9월 18일에 비변사가 임금께 아뢰었다.

"항왜降倭 야여문은 취초할 때 보니 꽤 계려計慮가 있었습니다. 이와
같은 사람은 후하게 대우하여 그의 마음을 붙잡아두어야 할 것 같습

니다. 해사로 하여금 급속히 의복과 갓 등의 물건을 조치해 주게 하고, 또 사정司正의 고신告身을 주며, 형조의 적인賊人의 처로 짝을 지어주어 위안시켜 힘을 다하게 하는 것이 어떻겠습니까?"

임금은 아뢴 대로 하라고 답하였다.

또한 손문욱은 임진왜란이 발발한 후 왜군의 포로가 되어 일본에 억류되어 생활하다 귀환한 인물이었다. 그는 일본의 군사와 외교 등의 주요 정보를 조선군에 전달함으로써 조선의 첩보전에 크게 기여한 인물로 평가받고 있다. 손문욱은 노량해전에서 이순신의 부하 장수로 참전하였으며, 이순신이 전사한 후 장군의 죽음을 숨기고 군사들을 지휘하여 큰 전과를 거두었다.

그러나 이순신은 미인계를 활용한 첩보 수집에 대해서는 특별한 기록을 남기지 않았다. 세계적으로 흥행한 '007시리즈' 등의 첩보영화를 보면 주인공을 도와주는 미인이 등장하여 위기를 돌파하는 스릴 넘치는 장면들이 자주 등장한다.

첩보전에서의 미인계는 정보 수집에도 유용하지만, 적 내부의 이간계를 통해 적군 내부의 분열을 일으키는 수단으로 활용되고 있다. 『삼국지』에는 초선이라는 미인을 통해 후한의 황제를 농락한 동탁을 제거하는 내용이 다채롭게 구성되었다.

진나라의 시황제가 서거하자 초나라의 항우와 한나라의 유방은 서로 대립하다 유방이 다시 천하를 통일하였는데, 역사가들은 이때를 후한시대라 부른다.[14]

후한이 몰락하는 과정에서 영웅을 꿈꾸는 자들은 군웅할거하며 대립하였다. 168년에 후한의 제12대 황제로 즉위한 영제는 외척세력과 환관들의 국정농단과 부정부패로 말미암아 도탄에 빠져버린 백성들의 화난 민심을 되돌리지 못했다. 설상가상으로 184년에 수십만의 농민들이 주도한 황건적의 난이 발발하자 후한의 몰락은 가속화되었다.

동탁은 황권을 농락하며 후한의 도읍지를 낙양에서 장안으로 옮겼고, 외출 시에는 타인의 시선을 비웃듯 황제의 의전을 즐긴 인물이었다. 사도 왕윤은 자신의 집에서 어린 시절부터 생활하고 있던 기생 초선을 활용해 동탁을 제거하기 위한 계략을 꾸몄다.

중국의 4대 미인으로 불리는 초선은 지극정성으로 자신을 보살펴 준 왕윤에게 보답하기 위해 스스로 미인계의 희생양을 자처했다. 왕윤은 자신을 희생해 가며 역적을 처단하는 데 목숨을 바칠 각오를 한 초선에게 무릎 꿇고 절을 하며 예의를 표했다.

왕윤은 동탁과 그의 양아들인 여포에게 초선을 동시에 바침으로써 동탁과 여포 간의 갈등을 증폭시켰다. 초선은 동탁에게 여포의 질투심을 자극했고, 여포에게는 동탁의 질투심을 유발하여 서로 미워하게 만드는 데 성공했다. 이로써 왕윤은 자신의 손에 피를 묻히지 않고 여포의 손을 빌려 동탁을 죽이는 데 성공했다.

이순신, 전란을 대비하다

고려 말의 명장이었던 이성계는 왜구를 토벌한 영웅이었다. 왜구는 조선 초기에도 남해안 일대의 백성들을 괴롭혔기에, 왜구를 퇴치하기 위한 조선 수군의 역할은 확대되었다. 임진왜란 때에도 조선 수군은 육군과 구별되는 특화된 군대로서 왜구를 효과적으로 제압하기 위한 맞춤형 군대로 육성되었다.

아울러 조선왕조는 문인을 우대하는 정책을 선택하여, 고려왕조를 농단한 최씨 무인세력의 전철을 밟지 않으려 했다. 이성계는 무인이었지만 늘 쿠데타를 경계했고, 명나라와 국경을 둘러싼 분쟁으로 인해 전쟁 위기도 있었지만 외교적으로 원만하게 처리하였다.

명나라와는 사대관계를 정립하였고, 압록강과 두만강 북쪽의 여진족은 늘 우환거리였지만 부족들 간의 치열한 경쟁이 해소되지 못한 상태여서, 조선왕조를 위협할 수 있는 국가로 발전하지 못하고 있었다.

태종은 조선 수군을 발전시키기 위해 군선의 확충과 무기 개발에 박차를 가했다. 세종 대에 왜구의 근거지인 대마도를 정벌할 수 있었던 것은 수군 전력을 획기적으로 확충한 태종의 리더십이 뒷받침되었기에 가능했다.

세종의 대마도 정벌 이후 왜구의 침입은 거의 자취를 감추었지만, 조선 군선의 성능 개량은 지속되었다. 그는 보다 선진화된 수군을 육성하기 위해 각종 화기 개발과 성능 개선을 주도했다.

"1445년에 이르면 화기 발달이 절정기에 도달했다. 세종 대에 처음 시도된 일발사전포一發四箭砲의 사정射程이 종전보다 배로 늘어나 1,000여 보步가 되었고, 화약 소비량은 반감되고 불발되는 것도 획기적으로 감소하는 등 큰 발전을 이루었다."15)

그러나 조선의 제14대 임금인 선조 대에 접어들자 조선의 군사력은 건국 초기에 비해 초라하기 그지없었다. 나라를 건국한 지 200여 년의 세월이 흐르는 동안 태평성대가 지속되면서, 조선사회는 전쟁에 대한 두려움을 잊을 만큼 전쟁준비의 중요성을 간과하고 있었다. 전쟁 걱정이 사라지자 조선의 군인들은 체계적으로 훈련받지 못하는 상황이 지속되었고, 군포를 내면 군 입대를 면제해 주는 상황에 이르게 되었다.

조선인들은 명나라의 도움을 받을 수 있다는 낙관론에 의지하려는 경향이 강했다. 자연스럽게 조선의 임금들은 명나라와 유기적인 교류를 통해 문물을 교환하며 협력관계를 공고히 했다. 반면 일본과의 교류는 건국 초기와 달리 줄어들기 시작했다.

조선의 지도층 인사들은 도요토미 히데요시가 일본열도를 통일하고 칼바람의 에너지를 외부로 돌려 권력기반을 강화하려는 의도를 제대로 파악하지 못했다.

결국 선조는 일본이 침략하지 않을 것이라는 중론을 내렸지만, 왜적의 침입에 대비한 나름대로의 준비를 지시했다. 또한 일본은 섬나라이므로 수전에는 강하지만, 육전에는 약하다고 판단했기에 호남과 영남지역에 성읍을 수축하고 보수하였다.

"영천 · 청도 · 삼가 · 대구 · 성주 · 부산 · 동래 · 진주 · 안동 · 상주 · 좌우 병영에 모두 성곽을 증축하고 참호를 설치하였다. 그러나 크게 하여 많은 사람을 수용하는 것에만 신경을 써서 험한 곳에 의거하지 않고 평지를 취하여 쌓았는데 높이가 겨우 2~3장에 불과했으며, 참호도 겨우 모양만 갖추었을 뿐, 백성들에게 노고만 끼쳐 원망이 일어나게 하였는데, 식자들은 결단코 방어하지 못할 것을 알고 있었다."[16]

또한 조선왕조가 무인을 대우했더라면 임진왜란 때 그토록 허망하게 초토화되는 운명을 맞이하지는 않았을 것이다. 무인에 대한 홀대는 뛰어난 무인들을 지속적으로 키워내지 못하는 한계를 드러냈다. 예나 지금이나 우수인재를 시기적절하게 영입하지 못하는 조직은 경쟁력 확보가 어려워진다.

대신들은 이순신이 전라좌수사로 임명된 것에 부정적인 견해를 피력하며 선조의 마음을 돌리려 애썼지만, 임금은 이순신을 신뢰하였다. 『선조실록』1591년 2월 18일의 기록을 보면 이순신을 신뢰하지 못하는 대신들의 노골적인 불만을 짐작해 볼 수 있다.

"경력이 매우 얕으므로 중망衆望에 흡족할 수 없습니다. 아무리 인재가 부족하다고 하지만 어떻게 현령을 갑자기 수사에 승임시킬 수 있겠습니까. 요행의 문이 한번 열리면 뒤폐단을 막기 어려우니 빨리 체차遞差시키소서.”

우여곡절 끝에 이순신은 전라
좌수사로 임명되었고, 임진왜란
이 발발하자 전쟁준비에 소홀했
던 조선의 육군은 무기력하게 무
너졌다. 하지만 일본은 명장 이
순신의 능력을 제대로 파악하지
못했다. 그는 유비무환의 정신
으로 닥쳐올 전쟁 준비에 만전
을 기한 준비된 영웅이었다.

이순신은 임진왜란 발발 원년

> 사간원이 아뢰기를, “이순신은 경력이 매우 얕으므로 중망衆望에 흡족할 수 없습니다. 아무리 인재가 부족하다고 하지만 어떻게 현령을 갑자기 수사에 승임시킬 수 있겠습니까. … 더구나 이웃 고을 수령과 본주의 판관들이 모두 무변武弁인 만큼 군대를 이끌고 적을 방어하는 데 사람이 없는 것을 걱정할 것 없습니다. 목사 이경록을 체차하고 재략이 있는 문관을 각별히 골라 보내소서.” 하니, 답하기를, “이순신에 대한 일은, 개정하는 것이 옳다면 개정하지 않겠는가. 개정할 수 없다. 나주 목사는 천천히 발락發落하겠다.” 하였다.
> 『선조실록』 1591년 2월 18일

인 1592년 1월부터 『난중일기』를 써내려갔는데, 그의 인생관과 장수로서의 사명감, 그리고 전란에 대비했던 전투태세 등을 엿볼 수 있다. 자신의 본분에 충실하며 원칙대로 업무를 처리할 뿐만 아니라 스스로 타의 모범이 되는 생활을 실천했으며, 자신의 업무에 최선을 다하지 않는 장졸들에 대해서는 엄하게 징계했다. 그가 전라좌수사로 부임했을 때 장졸들은 기강이 무너진 상태여서 전쟁이 발발하면 적군과 싸워 승리를 이끌어내기 어려운 상황에 놓여있었다.

장군은 군기가 흐트러진 장병들을 바라보며 다짐했다. ‘이들이 진정 조선의 수군 병사들이란 말인가. 이 상태로는 나라를 지켜낼 수 없어. 내일부터는 엄격한 군율로 다스릴 수밖에 없겠구나.’

조선 건국 후 큰 전란을 겪지 못한 수군의 병졸들은 체계적인 군사 훈련보다 바닷가에서 휴가를 즐기는 데 익숙했다. 고옥한 자태를 뽐 내는 기생들은 힘 있는 장수들을 유혹했고, 병졸들은 나라의 안위보 다 잡다한 집안일을 돌볼 수 있을 만큼 군대의 기강은 엉망이었다.

이순신은 묵묵히 자신의 소임에 충실하며 최정예 수군 육성에 박 차를 가했다. 거북선을 건조하며 판옥선의 수를 늘리는 데 집중했고, 해상전투를 위한 강도 높은 훈련에도 혼신의 힘을 다했다.

장졸들이 군법을 어기면 이순신은 무관용 원칙으로 장졸들의 목을 베기도 했다. 억울하다며 행패를 부리거나 장군을 겁박하는 장졸들 도 군문에 효시하였다. 군문효시는 죄인의 머리를 잘라 부대 입구의 긴 장대에 걸어놓는 가혹한 형벌이었다.

그는 병사의 목을 베고 나면 쉽사리 잠자리에 들지 못했다. 하염없이 눈물을 흘리며 한두 잔 술을 마시고, 식은땀 범벅이 되어서야 잠자리에 들곤 했다. 힘없는 백성으로 군에 입대하여 출산이 임박한 부인을 만나기 위해 무단으로 고향집에 다녀왔다가 발각되어 처형당한 병사도 있었다.

> 맑음. 동헌에 나가 공무를 보았다. 각 관아의 벼슬아치들과 색리(아전) 등이 인사하러 왔다. 방답의 병선 군관과 색리들이 병선을 수리하지 않았기에 곧장을 쳤다. 우후虞候와 가수(임시관리)가 제대로 단속하지 않아 이 지경에 이른 것이니 해괴함을 참지 못하겠다. … 성 밑에 사는 토병 박몽세는 석수로서 선생원의 쇄석(쇠사슬 막은 돌)을 뜨는 곳에 갔다가 온 이웃의 개들에게까지 피해를 끼쳤으므로 곤장 80대를 쳤다.
> 『난중일기』 1592년 1월 16일

장군은 자신이 처형한 병졸들의 이야기를 『난중일기』에 기록해 두었다. 군율을 어긴 장졸들은 이순신을 죽음의 사자처럼 여길 정도였다. 그의 군령을 따르지 않는 것은 곤장이나 죽음을 상징했다. 적과 싸우다 죽는 것보다 로마의 군법을 어겨 처형당하는 것을 두려워했던 로마제국의 군인들과 전라좌수군 병사들의 처지는 엇비슷했다.

기강이 바로잡히자 이순신의 태도는 변하기 시작했다. 저승사자처럼 엄하기만 했던 그의 얼굴에 사랑의 빛이 감돌기 시작했다. 이순신은 군영의 난제들을 빈틈없이 해결해 나가며 장졸들에게 훈시했다.

"우리는 적이 침략하면 나라를 구하기 위해 여기에 모여 있다. 현 상태에서 기습을 당하면 거친 적을 막아내지 못할 것이다. 우리는 오랫동안 전쟁을 잊고 살아왔다. 바로 이런 때에 왜적이 침략하면 큰 낭패를 당할 수 있다. 그래서 전라좌수군은 유비무환의 정신으로 전쟁준비에 최선을 다해야 한다."

이순신은 정보 교류를 위해 남해안 일대의 경상좌수사와 경상우수사, 그리고 전라우수사 등과 모이곤 했는데, 전라좌수군을 방문한 장수들은 이순신의 전쟁준비와 강도 높은 훈련에 놀라곤 했다. 특히 경상우수사 원균은 비판적인 시선으로 이순신의 행동을 바라보았다.

"장군, 이토록 평화로운 시기에 군사훈련에 박차를 가하고 계시니 놀랍군요. 조정에서는 전쟁이 일어나지 않을 것이라는 결론을 내렸다고 합니다."

"원수사께서는 그리 생각하시는군요. 나는 단지 유비무환의 정신으로 적의 침략에 대비할 뿐입니다."

"군사력을 증강하려면 자금 조달도 문제지만, 농사지으면서 군사훈련을 받아야 하는 병졸들의 반발이 거셀 텐데요."

"전라좌수사로 처음 부임했을 때 저는 깜짝 놀랐습니다. 병졸들이 제가 군령을 하달해도 잘 따르지 않더군요. 그래서 하루 이틀 지켜보다 결단을 내렸습니다. 내일부터는 군령을 어기면 군문에 효시하리라, 하구요."

술잔을 기울이던 수사들은 새로 부임한 이순신 장군의 살기 어린 답변에 놀란 기색이 역력했다. 경쟁의식이 강했던 원균은 반사적으로 이순신에게 반문했다.

"이 수사, 지금은 전시도 아닌데 그렇게까지 할 필요가 있겠습니까? 병졸들은 마지못해 입대한 자들도 많은데, 그들의 식솔 생각도 하셔야죠?"

"원 수사, 저도 식솔들을 걱정해야 하는 가난한 병졸들을 생각하면 가슴이 답답하고 아픕니다. 하지만 나는 적의 침략을 대비하기 위해 이곳에 와 있다고 생각합니다."

수사들은 이구동성으로 이순신의 주장이 틀린 것은 아니라고 하면서도 고개를 갸우뚱했다.

"심각한 이야기는 나중에 하고 이렇게 만났으니 우의를 다지는 차원에서 술잔을 기울입시다."

수사들은 건배 후 배를 타고 각자의 진영으로 되돌아갔지만, 이순신과 달리 그들은 전쟁준비에 만전을 기하지 못했다. 임진왜란이 발발했을 때 부산지역을 관할하던 경상좌수사 박홍이 대비를 하지 못해 속수무책으로 당한 것을 생각하면 아쉽기만 하다.

역사적으로 크고 작은 전쟁들은 지속되고 있다. 인간은 평화를 부르짖으면서도 끊임없이 전쟁의 유혹을 떨쳐내지 못하고 있다. 자유민주주의를 표방하는 국가들도 자국의 이익을 위해서는 기꺼이 약자와의 전쟁을 통해 자국의 이익을 실현하려는 욕망을 쉽게 통제하지 못하고 있다.

"국제정치가 무정부로 남아 있는 한, 국가가 무장하는 것은 필연적인 일이다. 국가들은 무장을 하지 않고 있으면 이웃에게 언제라도 죽음을 당할 수 있는 곳, 즉 무정부 상태의 국제 정치의 영역에서 살아가고 있기 때문이다. 그래서 모든 나라들은 심지어 강대국일지라도 자신의 국가안보에 노심초사하기 마련이다. 당대 세계 최고의 강대국들은 모두 막강한 군사력을 보유했던 나라였다. 그들은 당대에 가장 전쟁을 잘할 수 있는 조직이었다."[17]

당시 이순신이 전라좌수군에 대한 개혁을 단행하자 병졸들의 저항은 거셌다. 하지만 나라를 지켜내기 위한 장군의 투혼에 장졸들의 마음은 움직이기 시작했다. 그는 스스로 모범을 보였고, 힘든 일을 아랫사람에게 전가하는 비겁한 리더십을 경계했다.

장수의 입장에서는 추진할 명분이 좋은데도, 병졸들의 동기부여가 뒷받침되지 못하면 좋은 성과를 기대하기 어렵다. 병졸들은 동일한 조직 목표에 대해 장수와 다른 생각을 가질 수 있다.

본래 인간은 이기적이며 뛰어난 경영성과를 창출할 수 있는 여건 하에서도, 자신에게 직접적인 이익이 수반되지 않거나 자신의 노력에 비해 얻게 되는 실익이 적으면 열심히 일하려 하지 않는다.

아랫사람들을 징계할 때는 공정해야 하고, 벌을 받는 사람이 받아들일 수 있는 타당한 근거를 제시해야만 조직 내의 갈등을 치유하며 미래로 나아갈 수 있다. 지도자가 독단적으로 아랫사람들을 처벌하게 되면 조직 경쟁력은 순식간에 와해될 수 있다. 또한 지도자는 잘못에 대한 징계 못지않게 대안을 제시하며 조직을 이끄는 지도력을 발휘해야 한다.

국제정치의 냉혹한 현실은 임진왜란이 벌어졌던 16세기 말이나 오늘날이나 흡사하다. 1592년 4월부터 조선은 일본의 침략에 맞서 전쟁을 벌였고, 지금도 대한민국은 일본과 다양한 분야에서 대립하고 있다. 한국인들은 감정적으로 일본을 무시하곤 하는데, 냉혹한 국제정세를 고려할 때 우리 스스로 힘을 키우는 길만이 우리의 후손들에게 멋진 대한민국을 물려줄 수 있는 유일한 방법이다.

판옥선과 거북선, 그리고 화포

오늘날의 과학기술은 4차 산업혁명의 도래로 말미암아 매우 빠르게 발전하고 있다. 인공지능과 빅데이터, 사물인터넷 등의 융합을 통해 국방과학 분야도 비약적으로 성장하고 있다.[18]

현대인의 관점에서 보면 거북선은 판옥선에 뚜껑을 덮어놓은 선박 정도로 인식될 수 있지만, 임진왜란 당시에는 일본 수군을 압도할 수 있는 첨단무기였다. 본래 전쟁이란 군인이나 무기의 규모가 중요하지만, 적을 압도할 수 있는 첨단무기를 가진 자와 가지지 못한 자의 전투에서는 쉽게 승패가 갈린다.

임진왜란 때 일본 수군은 병사의 수나 보급되는 무기의 규모에 있어서는 조선 수군을 능가했지만, 조선군을 압도할 수 있는 첨단무기가 부족했다. 그들은 조선의 활이나 승자총통보다 성능이 우수한 조총을 가지고 있어서 근접전투에서는 유리했지만, 중장거리 전투에서는 조선 수군의 화포 공격에 고전을 면치 못했다.

판옥선과 거북선은 바닥이 넓어 회전이 용이했으며, 넓고 평평한 배밑은 굵고 긴 목재들을 이어 붙여 튼튼하게 만들어졌다. 『각선도본』의 전선에서는 15개, 『이충무공전서』의 거북선은 10개의 판재를 배밑판으로 사용하였다. 반면 일본의 군선은 넓은 판재를 사용했지만 배밑이 좁았다.[19)]

배 밑바닥이 넓으면 빠른 속도로 운항하는 것은 어렵지만, 회전이 용이하고 썰물 때에 바닷물이 빠져나가 배가 뻘 위에 있어도 넘어지지 않는다. 조선 수군은 일자진, 학익진, 장사진 등 전투 상황에 따라 다양한 전법을 전개했는데, 회전이 용이한 조선 함선의 장점을 활용한 접근법이었다. 거북선과 판옥선에서 적진을 향해 집중포격을 감행하려면 포를 발사한 후 함선을 180도 회전시켜 연속적으로 포를 발사해야만 적선들을 초토화시킬 수 있었다.

판옥선의 배밑은 매우 두꺼운 나무를 이어 붙여 단단했고 웬만한 충돌에도 부서지지 않을 만큼 견고하게 설계되었으며, 주로 바닷바람을 맞고 자란 해송을 사용해 제작되었다. 소나무는 본래 단단한 목재지만 육지에서 자란 소나무와 달리, 해송은 해풍의 영향으로 병충해에 강하며 튼튼한 군선을 위한 맞춤형 나무였다.

이순신 장군이 포격전으로 일본 수군을 초토화시킬 수 있었던 것은 함포사격을 반복적으로 실시하더라도, 포격에 따른 운동에너지를 안정적으로 흡수할 수 있는 조선 함선의 견고함과 뛰어난 복원력 때문이었다.

또한 나무못을 사용하여 판옥선과 거북선의 강도를 배가한 점도 전투력을 향상시켰다. 조선군의 모든 배들이 나무못만을 사용한 것은 아니었지만, 임진왜란 때의 판옥선과 거북선은 주로 나무못으로 판재들을 연결시켰다. 판재들을 나무못으로 고정한 판옥선은 바닷물을 머금을수록 서로 단단하게 끌어당기는 성질을 지녔다.

반면 쇠못으로 고정된 나무 선박은 쇠못이 박힌 부위에 지속적으로 물이 스며들면 점점 나무판자 사이의 이음새가 느슨해져 약한 충격에도 쉽게 부서지는 단점이 있다.

"나무못은 물에 불었을 때 판재와 더욱 밀착하여 배를 더 단단하게 얽어주면서 배를 강하게 만들어주며 동시에 못 박은 구멍으로 물이 들어가는 것을 막아주기도 한다. 또 나무못을 사용함으로써 일정 기간 후 바닷물에 썩게 되는 목선을 다 버리지 않고 썩은 판재만을 골라내 고쳐 쓰는 독특한 방법을 취할 수 있기도 하다."[20]

그러나 쇠못으로 연결된 함선의 나무판자들이 물에 노출되지 않으

면 나무못으로 고정하는 것보다 보다 견고하기 때문에 조선 후기에
는 보다 발전된 선박기술로 말미암아 바닷물에 잠기는 함선의 아랫
부분은 나무못으로 고정하고 바닷물이 닿지 않는 부분은 쇠못으로
고정시켜 함선의 강도를 높였다. 또한 물에 잠기는 부분의 나무 이음
새에도 쇠못의 단점을 보완하는 기술을 토대로 대형 함선의 아랫부
분도 쇠못으로 고정하는 기술이 보편화되었다.

본래 조선의 군선들은 고려 말엽부터 극성을 부린 왜구의 침략에
대비해 다양한 형태로 개발되었다. 조선 초기의 군선은 맹선이라 불
렸는데, 대맹선의 정원은 80명이었고 중맹선의 정원은 60명이었으며,
소맹선의 정원은 30명 정도였다. 군선 기술은 비약적으로 발전해 조
선 중기부터는 판옥선과 거북선이 주력전함으로 사용되었다.[21]

판옥선은 대맹선보다 규모가 커짐으로써 격군과 전투병력의 수를
늘릴 수 있었다. 조선 초기의 맹선은 상갑판 위에 특별한 구조물이
없는 형태여서 적군이 손쉽게 올라올 수 있었다. 전통적으로 왜구는
칼싸움으로 적을 제압하는 능력이 뛰어나 남해안 일대의 왜구 침입
에 대비하기 위해서는 새로운 형태의 대형 군선이 필요했다.

1555년 9월 16일에 명종이 참관한 가운데 적을 효과적으로 제압하
기 위해 새롭게 설계된 판옥선은 갑판을 2층으로 설계하여 크기와
높이 면에서 큰 전선으로 진화하였다. 판옥선은 근접전투에서 적이
도선하는 것을 쉽게 허용하지 않았고, 노를 젓는 격군과 전투하는 군
인들을 분리시켜 전투대형의 빠른 전환과 전투력을 크게 향상시킬
수 있었다.

"판옥선은 임진왜란 당시 주력 전투함으로 이후에도 전선으로 불

렸다. 배 위에 널빤지로 집을 지은 것처럼 보여 판옥선이란 이름이 붙었다고도 하고, 2층 갑판 위에 장수가 지휘하는 다락집을 지어 누선이라 부르기도 했다."

임진왜란 발발 이듬해인 1593년에 조선 수군의 판옥선은 200여 척이었고 거북선은 5척 내외였다는 점을 고려해 볼 때, 판옥선이 해전의 중심적 역할을 담당했음을 짐작해 볼 수 있다. 거북선은 돌격선으로서 각종 장애물을 뚫고 적진 깊숙이 침투하여 적의 대장선을 근접 포격으로 일시에 분멸할 수 있는 비대칭무기였다. 대장선이 파괴되면 적군은 사기가 떨어지고 지휘체계가 순식간에 무너질 수밖에 없었다.

거북선에 관한 『조선왕조실록』의 기록은 1413년 2월 5일에 처음으로 등장한다. 1415년 7월 6일에도 거북선은 동시에 많은 적과 충돌하여도 적을 압도할 수 있으며, 적이 쉽사리 거북선을 해칠 방도를 찾지 못한다고 기록하였다.

이순신 장군께서 전라좌수사로 부임하여 건조한 거북선은 태종

> 통제원 남교에서 머물렀다. 이날 아침에 세자에게 명하여 조정으로 돌아가도록 하니, 세자가 따라가기를 굳이 청하였다. … 이천우·이숙번 등이 진언하기를, "이번에는 탕목湯木의 행차이니, 마땅히 거가를 따르게 하소서." 하여 임금이 "잠시 동안이다." 하고 그대로 좇으니, 세자가 안색이 기쁜 빛를 띠었다. 임금이 임진도를 지나다가 거북선과 왜선이 서로 싸우는 상황을 구경하였다. 『태종실록』 1413년 2월 5일

대에 만들어진 거북선보다 성능이 개선되었다. 유성룡의 『징비록』에도 이순신이 거북선을 만들었다고 기록되어 있다.

『난중일기』에도 거북선에 관한 기록은 여러 번 등장한다. 이순신은 1592년 2월 8일에 거북선에 쓸 돛배帆布 29필을 수령하였다. 동년

3월 27일에도 "쇠사슬을 가로질러 설치하는 것을 감독하고, 종일 기둥나무 세우는 것을 보았다. 겸하여 거북선에서 대포 쏘는 것도 시험했다." 임진왜란 발발 하루 전인 동년 4월 12일에는 거북선의 지자포와 현자포를 쏘았다고 기록하였다.

거북선은 2층으로 된 판옥선의 갑판 위에 둥그런 덮개지붕을 씌우고 적의 도선을 막기 위해 쇠꼬챙이 등을 지붕에 꽂은 형태로 건조되었는데, 멀리서 관찰하면 거대한 거북처럼 보였다. 전란이 발발하고 일본 수군은 여러 전투에서 거북선에 철저하게 농락당했지만 거북선의 파괴력에 대응하는 해법을 찾지 못했다.

이순신은 1592년 5월 29일에 벌어진 사천해전에서 함선 26척을 이끌고 출전하여 적선 13척을 분멸하였다. 이 전투에서 거북선은 맹활약하였는데, 군관 나대용이 총상을 입었고 이순신도 어깨 위쪽으로 부상을 당했다.

동년 6월 2일에 발발한 당포해전에서도 거북선이 출전하여 적의 대장선을 분멸하였고, 동월 5일에 벌어진 당항포해전에서도 거북선은 천자총통과 지자총통 등을 활용하여 적의 대장선을 단숨에 제압하였다.

『이순신행록』에 의하면, "위에는 판자를 덮고 판자 위에 십자 모양의 작은 길을 내어서 사람들이 위로 다닐 수 있게 하였다. 나머지는 모두 칼과 송곳을 꽂아서 사방으로 발붙일 곳이 없었다. 앞에는 용머리를 만들고 입에는 총구멍을 만들고 뒤에는 거북꼬리를 만들었다. 대개 모양이 거북 모양과 같았으므로, 이름을 거북선이라 하였다."

당시 조선 수군은 조총의 유효 사거리 밖에서 화포 공격을 감행함

으로써 일본 함대를 효과적으로 분별할 수 있었다. 우리나라에서 군
사적 목적으로 화약을 사용한 시기는 고려시대로 거슬러 올라간다.
당시 염초(질산칼륨)는 화약의 핵심성분이었다.

왜구의 침입은 고려말기에도 극심했기에 조정에서는 왜구의 선박
들을 화약을 사용해 불태울 수 있는 방안을 모색하였다. 최무선은 원
나라 화약 전문가로부터 염초 제조법을 터득하여 화약을 제조할 수
있었다.

임진왜란 때 조선 수군이 사용
한 화약의 주성분은 숯, 황, 염초
였다. 숯과 황의 대량 생산은 당
시에도 큰 문제가 없었으나 염초
를 대량생산하려면 신기술이 필
요했다.

조선시대 화약무기의 핵심적
인 기술은 세종대왕 말기에 완성
되었으며, 임진왜란을 승리로 이

> 훈련도감의 사목事目으로 전교하였다.
> "화포 연습을 해야 되지만 화약이 넉넉
> 지 못하니 화포만 연습할 것이 아니라,
> 기사騎射·보사步射나 용약 격자踊躍擊
> 刺·추축追逐·초주超走 등을 모두 익
> 혀야 한다. 그러나 그 성과는 가르치는
> 자가 성심으로 진력하고 배우는 자가
> 게을리하지 않는 데에 달린 것이니, 때
> 때로 상격賞格을 시행하여 그들을 격려
> 하고 권장할 따름이다.
> 『선조실록』 1593년 8월 22일

끌 수 있는 원동력이 되었다. 『세종실록』에는 각지의 조선군에서 필
요로 하는 염초를 원활히 공급하기 위해 고뇌했던 흔적들이 기록되
어 있다.[22]

다행히도 조선 수군은 염초의 대량생산기술을 터득하여 화약 수급
의 어려움을 극복할 수 있었다. 염초는 용해도가 커서 잘 녹을 뿐만
아니라 결정이 쉽게 만들어지는 특성을 지니고 있다.

조선의 화포들은 포구를 통해 먼저 화약을 넣고 불을 붙이기 위한

심지를 장착한 후 발사체를 포구에 투입하여 발사하였다. 화약은 화포의 가장 안쪽인 약통에 밀어넣은 후 심지구멍으로 심지와 화약을 연결한다.

화약통과 발사체를 삽입하는 총구인 부리 사이에는 격목통을 두었다. 격목통에는 나무나 흙으로 만들어진 격목을 사용함으로써 화약이 폭발할 때 생기는 높은 압력을 유지시켜 발사체의 불발을 예방하고 적절한 사정거리와 발사체의 충격 강도를 높였다.

조선 수군은 지자총통과 현자총통 같은 화포 공격을 선호했지만, 진주대첩 등의 육상전투에서는 비격진천뢰가 적을 제압하는 데 혁혁한 공을 세웠다. 일본 조총의 사정거리는 100~150보 정도였지만, 조선의 천자·지자·현자·황자총통의 사정거리는 800보에서 1,500보에 달했다.

기본적으로 조선의 총포는 포와 총으로 구분된다. 포는 대포와 소포로 구분되며, 총이란 휴대할 수 있는 개인 화기로서 대중소 크기로 구분된다. 조선 수군이 판옥선 등에서 주로 사용한 천자총통과 지자총통은 대포에 해당된다.

천자총통은 임진왜란 때 조선 수군이 사용했던 가장 큰 화포로서 약 30냥의 화약을 사용했으며, 대장군전 등의 발사체를 사용했는데 사정거리는 약 900보에 이른다.

임진왜란 시기 조선의 대형화포[23]

화포명	길이(cm)	구경(mm)	발사물 (『화포식언해』)	사거리 (보)
천자총통	130~136	118~130	대장군전 大將軍箭 1발 조란탄 鳥卵彈 100발	900
지자총통	89~89.5	105	장군전 1발 조란탄 100발	800
현자총통	79~83.8	60~75	차대전 次大箭 1발 조란탄 100발	800 1,500
황자총통	50.4	40	피령차중전 皮翎次中箭 1발 조란탄 40발	1,100

　지자총통은 두 번째로 큰 화포로서 약 20냥의 화약을 사용했으며, 장군전이나 조란탄 등을 넣어 발사했는데 사정거리는 800보 정도였다. 세 번째로 큰 화포는 현자총통이고 네 번째로 큰 화포는 황자총통인데, 이는 천자문 글자의 순서에 따라 붙여진 이름이다.

　비격진천뢰는 천자총통이나 지자총통과 달리 적진에 떨어진 후에 폭발하는 발사체로서 각종 화포의 탄환보다 살상능력이 뛰어났을 뿐만 아니라 폭발하는 과정에서 발생하는 굉음은 극도의 공포심을 유발했다. 볼링공처럼 둥근 모양이며, 속에는 살상능력을 높이기 위해 다양한 쇳조각들과 화약을 넣어 발사하였다. 무게는 20근 정도였고 대완구 등의 기구를 사용하여 발사했다.

　이순신 장군은 가급적이면 일본군의 조총 유효 사거리인 약 100m가 넘는 거리를 두고 대형화포를 활용해 적선을 분멸하는 전략을 선호했다. 조선 수군은 불가피하게 근접전투를 벌일 경우에는 다양한 종류의 활을 사용하여 조총에 대응했다. 일본군의 조총은 1분에 3발

정도를 발사할 수 있었는데, 체계적으로 훈련된 조선의 궁사들은 조총의 위력 못지않은 살상력을 발휘했다.

본래 우리 선조들은 고대로부터 활쏘기를 즐겼다. 조선시대의 활은 예禮를 배우는 자기수양의 도구인 동시에 군사무기였다. 당시 활쏘기는 군주와 무인뿐만 아니라 문인에게도 심신수련을 위한 활동으로 여겨졌다.

"활은 궁弓을 지칭하는 조선의 고어였다. 활은 용도에 따라 약간의 차이를 보이지만 대부분의 활들은 형태와 제작과정이 비슷하다. 활의 제작에 사용되는 재료로는 산뽕나무, 대나무, 소의 뿔, 아교, 실, 쇠심줄, 옷, 참나무, 보껍질(벗나무 껍질) 등이 있다. 전쟁과 수렵용은 산뽕나무, 뿔, 쇠심줄, 아교, 실, 옷의 여섯 가지 재료로 만들고 잔치와 운동용은 산뽕나무, 뿔, 쇠심줄, 아교, 참나무, 대나무, 보껍질, 일곱 가지 재료로 만든다."24)

조선의 군사용 활은 다양했으나 소뿔과 쇠심줄로 만든 각궁을 선호했다. 조선의 임금들은 뛰어난 능력을 발휘한 신하들에게 당대의 소문난 장인이 제작한 활을 하사품으로 주기도 했다. 조선은 국가 차원에서 활쏘기를 장려했으며, 활쏘기 능력이 출중한 자들을 우대하는 사회였다.

아타케부네와 조총, 칼의 문화

일본인들은 반도국가인 한국 사람들과 기질적으로 다를 수밖에 없다. 역사적으로 대륙과 분리된 섬나라 사람들은 생존에 필요한 것들을 대부분 자체 조달해 왔다. 그들은 근검절약하는 데 익숙하고 배타적이며 끊임없이 대륙으로 진출하려는 야욕을 불태운다.

조선 초기부터 왜적의 출몰은 골칫거리였다. 1394년 8월 22일에도 왜구가 남해안에 출몰했다. "왜구가 영광군에 침입하였는데 왜선이 10여 척이었다. 소금 굽는 인부 30여 인이 힘껏 싸워서 세 사람을 목 베이니, 왜구들이 쫓겨갔다."

1408년 3월 8일에도 왜구가 나타났으나 물리쳤다. "충청도 병마 도절제사 이도분에게 구마廐馬 한 필을 내려 주었다. 왜구가 결성현에 침입하여 이도분이 이와 싸워 적 3급을 베었으므로, 대호군 원윤을 보내서 궁온宮醞을 하사하여 위로하였다."

이후로도 왜구의 약탈은 계속되었다. 조선 수군은 국토방위와 백성들의 안전을 위해 판옥선 등을 건조하며 화포 훈련에도 만전을 기했다.

　왜구들은 한반도뿐만 아니라 중국의 해안지역에도 출몰하여 약탈과 방화를 일삼는 야만적인 행위로 악명을 높였고, 조선의 남해안뿐만 아니라 동해안과 서해안을 가리지 않고 나타나 백성들의 삶을 위협했다.

　노략질을 일삼던 왜구들은 임진왜란 때 일본군에 편입되어 전쟁에 참여하였다. 당시 일본 수군의 주력 전함은 대형선박인 아타케부네安宅船와 중형 선박인 세키부네関船였다. 아타케부네는 왜군의 대장선이나 지휘선이었으며, 다이묘들이 권세를 뽐내는 데 사용했다. 아타케부네의 크기는 일정하지 않으나 임진왜란

상이 정원에 분부하였다. "왜적이 금년 봄에 병력을 증파하는 일에 대해 누구인들 염려하지 않겠는가. 지난번에 유성룡의 장계를 보건대 '이순신이 식량을 운반하는 왜선을 포획하였고 박의장도 새웃을 만들어 가지고 오는 왜적을 사로잡았다.' 하였으니, 그들이 병력을 증파하는 실상은 이미 의심할 것이 없다. 그리고 무수한 왜선이 도착하여 정박하고 있다는 말이 있으니 비변사에 일러서 다시 조처를 강구하게 하라."
『선조실록』 1593년 4월 18일

때 투입된 아타케부네는 판옥선과 엇비슷했다. 이 선박은 2~3층의 누각을 설치하여 화려하게 장식하였지만 조선 수군의 화포 공격에 취약했다.

　판옥선은 아타케부네보다 폭이 넓고 평저선이어서 화포 공격에 유리했다. 아타케부네는 큰 선박이었지만 판옥선이나 거북선과 달리 화포 공격이 용이하지 않았고, 화포 공격에 따른 반동에너지를 안정적으로 흡수하기 어려웠다. 그래서 아타케부네는 포를 발사하고 나면 크게 흔들릴 수밖에 없었다. 주로 삼나무나 전나무 판자로 제작되었는데, 해송을 사용한 판옥선과 달리 단단하지 못했고 충격 강도에

서도 판옥선이나 거북선보다 취약했다.

"세키부네는 해적들이 세토 나이카이의 수로 요충지에 관소關所를 설치하고 통과 선박으로부터 통행세를 징수한 데서 그 명칭이 유래했다는 설이 있으나 확실하지는 않다. 이 선박은 선체가 홀쭉한 쾌속선이다. 따라서 하야부네早船라고도 했고, 그 가운데서도 소형 세키부네는 더 경쾌했으므로 고바야小早로 구분하기도 했다."25)

왜선들은 방어용 선박으로 개발된 판옥선과 달리 속도를 중시했다. 아타케부네와 세키부네는 조선의 함선과 달리 운항속도를 조금이라도 높이기 위해 선박의 앞부분을 V자 형태의 뾰족한 첨저형으로 제작되었다.

당시의 선박은 크기나 성능 면에서 오늘날의 전투선과 비교하기 어렵지만, 100명 이상이 탑승하는 함선을 노를 저어 빠른 속도로 움직이려면 물살과 바람의 흐름을 타야만 했다.

또한 일본은 16세기 중엽 포르투갈 상인으로부터 조총을 구입했는데 당시에는 철포라 했다. 조총은 격발장치가 있어서 방아쇠를 당기면 탄환이 발사되는데 명중률이 높고 편리했다. 반면 조선의 휴대용 화기였던 승자총통 등은 심지에 불을 붙여가며 사용했기에 발사속도가 느렸고, 명중률도 좋지 못했다.

조총은 200여 년간 지속된 일본의 전국시대를 끝내고 통일국가로 나아가는 데 결정적으로 기여했다. 오다 노부나가織田信長는 조총으로 무장한 보병의 전투력을 개선하여 기병으로 무장한 경쟁자들을 제압할 수 있었다.

그는 삼단제사전술三段齊射戰術을 개발하여 전투력을 극대화시켰다. 1분에 3발 이상 발사하기 어려운 조총으로 무장한 보병부대가 적의 집중공격을 받으면 방어가 용이하지 않았다. 그래서 오다 노부나가는 조총으로 무장한 병사들을 3열로 배치하고, 순차적으로 사격함으로써 적을 단시간 내에 초토화시켜 혼란스러운 일본의 전국시대를 평정할 수 있는 전기를 마련했다. 무엇보다도 순차적으로 사격하는 전술은 총알을 새롭게 장전하는 데 소요되는 시간의 단점을 매우 효과적으로 극복하였다.[26]

당시 일본군이 사용한 조총의 길이는 대략 130~135cm였고 총열길이는 100~105cm였으며, 무게는 3~4kg이었다. 탄환구경은 약 11mm의 납탄을 주로 사용하였고 유효 사거리는 대략 100m였다. 1회 화약소모량은 약 7.5g이었고 발사속도는 1분에 3발 정도였다.

일본을 통일한 도요토미 히데요시는 조총으로 무장한 정예병을 투입하여 적의 선봉을 무력화시키면서 전열을 흐트러트린 후 칼싸움에 능한 군사들을 투입하여 적을 효과적으로 제압할 수 있었다. 하지만 칼과 창으로 싸우며 적군과 뒤엉켜 죽음을 무릅쓰고 싸우는 병법은 군사들의 정신적인 무장이 뒷받침되지 않으면 성과를 도출하기 어렵다.

일본군은 조총 외에도 대조총을 사용했는데, 위력이 대단해 조선

상이 항복한 왜노의 큰 조총을 꺼내오게 하여 제재諸宰들에게 보이며 이르기를, "이 구멍 속에 철환 20개와 작은 돌 4개를 넣을 수 있는데, 이것을 육전에서 수레에다 싣고 쏘아댄다면 당할 수가 없을 것이다." 하니, 덕형이 아뢰기를, "그것이 힘으로는 대포 정도의 위력을 가졌고 명중하는 것은 조총처럼 묘하여 참으로 당할 수 없는 물건입니다." 하였다.

『선조실록』 1594년 4월 17일

군에게 심각한 피해를 입혔다. 대조총은 철환 20여 개를 넣어 쏠 수 있었다. 1594년 4월 17일에 충겸이 임금께 아뢰었다.

"이순신 진중의 정운이라는 사람이 그 대포를 맞고 죽었는데 참나무 방패 3개를 관통하고도 쌀 2석을 또 뚫고 지나 정운의 몸을 관통한 다음 선장船藏으로 들어갔다고 하였습니다."

반면 조선군이 사용한 승자총통의 길이는 대략 120~130cm 정도였고 총열길이는 약 50~80cm였으며, 무게는 3~5kg이었다. 탄환구경은 일정하지 않았고, 피령목전皮翎木箭 1개나 조란환鳥卵丸 3~15개를 사용하여 발사하였다. 1회 발사 때의 화약 소모량은 37.5g 미만이었고 분당 1발 정도를 발사하였는데, 유효 사거리는 일정하지 않았다. 그래서 임진왜란 때 조선군은 휴대용 소총보다 뛰어난 궁사들의 역할이 더욱 중요할 수밖에 없었다.

전란 초기 조선의 육군이 일본군에 초토화된 주된 요인은 조총에 대한 방어전략을 체계적으로 수립하지 못했기 때문이었다. 1592년 4월 28일에 벌어진 탄금대전투에서 일본군은 조총으로 무장하였는데, 신립 장군이 이끈 조선 관군은 일본의 전술에 효과적으로 대응하지 못해 8,000여 명의 사상자가 발생했다.

탄금대는 평지였는데 신립은 기병을 활용한 근접전투를 선택했다. 조선군이 산악지형인 조령 대신 탄금대에서 일본군을 저지하고자 했던 전략은 너무나도 아쉽기만 하다. 조령은 한양으로 진격하려는 일본군이 반드시 넘어야 했던 소백산맥의 고개로서 방어하기에 유리한 천연요새였다.

"고니시 유키나가는 병력을 중군, 좌군, 우군으로 나누어, 좌군과 우군은 은밀히 기동하여 매복하게 하였다. 신립은 적의 매복을 인지하지 못하고, 적의 병력수가 적은 것만 보고 탄금대에서보다 전진하여 공세적으로 대응하였다. 그러나 이때 일본군의 매복작전에 휘말려 조선군은 대패하고 말았다."27)

탄금대전투에서 조선군은 승자총통을 사용하여 적의 대형을 무너트린 후 기병으로 일본군을 제압하려 했다. 하지만 조선의 승자총통은 긴박하게 진행된 전투에서 적에게 큰 위협이 되지 못했다.

기병을 중심으로 승자총통을 비롯해 활과 창 등으로 무장한 조선군을 맞이한 일본군은 조총과 백병전에서 위력을 발휘하는 칼 외에도 창 등으로 맞서 조선의 관군을 무너뜨렸다.

한편 일본이 전국시대를 끝내기 위한 수많은 전투에 따른 후유증을 제대로 치유하지 못한 상황에서, 조선과의 전쟁을 추진했다는 것은 상식적으로 납득하기 어렵다.

동료 병사들이 계속해서 죽어나가는데도 자신의 목숨을 걸고 적을 향해 돌진하려면 정신적인 무장과 군인정신이 뒷받침되어야 한다. 임진왜란 때 일본군의 피해도 심각했는데, 죽음을 각오하고 주군에게 충성을 맹세하는 일본인 특유의 무사 기질은, 그들이 추구했던 집단주의 문화에서 실마리를 유추해 볼 수 있다.

일본인들은 집단귀속 의식이 강하다. 또한 주먹이나 힘을 사용하여 약자들을 괴롭히며 먹고 사는 불량배들은 세계 곳곳에 존재하는데, 일본의 폭력집단인 야쿠자는 잔인함과 두목에 대한 충성심이 강한 것으로 알려져 있다.

일본의 집단주의 문화는 국가나 조직의 목적을 달성하기 위해서라면 개인적인 희생을 감수하는 특이성을 지니고 있다. 제2차 세계대전 때 일본의 가미카제神風 특공대는 일본 왕을 위해 죽음을 맹세하고, 연합군 함대와 하와이 진주만의 미국 함대를 향해 자살폭탄공격을 감행하여 큰 피해를 입혔다.

죽음을 각오하고 국가를 위해 자살공격을 감행했던 일본 전투기 조종사들의 집단주의 의식은 일본의 무사도에서도 엿볼 수 있다. 쉽게 이해하기는 어렵지만 일본 내에서는 자신들이 추구하는 목적을 위해서라면 죽음도 불사한다는 비상식적인 문화를 탄생시켰다.

"무사도는 가마쿠라시대부터 발달하여 에도시대에는 유교적인 사상에 힘입어 대성한 무사계급층의 도덕체계이다. 충성·희생·신의·염치·예의·결백·검소·검약·상무·명예·정애情愛 등을 중시한다."28)

오늘날에도 외국여행을 하다 보면 일본 단체 관광객들의 특이한 행동을 목격할 수 있다. 우리나라 여행자들 중에는 해외여행하면서 투어 에스코트의 안내에 순응하기보다, 여행 인솔자를 아랫사람 다루듯 행동하는 사람들이 있다. 반면 일본 여행자들의 행동은 우리와는 사뭇 다르다. 그들은 여행사 직원의 안내에 따라 일사분란하게 행동한다. 마치 군대에서 훈련받듯 여행인솔자의 지시에 순응하는 태도를 취한다.

Korean Leadership

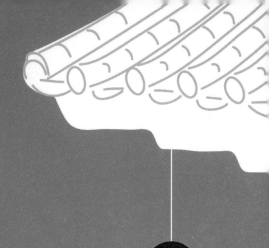

3

창조적 해법을
모색하라

전란을 대비하지 못한 조선은 임진왜란이 발발하자 일본군의 저돌적
인 공격에 수많은 사상자와 피난민이 발생하였다. 다행히도 이순신은
1591년 2월에 전라좌수사에 임명되자마자 적의 침략에 대비한 전쟁준
비에 빈틈이 없었다.

　그는 1592년 5월 7일에 옥포해전에서 승리함으로써 조선의 임금과
백성들에게 적을 몰아낼 수 있다는 자신감을 불러일으켰다. 아군 병사들
의 불안감이 사라지기도 전에 지자총통 등이 불을 뿜기 시작했고, 순식
간에 일본 함선들을 침몰시켰다.

　동년 5월 29일에는 거북선을 출전시켜 사천해전에서 승리하였다. 이
순신은 임진왜란이 발발하기 하루 전날인 4월 12일에 거북선의 화포 훈
련을 실시함으로써 돌격선으로서의 성능을 점검하였다. 거북선은 적진
깊숙이 침투하여 적의 대장선을 파괴하는 데 혁혁한 공을 세웠다. 또한
조선 수군의 화포 공격에 맞서 일본군은 조총으로 대응했지만 역부족이
었다.

　이순신은 동년 7월 8일에 벌어진 한산대첩에서는 학익진 전법으로 일
본 수군을 완벽하게 제압하였고, 9월 1일에는 부산포해전에서 100척이
넘는 적선들을 부수며 남해안의 제해권을 대부분 회복하였다.

　동년 10월에는 일본군 2만여 명이 진주성을 포위하며 진주대첩이 발
발했지만, 김시민 장군의 탁월한 리더십과 용병술로 승리하였다. 이 전
투에서 비격진천뢰는 돌진하는 적병들을 사살하는 데 크게 기여하였고,
곽재우를 비롯한 의병들의 활약도 눈부셨다.

옥포해전, 불패신화의 서막

임진왜란이 발발하자 선조는 평정심을 상실했다. 일본군이 한양으로 진격하고 있다는 소식에 임금은 서둘러 도성을 빠져나갔다. 다행히도 세자로 책봉된 광해군은 전란을 지휘하며 예비 군주로서의 자질을 연마할 수 있었다.

조선 건국 후 큰 전란 없이 태평성대를 누려온 조선의 군사력은 약화되어 있었지만, 이순신은 무인으로서의 소명에 빈틈이 없었다. 그는 1591년 2월에 전라좌수사로 부임하자마자 왜적의 침략에 대비한 전쟁준비에 박차를 가했다.

1592년 4월 13일에 일본이 부산을 침략하며 임진왜란이 발발했고, 이 소식은 4월 15일 전라좌수영에 전해졌다. 동월 23일에 의병장 곽재우는 의병을 일으켜 봉기했으며, 28일에는 관군이 충주의 탄금대 전투에서 패배했다.

선조는 탄금대전투의 후폭풍을 직감했다. 그는 충주에서의 패배 소식이 전해지자마자 파천 논의를 시작하였지만, 대신들은 피눈물을 흘리며 반대하였다. 영중추부사 김귀영은 종묘와 원릉^{園陵}을 지키며 외부의 원군을 기다리자고 했다.

수찬 박동현도 통곡하며 임금께 아뢰었다. "전하께서 일단 도성을 나가시면 인심은 보장할 수 없습니다. 전하의 연^輦을 멘 인부도 길 모퉁이에 연을 버려둔 채 달아날 것입니다." 선조는 박동현의 간청에 얼굴빛이 변하여 내전으로 들어갔다.

동년 4월 30일에 기록된 『선조 실록』에는 전란을 예견했던 이 야기가 기록되어 있다.

"비둘기처럼 생긴 회색빛 나는 새 한마리가 13일 밤부터 대궐 안 숲에서 울었는데 그 소리가 마치 '각각화도^{各各禍逃}' 또는 '각 각궁통개^{各各弓筒介}'라고 우는 듯

> 새벽에 상이 인정전에 나오니 백관들 과 인마^{人馬} 등이 대궐 뜰을 가득 메웠 다. 이날 온종일 비가 쏟아졌다. 상과 동궁은 말을 타고 중전 등은 뚜껑있는 교자를 탔었는데 홍제원에 이르러 비 가 심해지자 숙의 이하는 교자를 버리 고 말을 탔다. 궁인들은 모두 통곡하면 서 걸어서 따라갔으며 종친과 호종하 는 문무관은 그 수가 1백 명도 되지 않 았다.   『선조실록』 1592년 4월 30일

하였으며 소리가 몹시 슬프고도 다급했다. 수일 동안 분주하게 오가며 온 성안을 두루 날아다니면서 울어댔다. 어떤 사람은 그것이 바다에서 왔다고 했고 어떤 사람은 깊은 산중에 그런 새가 있다고 하는데, 울기 시작한 날이 바로 왜구가 상륙한 날이었다."

특이한 현상은 선조의 침실에서도 나타났다.

"왜구가 상륙한 후에 상이 침전에 앉아 계셨는데 침전 서쪽 작은 못에서 푸른색 무지개가 나타나 그 기운이 동쪽을 향하다가 북쪽으로 향하여 중문을 뚫고 전상^{殿上}에 올라 어좌에까지 접근했다. 상이 피하여 서쪽으로 앉으면 서쪽을 향하고 동쪽으로 피하면 동쪽으로

향했다고 한다."

선조 일행이 황급히 북으로 피난하자 백성들은 도성 안의 궁궐들을 불태워버렸다. 속전속결로 조선의 임금을 사로잡아 전쟁을 끝내려 했던 일본군은, 선조 일행이 북으로 떠난 뒤 한성에 도착하여 허탈함을 감추지 못했다. 일본 전국시대의 전쟁은 다이묘가 머물고 있는 성을 함락하여 최고 실력자를 사로잡거나 죽이면 끝나는 것이었다.

선조의 파천 소식에도 아랑곳하지 않고 이순신 장군이 이끄는 전라좌수군은 최정예군으로 거듭나 있었다. 장군께서는 『난중일기』에 1592년 5월 1일부터 4일 사이의 긴박했던 순간들을 생생하게 기록하였다.

5월 1일은 날씨가 흐렸고 남풍은 거셌으나 비는 오지 않았다. "진해루에 앉아서 방답 첨사(이순신), 흥양 현감(배흥립), 녹도 만호(정운) 등을 불러들였다. 모두 격분하여 자신의 몸을 바치기로 하였으니 실로 의사들이라 할 만하다."

5월 2일은 날씨가 맑았다. 삼도 순변사 이일과 우수사 원균의 공문이 이순신에게 전달되었다. 남해에서 돌아온 송한련에 의하면, "남해 현령(기효근), 미조항 첨사(김승룡), 상주포, 곡포, 평산포 만호(김축) 등이 왜적의 소식을 한번 듣고는 벌써 달아났고, 군기 등의 물자가 모두 흩어져 남은 것이 없다."고 했다.

5월 3일에는 아침부터 가랑비가 내렸다. 이순신은 신중했지만, 더 이상 전란의 참화를 인내할 수는 없었다. 이억기가 이끄는 전라우수군과 함께 경상우수군 관할지역으로 출동하기로 했지만, 전라우수군의 출동은 지연되었다. 특히 5월 3일은 일본군이 한양 도성을 점령한 날이어서 조선 수군은 더 이상 일본군의 만행을 지켜보고만 있을 수는 없었다.

이순신 장군은 전라우수사 이억기가 4월 30일에 출발하여 전라좌수군과 합류하여 출전하기로 했기에, 5월 3일까지 기다렸지만 전라우수군은 당일까지 도착하지 않았다. 당시 경상우수사 원균은 이순신 장군과 달리 전쟁 준비가 부족했다.

조금 뒤에 녹도 만호(정운)가 알현을 청하기에 불러들여 물은즉, "우수사는 오지 않고 왜적의 세력이 잠깐 사이 서울에 가까워지니 통분한 마음을 참을 수 없다. 만약 기회를 놓치면 후회해도 소용없다."는 것이었다. 이 때문에 바로 중위장(이순신李純信)을 불러 내일 새벽에 출발할 것을 약속하고 장계를 써서 보냈다. 이날 여도 수군 황옥천이 왜적의 소식을 듣고 자기 집으로 도피했는데, 잡아다가 목을 베어 군중 앞에 효시(내다 걺)하였다.

『난중일기』 1592년 5월 3일

"왜병들이 바다를 건너오자 경상우수사 원균은 대적할 수 없는 형세임을 알고서 전함과 전구戰具를 모두 침몰시키고 수군 1만여 명을 해산하고 나서 혼자 옥포 만호 이운룡과 영등포 만호 우치적과 남해현 앞에 머물면서 육지를 찾아 적을 피하려고 하였다."

이운룡이 나서서 원균의 생각에 이의를 제기하였다. 원균은 부하 장수들과 논의한 후에 율포 만호 이영남을 이순신에게 보내 도움을 요청하였다. 당시 원균과 마찬가지로 부산을 관할하던 경상좌수사 박홍도 전쟁 준비가 미흡했다.

동월 6일에 이순신은 경상우도의 장수들인 남해 현령 기효근, 미조항 첨사 김승룡, 평산포 권관 김축 등과 함께 판옥선을 타고 온 원균과 합류했다. 조선 수군 함대는 7일 새벽에 출발하여 옥포 앞바다로 이동했다.

이순신은 적군의 동태를 파악하는 첩보전에 만전을 기했고, 적에 대한 정보가 부족한 상태에서 전쟁에 임하는 행위를 극도로 꺼렸다. 그는 전투에 임할 때마다 적의 예상을 뛰어넘는 혁신적인 전략으로 불패신화를 일궈냈는데, 실전경험이 없었던 병사들에게 승리에 대한 확신을 심어주는 것이 급선무였다.

삶과 죽음이 순식간에 뒤바뀔 수 있는 전쟁터에서 공포에 떨고 있는 병사들의 마음을 바로잡는 일이야말로 불패신화를 써내려가는 첫 걸음이었다. "적과 싸움에 있어서 조선수군에게 가장 중요한 문제는 무엇보다 목표의식의 명확성과 필살의 적개심에 있었다."[29]

그는 장졸들에게 목숨을 바쳐서라도 나라의 수치를 씻자고 강조하며, 탄환이 날아드는 판옥선 위에서 죽음을 두려워하지 않았다. 장졸들은 솔선수범하는 이순신을 바라보며 전쟁의 공포를 떨쳐버릴 수 있었다.

마침내 이순신이 지휘하는 조선 수군은 옥포, 합포, 적진포에서 벌어진 제1차 출전(1592.5.4 ~ 5.10)에서 대승을 거두었다. 당시 이순신은 5월 7일 정오쯤 옥포 앞바다에 도착하여 적의 동태 파악에 만전을 기했는데, 척후장인 사도 첨사 김완 등이 신기전을 쏘아 올려 일본 함선의 존재를 확인시켜 주었다.

적들은 포구에 배를 정박해 놓고 약탈과 방화를 일삼았는데, 조선 함대가 나타나자 황급히 각자의 배에 올라탔고, 몇몇 적선들은 조선 수군을 피해 달아나려 안간힘을 썼다.

옥포해전(1승, 거제시 옥포동 앞바다)에서 이순신은 군령을 하달했다. "경거망동하지 말라. 가볍지 않게 태산처럼 행동하라." 勿令妄動 靜重如山

죽음과 공포에 대한 조선 병졸들의 걱정이 사라지기도 전에 판옥선에서 화포 공격이 시작되었고, 빗발치는 화살들도 적군 위로 날아들었다.

순식간에 일본의 전선들은 바다 속으로 가라앉기 시작했다. 조선 병사들은 적들이 초토화되는 광경을 바라보며 불패신화의 서막을 목격했다. 이 전투에서 조선 수군은 왜선 26척을 분멸했다.

옥포해전이 끝나고 4시간 후에 벌어진 합포해전(2승, 마산 합포 일대)에서도 조선 수군은 함포 사격으로 왜선 5척을 부수었다. 사도 첨사 김완이 큰 배 1척을 부수었고, 방답 첨사 이순신도 큰 배 1척을 분멸하였으며, 광양 현감 어영담도 큰 배 1척을 부수었다. 또한 전 첨사 이응화도 작은 배 1척을 깨뜨렸고, 이순신의 군관 여러 명이 합심하여 큰 배 1척을 부수었다.

동월 8일에 벌어진 적진포해전(3승, 통영시 광도면 앞바다)에서도 조선 수군은 정박 중인 왜선 11척을 파괴하였다. 당시 일본군은 큰 배와 중간 배를 합쳐 13척이 포구에 정박한 채 민가들을 약탈하고 있었다. 일본 병사들은 옥포해전과 합포해전에서 대패한 직후여서 겁에 질려 있었고, 싸움을 포기하고 육지로 도망가는 자들이 많았다.

전쟁이란 병사들의 심리에 크게 좌우된다. 『삼십육계』三十六計의 "동쪽에서 소리를 내고 서쪽을 친다."聲東擊西라는 교훈이 눈길을 끄는데, 신출귀몰했던 이순신의 필승전략은 심리전의 중요성을 일깨워준다. 이밖에도 "먼 나라와 동맹하고 가까운 나라를 공략한다."遠交近攻 "미인으로 유혹하라."美人計 "도망가는 것이 상책이다."走爲上 등도 이색적이다.30)

비록 전쟁은 반인류적인 행위로 비춰지지만, 승리한 군대의 최고 지도자는 적군의 우두머리에게 강압적으로 명령할 수 있는 특권을 부여받는다.

"군사행동에 의해서 이쪽의 의지를 적에게 강요하려고 한다면, 실제로 적의 방어를 완전히 무력한 것으로 만들든가, 그렇지 않으면 확실하게 무방어 상태가 되었다고 여겨질 때까지 몰아넣어야 한다."[31]

상대방을 파괴하여 자신들의 요구사항을 단숨에 관철시키는 전쟁은 인간의 잔인성과 야만성, 폭력성을 한시적으로 정당화한다. 상대방을 굴복시키기 위한 전쟁무기들은 오늘날에도 끊임없이 진화하고 있다.

거북선으로 대장선을 분멸하다

이순신은 옥포해전을 비롯해 합포와 적진포에서의 승리를 이끈 제1차 출전이 끝난 후부터 제2차 출전 전날인 1592년 5월 28일까지는 『난중일기』에 기록을 남기지 않았다. 한편 선조는 동년 5월 7일에 평양으로 거처를 옮겼고, 영변으로 이동한 6월 11일까지 평양에 머물렀다.

사천, 당포, 당항포, 율포에서 벌어진 전투에서 조선 수군은 거북선을 출전시켜 전승하였다. 사천해전에서 맹활약을 펼친 거북선은 조선 초의 거북선과 달리 이순신의 지시로 새롭게 건조되었다.

5월 29일에 발발한 사천해전(4승, 사천 앞바다 모자랑포)에서 조선 수군은 왜선 13척을 부수었다. 본래 이순신은 6월 3일까지는 전라우수사 이억기가 지휘하는 전라우수군과 함께 출전할 예정이었다. 그러나 5월 27일에 경상우수사 원균이 보내온 공문에 따르면 왜선 10여 척이 사천포 일대에서 노략질을 일삼아 더 이상 방치할 수 없음을 알려왔기에 제2차 출전이 앞당겨졌다.

당시 거북선의 외모는 범상치 않았다. 일본 수군은 겁도 없이 돌격해 오는 거북선을 바라보며 코웃음을 쳤지만, 왜군 대장선에 근접하여 포격전을 감행하면 속수무책으로 침몰하곤 했다. 적들은 조총으로 응사해 보지만 거북

> 순신은 전투 장비를 크게 정비하면서 자의로 거북선을 만들었다. 이 제도는 배 위에 판목을 깔아 거북 등처럼 만들고 그 위에는 우리 군사가 겨우 통행할 수 있을 만큼 십자十字로 좁은 길을 내고 나머지는 모두 칼·송곳 같은 것을 줄지어 꽂았다.
> 『선조수정실록』 1592년 5월 1일

선을 뚫지 못했고, 그들의 주특기인 백병전도 불가능했다.

거북선 위에 뛰어든 왜병들은 싸워보지도 못한 채 예리한 칼날과 쇠꼬챙이의 희생양이 될 뿐이었다. 거북선에 뛰어내리자마자 피를 흘리며 박혀있는 동료들을 바라보는 적들은 공포에 휩싸였다. 고통스럽게 죽어가는 동료들의 절규 속에서 왜병들은 비명을 지르며 살기를 드러내보지만 속수무책이었다.

"앞은 용의 머리를 만들어 입은 대포 구멍으로 활용하였으며 뒤에는 거북의 꼬리를 만들어 꼬리 밑에 총 구멍을 설치하였다. 좌우에도 총 구멍이 각각 여섯 개가 있었으며, 군사는 모두 그 밑에 숨어 있도록 하였다. 사면으로 포를 쏠 수 있게 하였고 전후좌우로 이동하는 것이 나는 것처럼 빨랐다. 싸울 때에는 거적이나 풀로 덮어 송곳과 칼날이 드러나지 않게 하였는데, 적이 뛰어오르면 송곳과 칼에 찔리게 되고 덮쳐 포위하면 화총을 일제히 쏘았다. 그리하여 적선 속을 횡행하는데도 아군은 손상을 입지 않은 채 가는 곳마다 바람에 쓸리듯 적선을 격파하였으므로 언제나 승리하였다."

거북선의 입에서는 연기를 내뿜으며 포를 쏘았는데, 점차로 거북

선은 존재 자체만으로도 왜병들의 사기를 꺾고 전의를 상실하게 만들었다.

6월 2일에 발발한 당포해전(5승, 통영시 산양읍 앞바다)에서도 조선 수군은 적선 20여 척을 부수었다. 당일 적선 중에 큰 배 1척은 판옥선만 하였다.

"누각 위에는 왜장이 우뚝 앉아서 끄덕도 하지 않았다. 편전(片箭)과 대·중 승자총통을 비오듯이 난사하니, 왜장이 화살에 맞고 떨어졌다. 그러자 모든 왜적들이 동시에 놀라 흩어졌다. 여러 장졸이 일제히 모여들어 발사하니, 화살에 맞아 거꾸러지는 자가 얼마인지 그 수를 알 수 없었고 남은 게 없이 모조리 섬멸하였다."

당포해전에서도 거북선은 눈부신 활약을 펼쳤다. 왜군 장수가 타고 있는 큰 배를 거북선이 돌진하여 충루선 아래를 들이받자 적들은 우왕좌왕하며 갈피를 잡지 못했다. 거북선의 용머리 입에서 현자포가 불을 뿜었고, 거북선 측면의 천자총통과 지자총통에서 대장군전을 여러 발 쏘자 적의 대장선은 순식간에 전함으로서의 기능을 상실했다.

거북선을 뒤따라온 판옥선에서 포격전과 함께 무수히 많은 화살들을 발사하자 왜장이 거꾸러졌고, 사도 첨사 김완의 군관은 왜장의 목을 베어왔다. 총통의 탄환과 화살에 맞아 쓰러진 적병들은 형체를 알아볼 수 없을 만큼 처참한 모습으로 죽어갔다.

당포해전에서 일본 함선이 전멸한 후 얼마 지나지 않아 왜선 20여 척이 부산 방향에서 나타났지만, 사태를 파악하고는 개도(통영 산양 추도)로 달아났다. 6월 3일에 조선 수군은 개도로 달아난 왜선들을 추격하였으나 성과를 거두지는 못했다.

드디어 6월 4일 정오에 전라우수사 이억기가 부하 장수들과 함께 이순신 진영에 도착했다. "온 진영의 장병들이 기뻐서 날뛰지 않는 이가 없었다. 군사를 합치기로 거듭 약속한 뒤에 착포량(통영 당동)에서 잤다."

6월 5일에 벌어진 1차 당항포해전(6승, 고성군 당항리 앞바다)에서도 조선 수군은 왜선 26척을 부수었다. 조선 수군은 화포 공격에 집중했고, 적이 접근해 오면 뛰어난 궁사들의 화살 세례가 더해져 시너지 효과를 창출했다.

"왜장의 머리를 벤 것이 모두 7급이고 남은 왜병들은 육지로 올라가 달아나니, 남은 수효가 매우 적었다."

이순신 장군은 적과의 전투가 벌어지기 전에는 상시적으로 적군의 동태를 파악하는 첩보전에 만전을 기했다. 당항포해전에서도 적의 상황 파악을 위해 급파된 전선들이 신기전을 쏘아 올려 적의 존재를 알려주었다.

당항포는 지리적 특성상 조선군이 포구 앞바다를 막고 있으면 적이 달아나기 어려울 만큼 움푹 들어간 곳에 위치하고 있다. 호수처럼 느껴지는 당항포 앞쪽 바다는 폭이 좁아 일자진 전법이나 학익진 전법을 전개하기는 어려운 지형이지만 적을 공격하기에는 아주 좋은 장소였다.

적들의 대선 9척과 중·소선 17척이 해안을 따라 정박하고 있었다. 왜선들이 도망치기 어려운 지형에 갇힌 형국이어서 집중 폭격과 화살 세례를 퍼부으면 어렵지 않게 적선들을 분멸할 수 있는 처지였으나 이순신은 신중했다.

적들이 육지로 도망가면 완전히 소탕하는 데 어려움을 겪을 수도 있고, 힘없는 백성들의 피해가 발생할 수 있는 상황이었다. 조선 수군 함대가 잠시 물러나 왜선들이 빠져나갈 수 있는 길을 열어주자, 적선들은 도망갈 기회를 놓치지 않기 위해 혼신의 힘을 다해 넓은 바다로 나아가려 했다.

조선의 함선들은 때를 놓치지 않고 화포 공격을 시작했다. 눈 깜짝할 사이에 거북선이 나타나 왜군 대장선을 들이받고, 총통에서 발사된 탄환들이 적의 지휘선에 날아들자 적장은 힘없이 쓰러졌다. 조선의 궁사들이 화살과 함께 불화살을 쏘아대자 적군의 크고 작은 배들이 불길에 휩싸였다.

이순신 함대는 6월 6일에는 전쟁 후의 고요함 속에서 적군을 정탐하는 데 집중하였다. 마침내 동월 7일에 율포해전(7승, 거제시 동부면 앞바다)이 벌어졌고, 조선 수군은 왜선 7척을 부수었다.

조선 수군은 당일 새벽에 주변 바다를 수색하며 나아갔다. "정오에 영등포 앞바다에 이르니 왜적의 큰 배 5척, 중간 배 2척이 율포로부터 나와서 부산 쪽으로 도망가고 있었습니다. 이에 여러 배들이 바람을 거슬러 노를 재촉하여 5리쯤 떨어져 서로 바라보면서 쫓아가 율포 바깥 바다에 이르자 왜적들은 배 안에 실은 짐

맑음. 아침에 출발하여 영등포(거제 구영리) 앞바다에 이르러 적선이 율포에 있다는 말을 듣고 복병선으로 하여금 그곳에 가보게 했더니. 적선 5척이 먼저 우리 군사를 알아채고 남쪽 넓은 바다로 달아났다. 우리의 여러 배들이 일제히 추격하여 사도첨사 김완이 1척을 통째로 잡고, 우후(이몽구)도 1척을 통째로 잡고, 녹도 만호 정운도 1척을 통째로 잡았다. 왜적의 머리를 합하여 세보니 모두 36급이었다.

『난중일기』 1592년 6월 7일

짝을 모두 바다 물속으로 던졌습니다."[32]

결국 조선 함대는 율포해전에서도 대승을 거두었다. 우후 이몽구, 사도 첨사 김완, 녹도 만호 정운, 광양 현감 어영담, 가리포 첨사 구사직, 여도군관 김인영, 그리고 소비포 권관 이영남 등이 왜선을 부수고 왜군의 수급을 베는 데 큰 전공을 세웠다.

무엇보다도 적의 기세를 순식간에 제압해버린 거북선의 등장은 창조적 혁신의 중요성을 일깨워준다. 거북선은 적선과 충돌하여 파괴하는 전략보다는 돌격선의 용도로 개발되었다. 적들은 거침없이 돌진해 대장선을 침몰시키는 거북선이 나타나면 우왕좌왕하다 전열이 흐트러졌다.

거북선의 용머리는 위용을 뽐내는 데는 유용했지만 왜선과 충돌할 때는 주의를 기울여야 했다. 당시 조선의 총통들은 명중률이 높지 못해 조총의 유효 사거리 밖에서 포격전을 감행하면 유실되는 포탄이 많을 수밖에 없었다. 그러나 거북선은 백병전의 위험 없이 적선 가까이 접근하여 포격전을 감행함으로써 총통에서 발사되는 탄환의 정확도와 파괴력을 획기적으로 높일 수 있었다.

일본군이 대응할 만한 마땅한 수단을 갖추지 못한 상태에서 비대칭무기였던 거북선의 등장은 제2차 출전의 승리를 이끌어낸 일등공신이었다.

"거북선은 해전이 벌어지면 곧 바로 적진 속으로 또는 적의 지휘선을 향해 돌진한다. 그리고 근접거리에서 현자총통을 치쏘고 이후 천자·지자총통을 발사하여 개전 초기에 적의 진형을 흩트려 놓거나 적의 대장선을 전광석화처럼 격파하여 지휘체계를 마비시키는 것이 거북선의 역할이었다."[33]

적들은 자신들의 주특기인 백병전을 하고 싶어도 전개할 수 없었고, 현대전의 스텔스 폭격기처럼 위풍당당하게 다가와 포격전을 전개할 때 내는 굉음에 극심한 공포를 느낄 수밖에 없었다.

또한 거북선이 빛을 발할 수 있었던 것은 판옥선과 활이나 창 등의 재래식 무기와의 조화를 도모했기 때문이었다. 판옥선의 각종 총통에서 발사되는 탄환이나 대장군전 등은 조총 사거리 밖에서 위력을 발휘했지만, 조총 사거리 내에서 화포 공격만으로 왜적을 제압하는 것은 여의치 않았다.

한산대첩의 학익진 전법

　조선의 육군도 왜적을 물리치기 위해 곳곳에서 맞섰는데, 전라도를 방어하기 위해 1592년 7월 7일부터 이틀에 걸쳐 치열하게 싸웠던 웅치·이치전투가 눈길을 끈다. 전라 절제사 권율의 지휘하에 조선군은 웅치에서 힘겹게 왜적을 물리쳤는데 아군의 피해도 컸다.

　"왜장이 또 대군을 출동시켜 이치를 침범하자 권율이 황진을 독려하여 동복현의 군사를 거느리고 편비偏裨 위대기·공시억 등과 함께 재를 점거하여 크게 싸웠다. 적이 낭떠러지를 타고 기어오르자 황진이 나무를 의지하여 총탄을 막으며 활을 쏘았는데 쏘는 대로 맞지 않는 것이 없었다. 종일토록 교전하여 적병을 대파하였는데, 시체가 쌓이고 피가 흘러 초

> 전라 절제사 권율이 군사를 보내어 왜적을 웅치에서 물리쳤는데 김제 군수 정담이 전사하였다. 왜병이 또 이치를 침범하니 동복 현감 황진이 패배시켰다. … 왜적의 선봉 수천 명이 총을 쏘고 칼을 휘두르며 정면으로 돌진해 왔는데, 복남 등이 죽음을 무릅쓰고 싸워 활로 쏘아 죽인 것이 헤아릴 수 없었으며 적이 패하여 물러갔다.
> 『선조수정실록』 1592년 7월 1일

목까지 피비린내가 났다. 이날 황진이 탄환에 맞아 조금 사기가 저하되자 권율이 장사들을 독려하여 계속하게 하였기 때문에 이길 수 있었다. 왜적들이 조선의 3대 전투를 일컬을 때에 이치의 전투를 첫째로 쳤다."

이즈음 지원군을 요청하는 조선에 대해 명나라는 쉽게 결정을 내리지 못하고 있었다. 왜냐하면 동년 6월까지 명나라 조정은 일본이 조선을 침략한 의도를 정확히 파악하지 못했다. 그러나 7월 초에 명나라는 조선에 파견된 사신들에 의해 일본이 조선을 침략한 의도를 정확히 파악할 수 있었다.

본래 명나라는 조선이 일본과 연합하여 명나라를 침략할 수 있다는 두려움을 느끼고 있었다. 명의 관료들은 조선이 오래전부터 왜와 통신한 일을 잘 알고 있었기에 큰 우려를 하고 있었다.

당시 절강사람은 조선이 왜에게 당나귀를 조공하였다는 헛소문을 퍼트렸는데, 이는 사실이 아니다. 본래 왜인들은 조선에서 당나귀를 사가지고 간 것이었다. 명나라는 조선군이 일본군에 무기력하게 패배하여 전란이 발발한 지 20여 일 만에 임금이 머물던 도성을 빼앗긴 사건도 의심스러운 눈으로 바라보고 있었다.

명나라의 사신으로 조선에 파견된 서일관, 황응양, 하시 등 세 사람은 전란의 실체를 정확하게 파악하기 위해 다각적으로 분석하였다. 대동강변의 왜적이 보낸 편지를 보여주자, 응양 등이 보고는 짐짓 말하였다.

"이는 왜의 편지가 아니라, 거짓으로 만든 것이다."

황응양은 의심을 하면서 또 다른 왜의 편지를 볼 수 있냐고 물었

다. 다시 한 통의 편지를 내어 보였는데, 이는 곧 이항복이 경성에서
가지고 온 것이었다. 항복이 도승지로 정원政院에 있을 때 왜적이 영
남에 있으면서 편지를 보냈었다.

이항복은 명나라가 우리나라와 일본이 통신한 일을 반드시 들었을
것이므로 왜와 통모하였다고 의심한다면, 본국의 심사心事를 똑똑히
밝힐 길이 없을 것이고 요동에 들어가고 싶어도 반드시 허락을 얻지
못할 것이며, 또 혹시 의외의 걱정이 있을까도 염려하였다. 그래서
가지고 왔던 것인데, 대체로 길을 빌려 명나라를 침범하겠다는 내용
이었다.

"과연 왜의 편지이다."

황응양은 마침내 일본이 조선을 침략한 의도를 파악할 수 있었다.

아울러 조선 수군은 한산도와 안골포에서 벌인 제3차 출전(1592.7.5
~7.13)에서도 대승을 거두었다. 이순신의 전라좌수군은 7월 4일에 이
억기의 전라우수군과 합류하였고, 다음 날에는 작전계획을 수립하였
으며 6일에 제3차 출전의 대장정을 시작하였다. 조선 수군의 연합 함
대가 남해의 노량에 다다르자 원균의 경상우수군이 합류하였다.

7일에는 거센 동풍이 불어 항해하는 것이 쉽지 않았고, 해질 무렵
고성의 당포에 당도하였다. 당일 목동 김천손은 일본의 군선 70여 척
이 당일 오후 2시경 영등포 앞바다를 경유하여 고성과 거제도의 경
계지역인 견내량에 머물러 있다는 첩보를 전해 주었다.[34]

조선 수군은 견내량에서 적군을 만났는데, 왜선들이 바다를 뒤덮
어 오고 있었다. 동월 8일에 치러진 한산대첩(8승, 거제도와 통영 사이의
섬)에서도 조선 수군은 승리하였다.

당시 일본군은 경상도에서 전라도로 이동하려고 했다. 원균은 조선 수군의 연전연승에 고무되어 겁 없이 공격하려 하였으나 이순신은 신중했다.

"이곳은 항구가 좁고 얕아 작전할 수가 없으니 넓은 바다로 유인해 내어 격파해야 합니다."

원균이 동의하지 않자 이순신이 첨언했다.

"공이 병법을 이처럼 모른단 말인가."

견내량은 수심이 얕고 암초가 많아 판옥선과 같은 큰 배가 자유자재로 전술을 펼치기 어려운 지형이었다. 결국 이순신은 여러 장수들과 의논한 후 영을 내렸다. 그는 70여 척의 왜선들을 효과적으로 섬멸할 수 있는 한산도 앞바다로 유인하기 위해 판옥선 5~6척으로 하여금 일본 함대의 선봉을 공격하자, 그들은 돛을 올리고 쫓아왔다.

조선의 함선들이 거짓으로 패하여 물러나는 척하니 적선들이 기세를 몰아 추격하였다. 그들은 흥분하여 한산도 앞바다까지 쫓아왔다. 이순신은 때를 놓치지 않고 장수들에게 뱃머리를 돌려 학익진 대형으로 공격하라고 명령하였다.

당시 조선의 연합 함대는 일본 함선의 규모와 엇비슷했다. 조선의 군선들이 드넓은 한산도 앞바다에서 유인해 오는 광경을 지켜보고 있었다면 왜선들은 전투를 기피했을 것이다.

조선의 함선들 중에는 작전계획에 따라 적의 눈에 잘 띄지 않는 한산도 일대에 숨어 있다가 순식간에 학익진 전법에 동참하였다.

"한산도 앞 바다에 이르러 군사를 돌려 급히 전투를 개시하니 포염이 바다를 뒤덮었고 적선 70여 척을 남김없이 격파하니 피비린내가 바다에 진동하였다."35)

　임진왜란 3대 대첩으로 평가받고 있는 한산대첩에서 이순신 장군은 유인전략의 진수를 보여주었다. 와키자카 야스하루協坂安治가 이끄는 70여 척의 왜선들은 조선 수군의 학익진 전법에 휘말려 제대로 싸워보지도 못하고 참패를 당했다. 학의 날개 모양으로 적선들을 품고 조총 사정권 밖에서 날아드는 탄환들은 공포 그 자체였다.

　판옥선은 배의 4면에서 함포사격이 가능하도록 설계되었는데, 빠른 방향 전환과 쉼 없이 발사되는 탄환들은 조총으로 무장한 일본군을 원거리에서 제압할 수 있는 비대칭 전략무기였다. 일본군은 근접전투를 선호했지만 적의 의중을 꿰뚫고 있던 이순신은 틈을 보이지 않았다.

　왜군의 우두머리였던 와키자카 야스하루와 패잔병 400여 명은 한산도에서 표류한 후 2주일가량 해초로 연명하며 숨어 지내다 도주하였다. 그가 이순신의 전략에 쉽게 휘말린 데는, 동년 6월 5일에 벌인 경기도 용인전투에서 대승을 거둔 자만심이 화근이 되었다.

　조선 수군이 한산대첩에서 대승을 거두자 도요토미 히데요시는 이순신 함대와의 교전 금지 명령을 내렸다. 부산에서 한성을 경유하여 평양까지 진격해 있던 고니시 유키나가가 이끄는 일본군에게 군수물자를 보급하려던 일본군의 계획에 차질이 생기자, 그들은 더 이상 북진할 수 없게 되었다.

　7월 9일에는 가덕에서 안골포로 이동하는데, 왜선 40여 척이 안골포에 정박해 있다는 첩보가 전해졌다. 조선 수군 함대는 적을 섬멸하기로 하였으나, 바람이 거세고 날이 저물어 거제도의 온천도(칠천도)에 머물렀다.

　10일에 조선 수군 함대는 적들을 섬멸하기 위한 작전을 개시하였다.

“안골포에 이르러 선창을 바라보니 왜적의 큰 배 21척, 중간 배 15척, 작은 배 6척이 정박해 있었습니다. 그중에 3층짜리 선실이 있는 큰 배 1척과 2층짜리 선실이 있는 큰 배 2척이 포구에 밖을 향해 떠 있었고, 나머지 배들은 고기비늘처럼 줄지어 정박해 있었습니다.”[36]

안골포에서 그들의 구원병을 역습하여 패배시키니 적이 해안으로 올라 도망하였는데 적의 배 40척을 불태웠다. 왜진에서 전해진 말에 의하면 '조선의 한산도 전투에서 죽은 왜병이 9천 명이다.'고 하였다. 이 일을 아뢰자 순신에게 정헌대부의 자계資階를 상으로 내리고 하서하여 칭찬하였다.
『선조수정실록』 1592년 7월 1일

이날 치러진 안골포해전(9승, 경남 진해 안골포)에서 조선 수군은 왜선 40여 척을 분멸하였다. 일본군의 제2진 40여 척은 일본 전선들이 거의 전멸당했던 한산대첩을 지켜보았기에 안골포에서 눈치를 살피고 있었다. 적들은 어두운 새벽시간을 틈타 도주하려는 계획을 세웠으나 첩보전의 달인인 이순신의 감시망을 따돌리지 못했다.

왜군들은 겁을 먹고 조선 수군과의 싸움을 기피하고 있었다. 아군이 두세 차례 유인하였으나 적들은 감히 나오지 않았지만, 조선의 수군 병사들이 들락날락하면서 공격하여 적선들을 거의 다 불살라버렸다.

"이 전투에서 3진陣이 머리를 벤 것이 2백 50여 급이고 물에 빠져 죽은 자는 그 수효를 다 기록할 수 없으며 잔여 왜적들은 밤을 이용하여 도망하였다."

당시 원균은 자신의 전공을 부풀려 이순신 못지않은 상급을 기대하였으나, 조정에서는 이에 동의하지 않았다. 조정에서는 공을 세운 장수들에게 상을 내렸는데, 1592년 8월 24일자의 『선조실록』에 상세하게 기록되어 있다.

첨사 김승룡, 현령 기효근은 특별히 당상에 올리고, 현감 김준계는 3품으로 승서하고, 주부主簿 원전은 5품으로 승서하고, 우치적 등 4인은 6품으로 승서하고, 이효가 등 13인은 공에 맞는 관직을 비변사에서 건의하였다.

또한 만호 한백록은 전후 공이 가장 많은데 탄환을 맞은 뒤에도 나아가 싸우다가 싸움이 끝나고 오래지 아니하여 끝내 죽음에 이르렀기에 당상으로 추증할 것을 건의하였다. 아울러 배지인陪持人 박치

공은 3급을 베고 왜적 한 명을 사로잡아 6품으로의 진급을 건의하니, 임금이 승인하였다.

이처럼 이순신은 전쟁이 끝나고 나면 부하 장수들은 물론이고 힘 없는 병졸들의 공로에 대해서도 상세하게 보고하였다. 그는 실력으로 부하들을 평가하는 실용적 가치를 중시했다. 반면 원균은 이순신과 함께 함으로써 공을 인정받으면서도 이순신의 업적에 대해 시기 질투를 일삼았다.

성공적이며 행복한 인생을 살아가려면 무엇보다도 먼저 타인과 비교하는 습관에서 자유로워져야 한다. 타인과 비교하며 자신의 능력을 검증하려는 사람은 불행의 도가니에서 빠져나오기 어렵다.

현대사회는 조선시대와는 비교할 수 없을 만큼 개인의 인권과 권리뿐만 아니라 인격적으로 평등한 정의로운 세상을 추구한다. 그래서 상대방을 배려하는 삶을 실천해야만 성공적인 삶으로 나아갈 수 있다.

왜군 본진을 공격한 부산포해전

조선 수군은 한산대첩 이후 부산지역을 제외하면 남해안 일대의 제해권을 완전히 회복하였다. 선조는 남해안에서의 승전보에 고무되어 전란을 조기에 종식시켜야 한다는 조급증에 시달렸다.

남해안에서 지속적인 승전보를 올리고 있던 조선 수군과 달리 육군은 왜군에 밀리고 있었다. 다행히도 김시민은 경상도 지역에서 적을 무찌르며 육군의 자존심을 지켜주었다. 1592년 8월에 진주 판관 김시민은 사천 현감 정득열 등과 군사를 합하여 사천 일대의 적을 무찔렀다. 그는 진주지역을 안정시켰고 출전하여 여러 차려 승첩을 거뒀으므로 금산 이하에 머물며 주둔하던 왜적이 모두 도망갔다.

아울러 조선 수뇌부는 명나라 지원군의 도움을 간절히 원했고, 동년 8월 초에 예조판서 윤근수는 명나라 지원군의 신속한 투입을 위해 동분서주하였다.

이 무렵 이순신은 장림포, 화준구미, 다대포, 서평포, 절영도, 초량목, 부산포에서 싸운 제4차 출전(1592.8.24~9.2)에서도 승리의 깃발을

올렸다. 조선 수군은 전선 74척과 협선 92척을 참여시켜 규모면에서
도 막강한 전력을 갖추었다. 소형선박인 협선들은 전쟁이 발발하면
대형선박인 판옥선을 보필했고, 전쟁이 없을 때는 적의 동태를 정탐
하는 척후선 등의 역할을 수행했다.

당시 불패신화를 기록 중인 조선 수군의 사기는 최고조에 달해 있
었다. 전쟁은 병사들의 사기가 매우 중요하다. 장림포해전에서부터
부산포해전에 이르기까지 조선 수군은 정면승부도 두려워하지 않았
다. 제4차 출전의 대미를 장식한 부산포해전은 심리전의 중요성을
일깨워준다.

『난중일기』에는 1592년 8월 24일에서 28일까지의 긴박했던 상황
들이 기록되어 있다. 이순신은 24일에 전라우수사 이억기와 점심을
같이 했다.

"신시(오후 4시경)에 배를 출발시켜 노질을 재촉하여 노량 뒷바다에
이르러 닻을 내렸다. 삼경(자정 무렵)에 달빛 아래 배를 몰아 사천 모
사랑포(사천 용견 주문리)에 이르니 동녘은 이미 밝았지만, 새벽안개가
사방에 가득하여 지척도 분간하기 어려웠다."

이순신은 25일에 삼천포 앞바다에서 평산포 만호를 만났고, 당포
에 다다르기 전에 경상우수사 원
균과 논의하였으며, 신시에 당포
에 정박하고 잤다. 26일에는 견
내량을 경유하여 저물녘에 각호
사 앞바다에 정박하고 잤다.

27일에는 칠내도(칠천도)를 경

> 맑음. 견내량(거제 덕호리)에 이르러
> 배를 멈추고서 우수사와 함께 이야기
> 했다. 순천 부사(권준)도 왔다. 저녁에
> 배를 옮겨 각호사(거제 신광사) 앞바다
> 에 이르렀다.
> 『난중일기』 1592년 8월 26일

유하여 저녁에 제포(진해 제덕동)와 서원포(진해 원포동)를 통과하니 어느덧 이경(밤 10시경)이 되었는데, 차가운 서풍이 불어 마음이 편치 못했다. 28일에도 왜군과의 전쟁은 없었고, 주변 일대를 수색하고 가덕도에 머물렀다.

29일에 발발한 장림포해전(10승, 부산 사하구 장림동)에서 조선 수군은 왜선 6척을 분멸하였다. 이 전투에서 일본군은 조선 수군의 위세에 겁을 먹고 적극적으로 전투에 임하기보다는 도망가기에 급급했다.

당일 새벽 여명의 빛이 스며들기도 전에 출발한 조선 함대는 해 뜨기 직전에 양산과 김해의 낙동강 하류 앞바다에 이르렀는데, 낙오된 왜적 300여 명이 대선 4척과 소선 2척으로 나아오다 조선 수군과 마주치자 황급히 배를 버리고 육지로 도망갔다. 경상우수군의 병사들이 주도하여 왜선 6척을 파괴하였는데, 전라좌수영의 좌별도장(좌측 특공대장) 우후 이몽구도 왜적의 큰 배 1척을 깨뜨렸다.[37]

9월 1일에는 새벽에 출발하여 하루 종일 전쟁을 벌였는데, 화준구미, 다대포, 서평포, 절영도, 초량목, 부산포 등 6곳에서 승리를 거두었다.

이순신 장군에게 9월 1일은 하루 종일 전쟁을 치러야 했던 격전의 날이었다. 그의 불패신화 중에서 하루에 여섯 번의 전투를 벌인 일은 처음이자 마지막이었다. 당시 조선 수군은 주력무기인 화포 공격으로 적선들을 분멸했는데, 화약과 탄환에 대한 사전준비가 철저했다.

화준구미해전(11승, 부산 사하구 다대동의 화손대 부근)에서 조선 수군은 왜선 5척을 침몰시켰다. 다대포해전(12승, 부산 사하구 다대동, 낙동강 하구)에서는 적선 8척을, 서평포해전(13승, 부산 사하구 구평동)에서는 왜선 9척을 파괴하였다. 절영도해전(14승, 부산 영도구 절영도)에서 적선 2척을 부수었으며 초량목해전(15승, 부산 동구 초량동의 부산 세관 인근)에서 4척의 적선들을 분멸하였다. 이순신은 적의 본거지인 부산포의 상황을 파악하기 위해 척후선을 보냈는데, 450척이 넘는 적선들이 부산포 해안에 빼곡히 정박해 있다는 보고를 받았다.

조선 수군 병사들은 사기가 충만한 상태에서 부산포해전(16승, 부산 동구 일대)을 치렀다. 제4차 출전의 대미를 장식하는 이 전투에서 조선 함대는 무려 적선 100여 척을 파괴하였다.

부산포에는 왜선 500여 척이 정박해 있었는데 조선군과의 전투를 꺼렸다. 조선 수군은 막강한 화력을 앞세워 밀집해있는 왜선들에 집중포격을 감행하였다.

적들은 그동안 불패신화를 써내려왔던 이순신 함대의 위용에 기가 눌려 전면전보다는 육지로 이동하여 포격을 감행하는 데 집중하였다. 그들은 함선에서의 포격은 조선 수군에 비해 열세였지만, 육지에서의 포격은 만만치 않았다.

일본군의 전술을 간파한 이순신은 장사진 전법을 전개함으로써 적의 포격에 따른 피해를 최소화할 수 있었다. 일본군의 포격은 명중률이 높지 않기에, 조선 수군은 특정한 장소에 많은 전선들이 모이는 것을 경계하였다.

『손자병법』에 따르면, 전함들을 긴 뱀처럼 늘어뜨려 싸우는 장사진 전법은 적군이 아군의 머리 부분을 공격하면 꼬리부분에서 공격하여 적을 제압하고, 아군 대형의 중간부분이 공격받으면 머리와 꼬리 부분이 합세하여 적을 제압한다.

조선 수군 함대는 왜군 진영에서 간간이 날아오는 탄환들의 피해를 감수하며 판옥선 등에서 집중적인 포격을 감행하자 수백 척이 밀집해 있던 부산포의 적선들은 속수무책으로 침몰하기 시작하였다.

일본군이 육지에서 집중적인 포격을 감행함에 따라 조선 수군의 희생도 적지 않았다. 녹도 만호 정운은 솔선수범하여 적진을 향해 돌진하였는데, 적이 쏜 철환을 맞고 전사하였다. 이밖에 군졸들의 희생도 뒤따랐는데 김천회, 박석산, 김개문, 김숙련 등이 탄환을 맞아 사망하였고, 부상자도 다수 발생하였다.

하지만 이순신은 부산포로 상륙하여 일본군을 완벽하게 제압하기 위한 조치는 취하지 않았다. 이미 일본군이 부산포를 장악하고 있는 상황이었고, 왜군 병사와 전선 수가 조선 수군에 비해 큰 규모여서 부산포해전에서 전면전을 감행하는 것은 어려운 일이었다.

날이 어두워진 이후에도 조선 수군의 부산포 공격은 지속되었지만, 적의 저항도 만만치 않았고 매복에 의한 퇴로 차단 등의 우려로 인해 자정 무렵 조선 연합 함대는 가덕도로 이동하였다. 당시 조선 수군은 육군의 도움을 받을 수 없었고, 수군의 역량만으로 일본군 본진을 무력화하는 것은 현실적으로 한계가 있었다.

그럼에도 불구하고 부산포해전의 성과는 과소평가할 수 없다. 일본군은 한산대첩 이후 남해안의 제해권을 대부분 상실했는데, 또다시 자신들의 본거지인 부산포가 초토화됨으로써 남해안에서 서해안을 경유하여 한양 이북에 주둔 중인 일본군에게 군수물자를 보급하는 것은 불가능해졌다.

당시의 교통 여건과 험준한 산들이 많은 한반도의 지형특성을 고려할 때 군수물자를 육상으로 운송하는 것은 해상으로 운송할 때보다 10배 이상의 시간과 비용이 소요되었다. 이로써 일본군의 북진전략은 동력을 상실하고 말았다.

그러나 선조는 부산포해전의 결과에 만족하지 못했다. "이순신 등이 부산에 주둔한 적을 공격하였으나 이기지 못하였다."

최고지도자가 아군의 전력을 고려하지 않고 압도적인 승리만을 바란다면 장수들은 무리수를 두기 쉽다. 아군의 전력이 이기

> 이순신 등이 부산에 주둔한 적을 공격하였으나 이기지 못하였다. 왜병이 해상의 전투에서 여러 번 패하자 부산 · 동래에 모여 웅거하면서 전함을 벌여 놓고 항구를 지켰다. … 이때 녹도 만호 정운이 앞장서서 힘을 다하여 싸우다가 탄환에 맞아 전사하였는데 순신이 애통해 하였다.
> 『선조수정실록』 1592년 8월 1일

고도 남을 만큼 우세한 상황인데도 큰 승리를 거두지 못했다면 비판하거나 징계를 가하는 것이 타당한 일이지만, 전력상으로 우세한 적과 싸워 심각한 타격을 입혔다면 크게 격려하고 포상하며 후일을 기약하는 리더십을 발휘해야 한다.

일류 국가나 기업이 되려면 조직 구성원들의 능력 평가를 공정하게 해야 한다. 그러나 선조는 그리하지 않았다. 1592년 9월 1일에 원균과 이억기의 공이 이순신과 같다는 평가를 내렸다. "원균과 이억기는 이순신과 공이 같은 사람들이다. 품계를 높여 주고 글을 내려 아름다움을 포장하라."

능력 차이를 인정하지 않으면 유능한 인재들은 조직을 떠나거나 조직 내에 있더라도 최선을 다하기 어렵다. 반면 능력이 부족한 사람이 과대평가를 받게 되면 다방면에서 부작용을 초래한다. 그들은 실

력으로 경쟁하는 것이 버겁기에 무리수를 두기 쉽고, 자신보다 능력이 뛰어난 사람들을 시기질투하며 조직 경쟁력을 약화시키는 시한폭탄이 될 수 있다.

　또한 사람들은 유유상종의 가치를 자연스럽게 받아들인다. 조직 내에서 학연이나 혈연이나 지연에 의한 유대관계를 지나치게 부정적으로 바라볼 필요는 없다. 그러나 친한 사람들 간의 이해관계가 조직 내에서의 공정한 평가를 방해하고 가까운 사람들끼리만 좋은 것들을 나눈다면 선도적인 국가나 기업으로 나아가기는 어렵다.

진주대첩, 전라도의 길목을 지키다

1592년 9월 초에는 경주에서도 승전보가 전해졌다. 임진왜란이 발발하고 경주에서는 여러 차례 치열한 전투가 벌어졌는데, 동월 8일에는 경상좌병사 박진이 이끄는 조선군이 승리하여 경주를 수복하였다.

승리의 비책을 고민 중이던 박진은 화포장 이장손이 새롭게 발명한 비격진천뢰를 주목했다. 비격진천뢰는 대완포구로 발사하는데, 500~600보를 날아가 떨어진 후 화약이 폭발하면서 쇠 파편들이 사방으로 퍼져나가 적을 살상하는 무기였다.

박진은 앞선 전투에서 패했지만 다시 군사를 모집하여 안강현에 주둔한 후 야간에 비격진천뢰를 성 안으로 발사하였다. 일본 병사들은 처음 접하는 신무기를 목격하고 어리둥절했다. 서로 가지려고 다투기도 하고 구경하다가 굉음과 함께 폭발하면서 튕겨져 나온 다양한 형태의 쇳조각에 맞아 수십 명이 즉사하고 많은 병사들이 부상을 당했다. 이튿날 적들은 전의를 상실하고 군량미 만여 석을 남겨둔 채 성을 버리고 서생포로 달아났다.

3. 창조적 해법을 모색하라 129

동년 9월과 10월 초에는 왜군에게 사로잡힌 왕자와 신하들을 구출하기 위한 해법을 모색하느라 선조와 대신들은 분주하게 움직였다. 『선조실록』 1592년 10월 2일자에 기록된 비밀문서는 왕자와 김귀영·황정욱·황혁 등의 언서로서 금·은과 호피·표피를 가지고 왕자의 탈출을 꾀하고자 하였다.

귀한 물건이나 돈을 주고 포로를 구출하는 방식은 전쟁터에서 흔하게 행해졌던 전술이다. 언제 죽을지도 모르는 전쟁터에서 돈이 큰 위력을 발휘할 수 있을까, 하고 의심을 품을 수 있는데, 한 장수나 병사가 평생 벌 수 없을 만큼의 큰돈이나 귀한 재물을 뇌물로 제공하면 의외로 큰 효과를 발휘하곤 했다.

일본군은 이순신 장군으로 인해 바닷길이 막히자 군량미를 조선에서 자체적으로 조달하기 위해 곡창지대인 전라도를 장악하려 했다. 조선의 수성군은 진주성을 중심으로 각처의 의병들과 연합하여 적군과 대치하였다.

진주성은 내성과 외성으로 축조된 이중 성곽이었고, 앞쪽으로 남강이 흐르고 뒤쪽 삼면은 넓고 깊은 해자, 즉 도랑이 성곽을 감싸고 있어서 방어를 위한 최적의 조건을 갖추고 있었다.

동년 10월 5일에 일본군은 2만여 명의 병력으로 진주성을 포위하며 진주대첩(제1차 진주성전투)이 발발했다. 진주목사 김시민은 5일부터 10일까지 6일간 지속된 전투에서 3,800여 명의 관군과 만여 명의 주민, 그리고 곽재우를 비롯한 의병들의 지원하에 일본군과 싸워 이겼다.

김시민은 1578년에 무과에 급제하였고, 38세 때인 1591년에 판관에 임명된 후 이듬해에 임진왜란이 발발하자 사천, 고성, 진해에서 벌어진 전투에서 승리한 공로를 인정받아 진주목사가 되었다.

진주대첩에서도 김시민의 용병술은 빛을 발했다. 또한 민·관·군이 일치단결했고 적의 동태를 파악하는 첩보역량도 손색이 없었다. 곽재우를 비롯한 경상도와 전라도 지역 의병들의 참여도 전란을 승리로 이끄는 데 큰 힘이 되었다. 경상우도 감사 김성일의 공로도 컸다.[38]

왜적을 물리치기 위해 진주성 내에서는 김시민이 주도하고, 진주성 밖에서는 곽재우를 비롯한 의병장들이 게릴라 전술로 적군의 응집력을 와해시킬 수 있었다.

진주대첩의 첫째 날인 10월 5일에 조선군과 일본군은 서로의 동향을 파악하는 데 집중했다. 왜군은 6일에 2만여 명의 병사를 3개조로 나눠 진주성의 동문과 봉명루 앞쪽에 집결하여 조총 사격을 중심으로 공격을 개시하였다. 그러나 진주성 내에서는 특별한 반응을 보이지 않았다.

> 경상우도 관찰사 김성일이 치계하였다. … 신은 진주가 위급하다는 말을 듣고 삼가 의병장 윤탁, 의령 가장 곽재우, 초계 가장 정언충 등으로 하여금 동쪽으로부터 들어가고, 합천 가장 김준민은 북으로부터 들어가고, 전라 의병 최경회는 서쪽으로부터 들어가고, 고성 가장 조응도와 복병장 정유경은 남쪽으로부터 들어가게 하였습니다.
> 『선조실록』 1592년 10월 6일

적들은 주변의 민가에서 문짝 등을 뜯어와 성 밖에 은폐물을 설치하고 조총 사격을 지속하였다. 또한 민가에서 강탈해 온 나무기둥과 대나무 등으로 거대한 막사촌을 건립하였는데, 집결한 병사 수를 고려할 때 끝이 보이지 않을 만큼 대단한 규모였다.

이날 밤 의병장 곽재우가 이끄는 정예병 100여 명이 비봉산에 올라 크게 소리 지르며 햇불을 들고 활보하자, 왜군들은 크게 당황했다.

전쟁 3일째인 7일에는 양 진영 간에 치열한 전투가 전개되었다. 일본군은 어린이들을 시켜 한성뿐만 아니라 8도가 이미 무너졌는데, 진주성만 지키는 것은 의미가 없을 것이라는 심리전을 전개하였다.

진주성 내에서도 동요하는 사람들이 있었으나, 일본군의 심리를 꿰뚫고 있던 김시민의 대처로 특별한 불상사는 발생하지 않았다. 적들은 대나무로 만든 죽편과 판자를 세우고 흙을 채운 가마니를 쌓아 올려 성을 내려다볼 수 있는 언덕을 조성하였다.

전쟁 4일째인 8일에 일본군은 대나무 사다리 수천 개를 만들었으며, 이들을 엮어서 산대山臺 여러 개를 제작하고 이어 붙여 성벽으로 올라갈 수 있는 시설물을 만들었다.

그들은 주로 조총을 쏘고 간간이 활을 쏘며 진주성 공략을 시작하자, 성내의 관군은 현자총통을 발사하였다. 순식간에 왜군들이 공들여 만든 산대들은 무용지물이 되었다.

김시민은 전장의 흐름에 따라 최적의 의사결정으로 적의 의도를 무력화시킬 수 있었다. 그들이 솔가지나 대나무로 아군의 시야를 가리면 적절한 화공으로 적들을 당황하게 만들었다. 성 위에서는 조선의 병사들이 소리를 지르며 달려드는 왜군들을 향해 비격진천뢰를 발사하면 적들의 비명 소리에 천지가 흔들렸다.

조선의 병사들은 성벽을 기어오르는 자들을 긴 막대기로 고정한 도끼와 낫으로 찍어냈고, 돌덩어리와 끓는 물로 적들을 떨어뜨렸다. 예리한 낫에 눈알이 박혀 나온 왜군 병사도 있었고, 사다리를 기어오르다 도끼에 손목이 잘려나간 적들의 절규는 하루 종일 지속되었다.

전쟁 5일째인 9일에도 치열한 전투는 지속되었다. 적들은 산대 위에서 대나무와 나무판자로 만든 방패를 활용해 조총 사격과 활쏘기를 지속하였다. 관군은 전날과 마찬가지로 현자총통을 발사하여 산대를 부수었고, 조선의 궁사들은 허둥대는 적들을 사살하였다.

전쟁 마지막 날인 10일에 일본군은 총력전을 전개하였다. 성벽을 기어오르려는 자들과 저지하려는 자들의 결투는 지속되었다. 공격하는 자들은 방어하는 자들의 투혼을 뛰어넘지 못하면 큰 희생을 치르기 마련이다. 왜군 병사들은 뜨거운 물과 불 세례로 중화상을 입거나 타 죽는 자들이 많았고, 비격진천뢰 파편에 맞아 사지가 흩어진 자들은 산처럼 쌓여갔다.

성 위에서 주민들은 죽음을 각오하고 관군을 도왔다. 전쟁이 지속되면서 성내의 초가와 기와지붕은 형체를 알아볼 수 없을 만큼 뜯겨져 일본군을 무찌르는 데 사용되었다.

결국 적들은 진주성을 함락시키지 못한 채 철수할 수밖에 없었다. 그들은 사망자 수를 감추기 위해 죽은 동료들을 모아 불태우고 달아났다. 일본 군사들의 야만성은 전란 내내 여러 곳에서 목격되었다.

조선의 관군과 의병들, 그리고 지역주민들의 눈부신 활약으로 일본군은 1만여 명의 전사자가 발생했다. 안타깝게도 진주대첩 마지막 날에 김시민은 왜군 병사가 쏜 조총에 부상을 당했다. 진주대첩의 치열했던 전투는 끝이 났고, 김시민은 총상을 치유하다 순국하였다. 진주대첩의 승리로 민심의 동요는 잦아들었고, 해전에서의 불패신화와 어우러져 전란의 분위기는 크게 반전되었다.

한편 명나라 제독 이여송李如松
이 지휘하는 명나라 군사 3만여
명은 1592년 12월 25일에 압록강
을 건넜고, 이듬해인 1593년 1월
6일부터 일본군이 점령한 평양성
공략을 시작하였다.

당일 새벽에 조명연합군은 평
양성을 에워싸고 전투태세를 갖
추자 일본군은 포를 쏘며 항전의
지를 불태웠다. 전투의 승패는 쉽

이 전투에서 남쪽의 군사들이 날래고
용감하게 싸웠기 때문에 이들을 힘입
어 승리할 수 있었으나, 명나라 군사의
사상자도 많았으며 굶주려 부르짖으며
피를 흘리는 자가 길에 잇따랐다. 뒤에
산동 도어사山東都御史 주유한周維翰과
이과 급사중吏科給事中 양정란楊廷蘭 등
이 올린 주본奏本에 이여송이 평양의
전투에서 벤 수급 중 절반이 조선 백성
이며, 불에 타 죽거나 물에 빠져 죽은
1만여 명도 모두 조선 백성이라고 하
였다.   『선조실록』 1593년 1월 11일

게 가려지지 않았고, 7일에도 전투의 양상은 크게 변하지 않았다. 다
음날인 8일의 전투가 치열했는데, 양측 모두 피해가 막심했다. 결국
일본군은 명나라 지원군의 기세에 눌려 퇴각하였고, 수많은 피의 대
가로 평양성을 수복할 수 있었다.

결국 적들은 진주대첩과 평양성 전투에서 패배함으로써 크게 위축
되었다. 남해안에서는 일본 수군이 이순신 함대와의 전투를 회피함
으로써 전쟁 양상은 소강상태가 지속되었다.

조정에서는 여세를 몰아 일본군을 몰아낼 수 있다는 자신감을 얻
었고, 이순신은 선조로부터 1593년 1월에 왜성에 웅크리고 있는 일
본군을 공격하라는 명을 받았다. 조선 수군의 연합함대는 2월 10일
부터 3월 6일까지 웅포해전(17승, 진해 웅포 일대)을 전개하였다. 웅포는
지정학적으로 부산에 둥지를 튼 일본군 본거지를 공략하기 위한 전
략적 요충지였다. 적들은 방어하기에 용이한 웅포에 왜성을 축조하

고 해상전투를 회피하고 있었다.

이 전투에서 조선 수군은 20척 이상의 일본 전선을 부수었다. 조선 수군은 풍랑을 만나 2척이 전복되는 피해를 입었지만 전투가 거듭될수록 아군의 전투력은 강화되었고, 왜군 병사들은 점점 사기가 저하되어 응집력이 약화되었다.

이순신은 해상 전투를 꺼리며 웅포에 포를 설치하고 방어에 주력하는 적들을 섬멸하기 위해 명나라 군대와 합세하여 육해군이 합동으로 일본군을 공격할 예정이었지만, 명군은 왜군과 휴전협상 중이라는 명분을 내세워 공격하지 않았다. 그러자 이순신은 해상 공격과 육상 공격을 병행하기 위해 판옥선으로 의병과 승병들을 실어 나르며 수륙양면작전을 감행하였다.

전쟁 중에는 적의 수급을 베어 상부에 보고해야만 포상을 받을 수 있었는데, 이순신 함대는 해상에 머물고 있었다. 그는 어느 전투에서나 적의 수급을 베는 데 무리수를 두지 않았다. 적들이 극렬하게 저항하는 상황에서 죽은 왜군 병사들의 머리를 베는 것에 몰두하다 보면 아군 병사들의 피해도 발생하기 때문이었다.

Korean Leadership

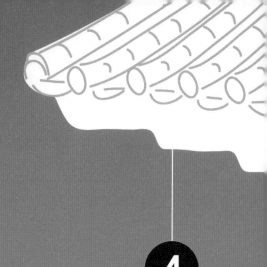

4

위기관리의 타이밍

조명연합군은 1593년 1월에 평양성 전투에서 승리하였다. 이여송이 지휘하는 명나라 지원군은 여세를 몰아 한양에 집결해 있는 일본군을 격파하기 위해 벽제관에서 치열하게 싸웠지만 패하자 개성으로 퇴각하였다.

　일본군은 한양을 사수하기 위해 행주산성에 주둔 중인 조선군을 격파해야만 했다. 권율 장군은 동년 2월 12일부터 시작된 행주대첩에서 승리함으로써 한양 수복의 발판을 마련했다. 수적인 열세에도 불구하고 조선군은 첨단무기인 화차 등을 활용해 적을 효과적으로 제압할 수 있었다.

　이후 강화교섭이 시작되며 전쟁은 소강상태에 접어들었지만, 당항포해전과 장문포해전 등이 발발하며 전란은 지속되었다. 고민 끝에 선조는 부산에 둥지를 튼 일본군 본진을 격파해야만 전쟁을 끝낼 수 있다고 판단했고, 이순신 장군에게 출전 명령을 내렸다. 장군은 임금의 명을 받들지 못했는데, 선조와 조정 대신들은 이순신을 맹비난하며 한양으로 압송하였다.

　우여곡절 끝에 이순신은 백의종군하는 신세가 되었고, 삼도수군통제사가 된 원균은 거제도의 칠천량해전에서 대패함으로써 심각한 위기를 불러왔으며, 거북선을 비롯해 100척 이상의 판옥선을 잃었다.

　이순신은 또다시 삼도수군통제사로 임명된 후 명량대첩에서 13척으로 10배가 넘는 적을 맞이하여 대승을 거둠으로써 전란을 종식시킬 수 있는 전환점을 맞이했다. 그는 1598년 11월에 철군을 서두르던 500여 척의 일본 함대를 맞이하여 큰 전과를 올리며 순국하였다.

행주대첩의 첨단무기 화차

본래 평양성은 1592년 6월 13일부터 3일간 벌어진 전투에서 고니시 유키나가가 지휘하는 일본군에게 빼앗겼다. 이후 두 차례에 걸쳐 평양성을 되찾기 위한 공격이 있었지만 실패하였다. 조명연합군은 1593년 1월 6일부터 8일까지 지속된 전투에서 승리함으로써 평양성을 탈환하였다.

평양성전투에서 승리한 명나라 장수 이여송은 내친김에 한양으로 퇴각한 왜군의 근거지를 토벌하기 위해 진격하였고, 한양에 집결해 있던 일본군은 명군을 저지하기 위해 북상하였다. 명군과 일본군은 동년 1월 27일에 벽제관(경기 고양시에 위치했던 역관)에서 맞붙었고, 치열한 전투 끝에 일본군이 승리하였다. 명나라 지원군은 사기가 저하되어 전쟁을 회피하려는 태도를 보이며 개성으로 후퇴하였다.

벽제관 전투에서 승리한 일본군 3만여 명은 행주산성에 주둔 중인 조선군을 제압해야만 한양을 온전하게 지킬 수 있다고 판단하였다. 행주산성(고양시 행주내동)은 삼국시대에 축조된 토성으로서 길이는 약

1,000m이며, 강변의 산봉우리에는 내성이 있다. 북쪽의 골짜기를 보호하기 위해 축조한 외성도 수성전에 큰 도움이 되었다.

일본군은 행주산성을 공략하였으나 권율 장군이 지휘한 조선군은 지역주민들과 일치단결하여 적군을 물리쳤다. 본래 권율은 1537년에 태어났으며, 그의 부친은 영의정을 역임한 권철이다. 그는 젊은 나이에는 관직에 뜻을 두지 않았으나 46세의 나이에 문과에 급제하여 관직생활을 시작하였고, 임진왜란이 발발한 1592년 4월에 광주목사가 되었다.

권율은 동년 7월에 벌어진 이치전투에서 승리하였고 공로를 인정받아 전라도 관찰사로 승진하였는데, 동년 12월에 치러진 독산성(경기 오산시 소재)전투에서도 승리하여 장수로서의 능력을 인정받았다.

그는 한성 수복을 염원했고, 1593년 2월에 정예병 4천여 명과 함께 독산성을 떠나 행주산성에 주둔했다. 일본군은 한양을 빼앗기지 않기 위해서는 보급로의 요충지였던 행주산성에 주둔 중인 조선군을 물리쳐야 한다는 조급증에 시달렸다.

2월 12일에 행주산성에서의 피말리는 전투가 시작되었다. 행주산성은 토성으로서 방어하기에 용이한 성곽은 아니었지만, 권율은

전라도 순찰사 권율이 적병을 행주에서 격파하였다. 당시 경성에는 적들이 연합하여 둔을 치고 있었으므로 그 기세가 등등하였는데, 권율은 명나라 군사와 연대하여 경성을 탈환하려고 군사를 머물려 두고 있었다. 그리고는 선거이宣居怡로 하여금 전군을 거느리고 금천의 광교산에 주둔케 하고, 권율 자신은 정병 4천 명을 뽑아 양천에서 강을 건너 행주산 위에 진을 치고는 책柵을 설치하여 방비를 하였다.

『선조수정실록』 1593년 2월 1일

단기간 내에 목책을 활용한 방어시설을 구축함으로써 토성의 단점을

크게 보완할 수 있었다. 적들은 화공으로 산성의 목책들을 제거하려 하였지만, 비범했던 권율은 한강에서 길러온 물과 진흙을 사용하여 일본군의 화공에 효과적으로 대응하였다.

전투는 새벽부터 하루 종일 지속되었다. 3만여 명의 일본군은 행주산성에 대한 총공세를 펼쳤지만 조선군의 저항은 거셌다. 조선 관군은 40여 대의 화차와 투석기인 수차석포 등의 첨단무기들을 내세워 수적인 열세를 극복하며 기선을 제압하였다.

임진왜란 전후에 사용된 화차는 크게 두 가지 종류가 있었다. 신기전을 집중적으로 쏠 수 있도록 고안된 화차와 소형 총통 수십여 개를 집중적으로 사격할 수 있도록 제작된 화차로 나뉘며, 신기전이나 승자총통 발사 장치를 수레 위에 올려놓은 형태로 제작되었다.

화차는 이동하면서 사용할 수 있는 장점 때문에 수많은 적들이 집중적으로 밀려드는 곳으로 발사되면 엄청난 굉음으로 기선을 제압하며 많은 적들을 죽일 수 있었다. 그래서 행주대첩을 이야기할 때 비대칭무기였던 화차의 중요성을 빼놓을 수 없다.

행주대첩에서 눈부신 성과를 낸 화차는 변이중의 작품이다. 변이중의 화차는 임진왜란 발발 이전에 개발된 화차와는 구별된다. 임진왜란 이전에도 소형 총통을 활용한 화차를 제작하였지만, 신기전을 집중적으로 쏠 수 있도록 고안된 화차가 주를 이루었다.

일본의 조총은 오늘날의 소총과 흡사하여 이동하면서도 조준이 가능했지만, 조선의 승자총통은 휴대가 가능한 크기와 무게였지만 병사들이 이동하면서 사격하기 어려운 단점이 있었다. 승자총통은 병사의 몸에 고정시킬 수 있는 개머리판이 없었다.

변이중은 조총의 장단점을 심층적으로 분석하였고, 승자총통의 단점을 보완하며 적을 효과적으로 제압할 수 있는 화차 개발에 박차를 가했다. 그는 기존의 화차들을 분석하며 해법을 모색한 끝에 성능이 개량된 화차를 완성하였다. 새롭게 개발된 화차는 40여 개의 승자총통을 장착한 것으로 알려져 있다. 또한 화차를 운영하는 병사들의 안전을 위한 장치도 부착하였다. 변이중은 화차 300여 대를 만들었으며, 그중에서 40여 대를 권율 장군에게 지원하였다.[39]

권율은 행주산성에서 적과 대치하며 다짐했다.

'이 한 몸 죽는 것은 두렵지 않다. 행주산성이 무너지면 한성을 수복할 수 없으니, 우리는 반드시 사악한 왜적을 물리쳐야 한다.'

행주산성의 강변은 가파른 절벽으로 천연요새의 위용을 자랑하는 곳이다. 당시 권율은 한강을 등지고 배수진으로 죽기를 각오하고 전투에 임했다. 수적으로 불리한 조선군이었지만 권율은 위축되지 않았다. 산성 아래에서 위쪽으로 올라오는 적들과 산성 위에서 아래로 공격하는 조선군은 효율성 면에서 큰 차이를 보일 수밖에 없었다.

조선의 관군은 주민들과 혼연일체가 되어 전투에 임했고, 방어하기에 유리한 지형과 화차 등의 첨단무기로 적을 제압할 수 있었다. 화차에서 수많은 탄환들이 적진으로 날아가면 수십의 적들이 쓰러지는 일들이 반복되었다. 관군의 궁사들도 화차 공격 사이사이의 틈새들을 효과적으로 메워주었다. 아낙네들도 혼신의 힘을 다해 돌을 나르며 적을 막는 데 힘을 보탰다.

조선군은 화차 외에도 비격진천뢰를 간간이 적진으로 날려 보냈다. 적들은 이미 진주대첩에서 이를 경험했지만, 비격진천뢰가 날아오면 당황하여 어쩔 줄 몰라 했다.

행주산성의 목책은 부분적으로 일본군에게 뚫리기도 했지만, 권율의 솔선수범하는 리더십에 장졸들은 혼연일체가 되어 죽음을 무릅쓰고 적들을 제압하였다.

> 왜적이 각자 짚단을 가지고 와 책栅에 불을 놓아 태우자 책 안에서는 물을 길어 불을 껐다. 적이 서북 쪽의 책 한 간을 허물자 지키고 있던 승군이 조금 물러나니 권율이 직접 칼을 빼어 물러난 자 몇 사람을 베고, 다시 책을 세워 방어하였다. 화살이 거의 떨어지려 할 때 수사 이빈이 배로 수만 개의 화살을 실어다 대주었다.
> 『선조수정실록』 1593년 2월 1일

왜군은 엄청난 희생 속에서도 쉽사리 물러서지 않았다. 그들은 평양성에서 쫓겨난 처지여서 한양을 지키기 위한 몸부림은 절규에 가까웠다. 그러나 운명의 여신은 권율 편이었다.

행주대첩이 끝나갈 무렵 조선군은 화약과 화살이 거의 동이 나 큰 난관에 봉착해 있었다. 이즈음 권율 장군의 구세주가 기적처럼 나타났다. 경기수사 이빈이 화살 수만 개를 행주산성으로 싣고 왔다.

당시 일본군은 남해안의 해전에서 연패해 조선 수군에 대한 공포심을 지니고 있었다. 때마침 조선 수군의 함선이 행주산성에 도착하자 왜군은 공격을 포기하였다. 그들은 권율 장군이 조선 수군과 합동작전을 전개할 수도 있다는 두려움에 사로잡혔다.

권율은 행주대첩에서의 공로를 인정받아 동년 6월에 도원수로 승진하였다. 행주대첩에 패한 일본군은 한양을 사수하기 어려운 처지에 놓이게 되었다.

전쟁은 심리가 중요하다. 일본군은 평양성을 이미 빼앗겼고, 한양 도성의 보급로 역할을 수행할 수 있는 행주산성 전투에서 패배함으로써 한양을 포기하는 수순을 밟게 되었다. 그들은 부산에 둥지를 튼 일본군 본진에서 해로를 통해 군수물자를 조달할 수 없었다. 하지만 조선군은 남해안의 수군들과 자유롭게 소통할 수 있었기에 적들이 한양 도성을 사수한다는 것은 현실적으로 어려운 일이었다.

강화교섭기의 혼미한 정세

행주대첩에서 패한 일본군은 전세가 불리함을 인식했고, 명군 지휘부는 자신들의 피해를 키워가며 확전할 필요성을 느끼지 못했다. 결국 강화교섭이 진행되며 전쟁은 소강상태에 접어들었다.

조명연합군의 기세에 눌린 일본군은 명나라는 고사하고 조선 정벌도 어려운 현실 앞에 좌절하였다. 그들은 조선 수군에 가로막혀 군수품 보급에 큰 애로를 겪고 있었고, 행주대첩에서 패함으로써 전열을 정비할 시간이 필요했다.

1593년 4월에 명군지휘부는 교섭을 통해 일본군의 도성 철수를 관철시켰다. 당시 조정에서는 강화협상을 부정적으로 인식하였으나, 현실적으로는 명나라의 도움을 받고 있는 처지여서 명군의

경략經略이 심유경沈惟敬을 보내 왜영에 들어가서 강화를 논의하게 하였다. 경략이 처음 제독을 보고 그가 경솔하게 후퇴한 것을 꾸짖으니, 제독이 적의 군사가 많고 전투에 강하므로 대적할 수 없었다고 하자, 경략이 뜻을 바꾸고 이에 심유경을 왜영에 보내 철수해 돌아가라고 타일렀다. 때마침 행장行長이 용산에 있는 수군에게 글을 보내 강화하기를 요구하였다.
『선조수정실록』 1593년 4월 1일

강화 의지를 거부하기도 어려웠다.

하지만 선조는 표면적으로는 강화교섭을 반대하였다. 일본군은 종묘사직을 파괴하였고, 조선의 백성들을 살해하였으며 선왕의 능을 훼손하는 등 용서할 수 없는 만행을 저질렀기 때문이었다.

유성룡은 명군 지휘부를 찾아가 한양에서 부산 등지로 퇴각하는 일본군을 추격하여 섬멸하자고 설득했다. 명군 장수들은 선조의 강화교섭 반대의사를 접할 때마다 조선에 불이익을 주겠다고 엄포를 놓았다. 그들은 자신들의 의견을 따르지 않으면 조선의 임금을 교체하거나 명군을 철수한다는 논리로 압박했지만 현실화되지는 않았다.

조선은 군비확장과 강화교섭을 절충해야만 했다. 조정 내에서는 강화교섭에 대한 찬반양론이 뜨거웠다. 대신들은 일본의 패전이 확실히 정해지지 않은 상태에서의 강화교섭은 조선에 불리하게 진행될 수 있음을 지적하였다.

강화교섭이 진행되던 1593년 7월에 조선 수군은 3도 수군 통제영을 한산도로 옮겼고, 8월에는 이순신 장군이 삼도수군통제사로 임명되어 조선 수군의 지휘체계가 보다 공고해졌다. 10월에는 선조가 한성으로 귀환하였고, 유성룡은 영의정이 되었다. 유성룡은 1592년 12월부터 이듬해 4월까지 도체찰사로서 평안도와 경기도에서 조선군을 지휘한 경험이 있었다.

"강화교섭 시기 남해안은 양국 군사가 대치하는 상황에서 명나라 지원군은 조선에 일본군 공격을 만류하는 상황이었으나 조선 측에서는 이에 반발하여 여러 차례 일본군을 공격하였으며 끊임없이 정탐하여 공격의 기회를 잡으려 하였다."[40]

강화교섭은 명나라와 일본 간에 진행되었지만 조선의 입장을 고려하지 않을 수 없었고, 강화교섭으로 전란을 종식시키는 것이 명나라의 이익에 부합하다는 입장을 견지했다.

유성룡은 국제외교의 현실을 고려할 때 명과 일본의 강화교섭을 적극적으로 반대하지 않았는데, 적절하지 못한 처사였다고 비판하는 사람들이 있다. 그는 영의정으로서 전쟁 상황을 효과적으로 관리할 책임이 있었다. 명 측에서 주도적으로 진행하고 있는 강화교섭을 강력하게 반대하거나 무시할 수도 없는 처지였다. 강화교섭에 따른 각국의 복잡한 속내와 조선 조정 내에서의 찬반양론에 따른 갈등은 훗날 그가 탄핵되는 빌미로 작용했다.

강화교섭이 진행되는 동안 조선의 군대와 의병들도 대오를 정비하고 있었다. 명나라 지원군은 대구와 경주에 주둔하며 일본군을 압박하였다. 유성룡은 명군이 조선에 적정규모로 주둔할 수 있도록 외교적 노력을 기울였다. 또한 강화교섭을 강하게 반대하면 조선의 의견이 반영되지 않은 채 협상이 진행되어 조선에 매우 불리한 결과가 도출될 수 있음을 우려하였다.

그는 선조에게 명이 주도하는 강화교섭을 단호하게 거부해서는 안된다는 견해를 피력하며, 시간을 두고 정세를 살피자는 묘안을 제시하였다. 당시 조선 조정은 전반적으로 강화를 반대했지만, 강화를 찬성하는 사람들은 협상을 진행하며 조선의 군대를 재건하자는 데 뜻을 모았다.

조선에서 선택한 현실적인 해법은 강화를 적극적으로 반대하지 않으면서도, 강화 이후에 나타날 수 있는 부작용을 언급함으로써 명군

지휘부가 강화교섭의 부작용을 명확히 인식할 수 있도록 설득하는 데 주력했다. 아울러 일본이 강화조건을 어길 수 있기에, 적절한 시점에 군사행동에 나서야 한다는 논리를 내세웠다.

"유성룡은 일본군이 철수할 의사가 없으며, 거제도 앞바다를 선제공격하여 보급로를 끊어야 한다는 내용의 주문을 명 조정에 전달했다. 강화교섭에 관해서는 명 조정에 보내는 주문에서 기미책을 활용할 수 있으나, 실행하기 까다로운 계책이라는 내용을 포함시켰다. 강화교섭이 성사될 가능성이 낮다고 기술한 것이다."[41]

명분과 현실 사이에서 선조의 고민은 깊어만 갔다. 강화교섭은 명과 일본 간에 진행되었지만, 전쟁 당사자인 조선의 입장을 고려해야 했기에 진행과정은 복잡한 양상으로 전개되었다. 단순히 명분과 실리라는 논리로 합의를 도출하기 어려운 형국이 지속되었다.

임진왜란은 점점 소강상태에 접어들었고, 일본군은 남해안의 왜성에 침거하며 전쟁을 회피하였다. 그럼에도 불구하고 1594년 3월 4일에 벌어진 제2차 당항포해전 (18승, 고성군 당항리 앞바다)에서 이순신은 불패신화를 이어나갔다. 특별히 이 전투는 이순신이 삼도수군통제사로 임명되고 치른 첫

> 맑음. 사경에 배를 출발시켜 진해 앞바다로 가서 왜선 6척을 뒤쫓아 붙잡아서 분멸하고 저도(마산 구복리 소재)에서 2척을 분멸하였다. 또 소소강(고성 두호리 하천)에 14척이 들어와 정박했다고 하기에 조방장과 원 수사에게 나가 토벌하도록 명령하였다.
> 『난중일기』 1594년 3월 4일

번째 전투였다. 적의 동태 파악에 집중했던 이순신은 영등포에서 왜군 전선 30여 척이 이동한다는 첩보를 듣자마자 전투준비에 박차를 가했다.

제1차 진주성전투(진주대첩)의 패장인 나가오카 다다오키가 이끄는 일본군은 전선 수에서도 조선 수군에 비해 열세였다. 당시 조선 수군은 120여 척으로 왜선들을 추적하고 있었다. 지형지물에 능숙했던 조선 수군은 당항포 일대에서 왜선의 도주를 막기 위해 물샐 틈 없이 대응하자 일본 병사들은 배를 버리고 육지로 도망갔다. 드디어 조선 수군의 함포 사격이 시작되자 순식간에 적선 30여 척이 침몰하였다.

장문포와 영등포에서 벌어진 제7차 출전(1594.9.29 ~ 10.4)에서도 이순신이 지휘하는 조선 함대는 일본군을 격파하였다. 당시 적병들은 왜성 안에 숨어 있어서 공격하기가 여의치 않았다. 본래 좌의정 윤두서와 원균 장군은 인척간이었고, 공로에 목말랐던 두 사람의 뜻을 모아 제7차 출전이 이루어졌는데 이순신은 내켜하지 않았다.

이순신 장군은 최선을 다해 전쟁에 임해 장문포해전(19승, 거제도 장목리 일대)에서 왜선 2척을 부수었다. 하지만 인근의 영등포 지역에서는 왜군이 조선 수군을 피해 달아남으로써 변변한 전투가 일어나지 않았다.

진지를 구축한 왜성에서 방어

> 맑음. 배를 출항하여 장문포 앞바다로 돌진해 들어가니, 적의 무리는 험요한 곳에 자리 잡고서 나오지 않았다. 누각을 높이 설치하고 양쪽 봉우리에 보루를 쌓고는 조금도 나와서 항전하지 않았다. 선봉의 적선 두 척을 격파하니 육지로 올라가 달아났다. 빈 배만 쳐부수고 불태웠다. 칠천량에서 밤을 지새웠다. 『난중일기』 1594년 9월 29일

전략으로 선회한 일본군을 제압하기 위해 조선 수군과 의병장 곽재우, 그리고 김덕령이 이끄는 의병들은 합세하여 총공세를 퍼부었으나, 일본군은 명나라와 휴전협상 중이라는 명분을 내세우며 조선군의 공격 중단을 요구했다.

비록 장문포해전은 조선 수군의 승리로 끝이 났지만, 왜선 2척을 부순 것 외에는 특별한 전과를 올리지 못함으로써 좌의정 윤두서는 파직당했고, 이순신은 원균을 신뢰할 수 없는 인물로 인식하는 결정적인 계기가 되었다.

그럼에도 불구하고 이순신이 지휘하는 조선 수군은 연전연승하며 전세를 조금씩 반전시켜 나갔고, 명나라의 개입으로 인해 일본군도 적극적으로 전쟁에 임하기 어려운 처지에 놓였다. 강화협상이 지속되면서 전쟁은 약 3년 동안 소강상태에 접어들었다. 일본군의 일부는 철수하였으며, 조선에 남아있는 왜군들은 남해안 일대의 왜성에 머물며 장기전에 돌입했다.

1595년부터는 본격적으로 명나라와 조선과 일본 간의 외교전이 치열하게 전개되었다. 동년 4월에는 명나라 책봉사가 한성에 도착하여 명나라와 조선의 입장을 조율하였으며, 동년 7월에는 일본군이 거제도에서 퇴각하였다.

1596년 6월에는 일본과 협상하기 위해 명나라의 책봉사가 일본으로 건너갔지만 변변한 성과를 거두지 못했다. 이즈음 이순신 장군은 만반의 전투태세를 갖추었고, 윤8월에는 진중에서 무과시험을 통해 유능한 장수들을 선발했다.

동년 9월에는 도요토미 히데요시가 명나라 책봉사를 접견하고 의견을 조율했지만 성과를 도출하지 못했다. 일본 측은 명나라와 조선이 받아들이기 어려운 조건을 제시했다. 명나라와 일본의 무역을 재개하자는 안은 실현가능한 조건이었으나, 명의 황녀를 일본 왕의 후비로 보내라는 요구와 조선 8도 중에서 4도를 일본에 넘기라는 요구사항 등이 협상 결렬을 불러왔다.

예나 지금이나 국가 간의 갈등이 발생하면 전쟁을 통해 문제를 해결할 수도 있고 외교적으로 풀 수도 있다. 결국 강화협상은 결렬되었고, 도요토미 히데요시의 요구사항은 조선이나 명나라에서 받아들일 수 없는 터무니없는 조건이었다.

인류역사에서 힘이 센 나라와 약한 나라들은 합종연횡合從連衡을 일삼으며 각자의 생존을 위해 몸부림쳤다. 일본의 무모함은 제2차 세계대전 때도 미국령 하와이를 침략함으로써 반복되었는데, 권력자의 명령을 맹목적으로 순종하는 것에 익숙해진 일본문화의 위험성은 향후 일본사회를 순식간에 위기로 몰아넣을 수 있는 시한폭탄이 될 수 있다.

중국의 춘추전국시대에는 수많은 크고 작은 나라들이 경쟁하며 힘이 약한 나라들은 멸망해 갔고, 힘이 센 나라는 영토를 넓혀갔다. 자연스럽게 살아남기 위한 목숨을 건 투쟁은 지속되었다.

특히 진秦나라의 시황제가 천하를 통일하기까지의 100여 년은 왕들과 주군을 섬기며 영향력을 확산시키려는 전략가들의 합종연횡이 극심했다. 당시 권력자들은 난세의 해법을 이끌어낼 수 있는 우수인재 영입에 혼신의 힘을 다했다. 뛰어난 성과들은 미래를 내다보는 안목을 지닌 최고 경영자의 지도력과 이를 뒷받침할 수 있는 우수인재들이 시너지효과를 창출해야만 가능해진다.

진나라의 시황제가 천하를 통일할 무렵 크고 작은 나라들은 서로 살아남아서 천하를 도모하기 위한 기회를 엿보았는데, 작은 나라들은 합종合縱을 통해 큰 나라의 침략에 대비했고, 상대적으로 힘이 강한 나라는 연횡連橫을 통해 힘이 약한 나라들을 제압하며 천하를 통일하려는 전략을 구사했다.

소진蘇秦은 대륙 북쪽의 연燕나라 문후를 어렵게 면담하였는데, 주변국들과 수평적인 동맹을 맺는 합종을 통해 힘이 강한 진나라를 견제해야만 살아남을 수 있다는 논리를 피력했다. 문후는 소진의 주장을 받아들였고, 소진은 문후의 후원하에 조趙 · 한韓 · 위魏 · 제齊 · 초楚나라를 차례로 방문하며 6국 동맹을 이끌어냈다. 자연스럽게 소진은 6국 동맹을 대표하는 공동재상으로서 실력을 발휘하며 부귀영화를 누릴 수 있었다.42)

한편 소진과 동문수학했던 장의張儀는 소진이 주도한 6국동맹과 대립하고 있던 진나라에서 연횡을 통해 힘이 약한 나라들의 합종을 와해하는 전략을 추진하며 실력을 인정받았다. 진나라는 합종에 대응하기 위해서라도 연횡을 추진할 수밖에 없었다.

합종은 나라들 간에 종속적인 유대관계를 배격하며 수평적인 연대를 추구하지만, 연횡은 상대적으로 힘이 강했던 진나라가 힘이 약한 나라들을 각개격파하며 진나라와 유대를 강화해야만 살아남을 수 있다는 논리로 주변의 소국들을 진나라에 종속시켰던 전략이었다.

진나라 재상이었던 장의는 주변 소국들의 6국 동맹을 쉽사리 와해하지 못했다. 소진은 뛰어난 지략가로서 장의가 주도한 연횡 전략의 허점을 사전에 간파하여 무력화하는 비범한 능력의 소유자였다. 그러나 소진이 죽자 6국동맹의 응집력은 약화되었고, 장의가 주도한 연횡은 진나라의 통일제국 건설을 앞당기는 데 크게 기여하였다.

장의는 6국 중에서 나름대로 힘이 강했던 제나라와 초나라의 동맹

관계를 무너뜨리는 것에 집중했고, 진나라의 힘을 과소평가했을 때
벌어질 수 있는 최악의 결과를 과대 포장하는 전략으로 양국의 동맹
관계를 이간질하는 데 성공하자, 나머지 네 나라들도 동맹관계를 유
지하기 어려운 처지에 놓이게 되었다.

이처럼 소진의 합종 전략은 힘이 약한 국가들이 연합하여 생존하
며 각자의 자주권을 갖는 방식이었다. 반면 장의의 연횡 전략은 상대
적으로 힘이 강한 나라가 힘이 약한 주변국들의 단합을 와해하며, 각
나라들을 각개격파 하는 방식으로 통일제국을 완성하는 데 활용되
었다.[43]

"많은 사람들이 입으로는 평화를 말하고 있지만, 인간들은 전쟁을
미워하지도 않았고, 전쟁을 두려워하지도 않았다. 사소한 개인적 명
예심으로부터 영토, 민족, 국가, 이데올로기, 정의, 자유, 해방 등 거
창한 이유에 이르기까지 별의별 다양한 이유 때문에 전쟁이 발발했
고 정당화되었다."[44]

자유와 평화, 그리고 민주주의를 중시하는 현대사회에서도 강대국
들은 작은 나라들을 압도하며 세계질서를 이끌고 있다. 초강대국 미
국은 인류평화를 위해 세계 경찰국가의 역할을 자처하고 있지만, 자
국의 정치적 또는 경제적 이해관계에 따라 힘으로 상대 국가를 제압
하려는 욕망을 내려놓기는 현실적으로 쉽지 않다.

이순신의 투옥과 백의종군

1594년 이후 전쟁은 소강상태에 접어들었고, 조선군과 일본군의 전투는 전란 초기와 다른 양상으로 전개되고 있었다. 전쟁 초기에는 일본군이 적극적으로 싸움을 걸어왔지만, 조선 수군의 눈부신 활약과 의병들의 게릴라전술, 그리고 명나라 지원군의 참전으로 말미암아 왜군은 남해안의 왜성에서 방어에 치중하고 있었다.

선조는 적의 본거지인 부산포 공격을 거듭 명령했지만 이순신은 신중한 태도를 견지했는데, 일본군을 공격하는 도중에 발생할 수 있는 적의 역습에 대한 마땅한 대비책이 여의치 않았기 때문이다.

이순신이 부산포 공격에 미온적인 태도를 보이자 선조는 장군을 불신하기 시작했다. 그를 시기 질투하던 조정의 관료들도 선조의 불편한 심기에 불을 지폈다. 전쟁터에서 가장 중요한 인물은 장수인데, 선조는 자신보다 이순신을 따르는 백성들을 보며 극심한 콤플렉스를 느꼈다.

'임금이란 백성들로부터 존경을 받아야 하는데, 민심은 나를 버리

고 이순신을 따르고 있구나.'

선조는 왕권을 지키는 데 혈안이 되어 있었고, 그의 고민은 깊어만
갔다.

'장차 이 일을 어떻게 처리해야 한단 말인가.'

임금은 전란을 대비하지 못했으며 전쟁이 발발하자 그 책임을 신
하들에게 전가하였고, 남해안에서 불패신화를 창조하며 전란 종식을
위해 고군분투하던 이순신을 죽이려 했다. 때때로 선조는 이순신에
게 포상했지만 공을 다투던 원균 등을 적절히 우대하며, 이순신을 견
제하는 비겁한 리더십을 선택했다.

선조는 교활한 군주로서 영악했으며, 민심의 동향을 두려워했다.
임금의 자리에 그대로 머물러 있고 싶었지만 민심은 싸늘했다. 그래
서 그는 자신의 자리를 보존하기 위해 선위파동을 일으켰고, 대신들
은 선위의 부당함을 고하며 선조의 마음을 되돌리기 위해 많은 노력
을 기울여야만 했다.

1593년 윤11월 16일에 영의정 유성룡이 임금께 비밀히 아뢰었다.

"신이 지난밤에, 중국 사신에게 바친 첩帖과 사신이 답한 것을 하시下示하신 것을 받고 몹시 민망하고 박절하여 눈물을 억누를 길이 없었습니다. 신이 대신의 자리만 채우면서 이러한 나라의 중대한 일을 참여해 듣지 못하였으니, 더욱 몹시 황공합니다. 국가의 어렵고 위태한 운수가 어느

> 영의정 유성룡에게 전교하기를, "선위에 관한 일은 전일에 이미 말하였고, …. 근일 상한傷寒하여 옛 병이 한층 더 심하여졌기에 감히 병을 무릅쓰고 써서 이르니, 세자가 남으로 내려가기 전에 빨리 거행하고, 한편으로 빨리 주문하라." 하니, 유성룡이 회계하기를, "국가에 일이 많으므로 면대하여 아뢸 일이 있으니, 비록 대내에 누워계시더라도 입대하기를 청합니다." 하니, 답하기를, "만날 수 있으면 어찌 만나지 않겠는가. 기가 편치 못하여 만날 수 없다." 하였다.
>
> 『선조실록』 1593년 윤11월 16일

시대엔들 없겠습니까. 이것은 본디 성인도 면할 수 없는 것이니, 깊이 생각하고 길게 염려하여 끝내 그 어려움을 구제할 뿐입니다. 전위傳位하는 일은 참으로 그 시기가 아니며, 성의가 굳게 정해졌다 하더라도 먼저 주문하여 천자에게서 명을 받고 난 뒤에야 일의 체모가 온당한 것인데, 어찌 며칠 안에 이런 큰일을 거행할 수 있겠습니까. 신은 식려識慮가 어리석고 어두워서 어찌할 바를 모르겠으므로 부득이 민망하고 절박한 뜻을 죽음을 무릅쓰고 아뢥니다."

유성룡의 충언에 임금이 답하였다.

"경은 아직도 이런 말을 하는가. 며칠 안에 빨리 거행하라. 그렇게 하지 않으면 차라리 스스로 자결하겠다. 차마 종사에 거듭 죄지을 수 없다."

위의 내용을 언뜻 보면 선조는 멋진 임금은 아닐지라도 책임질 줄

아는 군주처럼 보인다. 그러나 임금이 전란을 대비하지 못했다 할지라도 전쟁이 발발했으면 불쌍한 백성들을 위해서라도 전란을 종식시키는 데 몰두해야만 했다. 그의 선위파동은 조속히 전쟁을 끝내는 것에 집중한 후에 해도 늦지 않았을 것이다.

다른 한편으로 전란의 소강상태가 지속되었던 1596년에도 명나라와 일본 중심의 강화교섭은 지속되었다. 명나라는 일본에 사신을 보냈고, 명의 강요에 의해 조선도 황신을 단장으로 하는 통신사 일행을 일본에 파견하였다.

『선조수정실록』 1596년 9월 1일의 기록을 보면 도요토미 히데요시는 조선의 통신사 일행에게 매우 거만하게 행동했음을 짐작해 볼 수 있다.

도요토미 히데요시는 조선에서 왕자를 파견해 줄 것을 요청했지만, 선조는 그의 제안을 거부하면서 사신 파견은 가능하다는 입장을 견지하였다.[45)]

"조선은 왕자를 사신으로 보내와서 사례함이 마땅하거늘 벼슬이 낮은 사신을 보냈으니 이는 나를 업신여긴 일이다. 나는 황상의 은전恩典에 대해서는 매우 감격하지만 조선은 무력을 가해야 마땅하다."

동년 9월에 명나라 사절단은 도요토미 히데요시를 만나 양국의 입장을 조율하였다. 그러나 양국의 입장 차이는 좁혀지지 않았다. 일본 측은 강화교섭이 합의에 이르더라도 일본군의 일부

> 황신이 일본에 있으면서 먼저 사람을 보내어 왜국이 봉왕封王을 받지 않은 사정을 회주回奏하였다. 두 사신이 회환回還하는데 패문牌文이 먼저 와서 비로소 가등청정 등이 다시 군사를 일으켜 바다를 건너온다는 보고를 들었다.
> 『선조수정실록』 1596년 10월 1일

를 부산 등지에 주둔시키길 원했다. 일본군이 조선반도에서 완전히 철수하게 되면 해외영토를 확보해야 한다는 명분을 충족시키지 못해 전쟁의 책임자였던 도요토미 히데요시는 일본 내에서의 혼란을 수습하기 어려운 처지에 놓여 있었다.[46]

그 와중에 선조의 이순신에 대한 불신은 깊어만 갔고 일본의 간계와 장군을 경계하는 파렴치한 벼슬아치들의 노고 덕에, 이순신은 1597년 2월 26일에 남해안의 근무지에서 체포되어 3월 4일에 도성의 감옥에 수감되었다.

조선의 대신들 중에도 이순신을 시기질투 하는 자들이 많았는데, 『선조실록』 1597년 1월 23일에 생생하게 기록되어 있다.

윤두수가 이순신을 비방하고 나섰다.

"이순신은 왜구를 두려워해서 그런 것이 아니라 실로 나가 싸우기에 싫증을 낸 것입니다. 임진년 정운이 죽을 때에도 절영도에서 배를 운행하다 적의 대포에 맞아 죽었습니다."

이산해도 거들고 나섰다.

"이순신은 정운과 원균이 없음으로 해서 그렇게 체류한 것입니다."

김응남도 맞장구를 쳤다.

"정운은 이순신이 나가 싸우지 않는다 하여 참하려 하자 이순신이 두려워 마지못해 억지로 싸웠으니, 해전에서 이긴 것은 대개 정운이 격려해서 된 것입니다. 정언신이 항상 정운의 사람됨을 칭찬했습니다."

이순신을 비방하는 대신들의 이야기를 듣고 임금이 덧붙였다.

"이번에 이순신에게 어찌 청정의 목을 베라고 바란 것이겠는가. 단지 배로 시위하며 해상을 순회하라는 것뿐이었는데 끝내 하지 못했으니, 참으로 한탄스럽다."

결국 이순신은 죽을 수도 있는 위기상황에 직면하였다. 하지만 그의 충심은 반듯한 선비정신으로 살아가던 올곧은 대신들을 감동시켰고, 동년 4월 1일에 감옥에서 풀려나 백의종군하는 처지가 되었다.

장군은 백의종군하는 자신의 처지를 비관하거나 자신을 죽이려 한 사람들을 원망하기보다 전란을 극복해 나라를 구해야 한다는 절박한 심경을 『난중일기』에 생생하게 기록하였다. 안타깝게도 그는 백의종군 후에 건강이 극도로 나빠져 노량해전에서 순국하는 마지막 순간까지 병마와 싸워야 했다.

백의종군의 본뜻은 흰옷 입고 군에 근무하는 것이다. 조선시대의 형벌은 태형, 장형, 도형, 유형, 사형 등 다섯 가지로 구분된다. 이 중에서 태형이 가장 가벼운 형벌이고, 사형이 가장 중한 벌이다. 태형과 장형은 죄인의 볼기를 치는 형벌이며, 도형은 죄인에게 일을 시키는 형벌이지만 명예회복의 기회가 주어지지는 않았다. 하지

> 음흉한 원균이 편지를 보내어 조문하니, 이는 곧 원수(권율)의 명령이었다. 이경신이 한산도에서 와서 흉악한 원씨(원균)의 일에 대해 많이 말하였다. 또 말하기를 "그가(원균) 데리고 온 서리書吏를 곡식을 교역한다는 구실삼아 육지로 보내놓고 그 아내와 사통하려 하였는데, 그 여인이 발악하여 따르지 않고 밖으로 나와 고함을 질렀다."고 했다. 원(원균)이 온갖 계략으로 나를 모함하니 이 또한 운수로다.
> 『난중일기』 1597년 5월 8일

만 도형은 공을 세워 명예를 회복할 수 있는 기회가 주어졌던 백의종군과 마찬가지로 일을 한다는 관점에서는 공통점이 있다. 백의종군은 죄를 짓고 명예를 회복하기 위해 일할 수 있는 기회가 주어졌던

충군充軍과 흡사한 형벌로 이해할 수 있다.47)

한편 일본은 임진왜란이 발발하기 전부터 동남아시아의 국가들과 무역을 통해 군비를 마련하고 있었다. 특히 도요토미 히데요시는 1597년에 전쟁을 재개하면서 필리핀과의 무역을 지속시켰다. 이를 통해 그는 전쟁에 필요한 화약 등을 확보하는 데 큰 도움을 받았다.

이순신이 풀려나 백의종군 중에 정유재란이 발발했는데, 장군은 자신의 몸을 추스르면서도 왜적을 몰아내야 한다는 일념으로 고통스러운 몸을 이끌고 고군분투했다. 보통 사람 같으면 죽도록 나라를 위해 일했건만, 모함을 받아 죽을 고비를 넘기게 되면 체념하거나 은둔자의 삶을 선택하기 쉽다.

그러나 장군은 동요하지 않았다. 그의 충성심을 이끌어낸 원동력을 쉽게 이해할 수는 없지만 『손자병법』에서 이순신의 애국심을 조금이나마 유추해 볼 수 있다.

"이길 수 없다면 지켜야 하고, 이길 수 있을 때만 공격을 감행하라. 진짜 싸움을 잘하는 사람은 쉽게 이길 만한 싸움에서 이기는 사람이라고 했다. 심지어 승리는 이미 패배한 자를 상대로 거두는 것이라고도 했다."48)

『손자병법』은 장수가 갖춰야 할 자질을 다섯 가지, 즉 지략智, 신의信, 사랑仁, 용기勇, 엄격함嚴을 강조하고 있는데, 이순신의 소명에 대해 어렴풋하게나마 짐작해 볼 수 있다.

선비정신으로 무장한 이순신은 임금과 대신들이 자신을 모함하고 죽이려 하였지만 나라를 구해야 한다는 충심이 앞섰기에, 흔들림 없이 적들을 섬멸하는 데 매진할 수 있었다.

칠천량해전의 비극과 정유재란

선조는 이순신을 한양으로 압송하여 고문하는 중에도 일본군의 본거지인 부산포 공격에 대한 미련을 버리지 못했다. 그는 원균을 삼도수군통제사로 임명한 후 부산포 공격을 명령했다. 선조의 오판은 지속되었고 그의 참모들은 임금의 눈치를 살피기에 급급했다.

원균은 부산포를 공격하라는 선조의 명령을 따르지 않았던 이순신을 비판했었는데, 막상 자신이 삼도수군통제사가 되어 전황을 분석해 보니 이순신 장군의 뜻을 이해할 수 있었다.

임금의 부산포 공격 명령은 지속되었고 원균이 부산포 공격에 미온적인 태도를 취하자, 권율 장군은 원균을 불러들여 곤장을 치고 또다시 부산포 공격을 명했다. 권율은 육군의 명장이었지만 선조의 다그침에 수군 장수의 호소를 들어주지 못했다. 결국 원균은 제대로 전투태세를 갖추지도 못한 채 부산포로 향했지만 거친 파도 때문에 물러설 수밖에 없었다.

선조의 명을 거스르지 못했던 권율은 지속적으로 부산포 공격을

명령했고, 원균은 자의 반 타의
반으로 부산포공격을 준비했다.
배설은 12척의 전함을 거느리고
도주했으며, 1597년 7월 16일에
원균이 이끄는 수군 함대는 거제
도의 칠천량에서 왜군에게 기습을
당했다. 당시 조선 수군은 130여
척의 전함을 잃었는데, 100척이
넘는 판옥선과 3척의 거북선도
포함되어 있었다. 이 전쟁에서

> 맑음. 새벽에 이덕필과 변홍달이 와서
> 전하기를, "16일 새벽에 수군이 밤의
> 기습을 받아 통제사 원균과 전라우수
> 사 이억기, 충청수사(최호) 및 여러 장
> 수들이 다수의 피해를 입고 수군이 크
> 게 패했다."고 하였다. 듣자니 통곡함
> 을 참지 못했다. 얼마 뒤 원수(권율)가
> 와서 말하기를, "일이 이미 이 지경에
> 이르렀으니 어쩔 수 없다."고 하면서
> 사시巳時까지 이야기를 나누었으나 마
> 음을 안정하지 못했다.
> 『난중일기』 1597년 7월 18일

원균과 다수의 지휘관들을 포함하여 조선 수군 수천여 명이 전사하
였다.

전쟁 중에는 현장 지휘관보다 전황을 보다 정확하게 이해할 수 있
는 자는 없을 것이다. 선조와 그를 둘러싼 조정 대신들은 조급증에
시달렸고, 조선 수군의 능력을 과신했다. 연전연승을 거듭했던 조선
수군이라면 부산을 점령하고 있는 일본군 본영을 일거에 섬멸할 수
있어야 한다고 윽박질렀다.

칠천량해전의 패전 상황은 『선조수정실록』 1597년 7월 1일자에 상
세하게 기록되었다.

"적이 수군을 습격하여 깨뜨렸다. 통제사 원균이 패하여 죽고 전라
우수사 이억기, 충청수사 최호 등이 죽었으며, 경상우수사 배설은 도
망하여 죽음을 면하였다."

"당초 원균이 한산도에 도착하여 이순신이 세워 놓은 규약을 모조

리 변경시키고 형벌에 법도가 없어, 군중의 마음이 모두 떠났다. 권율은 원균이 적을 두려워하여 머뭇거린다고 하여 불러 매를 쳤는데, 원균이 분한 마음을 품고 가서 마침내 수군을 거느리고 절영도에 이르러 제군을 독려하여 나아가 싸우게 하였다.”

“적은 아군을 지치게 할 계책으로, 아군의 배에 가까이 접근하였다가 문득 피하였다. 밤이 깊어 바람이 심하게 불어서 우리 배가 사방으로 흩어지자, 원균은 남은 배를 수습하여 가덕도로 돌아왔는데, 사졸들이 갈증이 심하여 다투어 배에서 내려 물을 먹었다.”

“그러자 적이 갑자기 나와 엄습하니, 원균 등이 황급하여 어찌할 줄을 모르고 급히 배를 이끌고 퇴각하여 고성의 추원포에 주둔하였는데, 수많은 적선이 몰려와 몇 겹으로 포위하였다.”

“원균은 크게 놀라 여러 장수와 더불어 힘껏 싸웠으나 대적해내지 못하고, 배설이 먼저 도망하자 아군이 완전히 무너졌다. 이억기와 최호 등은 물에 뛰어들어 죽고, 원균은 해안에 내렸다가 적에게 죽음을 당하고, 배설은 도망하여 한산도에 이르렀는데, 조정에서 명하여 주륙하였다.”

선조의 무모함으로 인해 조선 수군 함대는 대부분 파괴되었다. 현대경영에서도 독불장군형 경영자는 패망하는 지도자의 표본으로 인식되고 있다. 참으로 어처구니없는 결과에 이순신은 피눈물을 흘려야 했다. 현장 지휘관의 의견을 무시하고 일본의 간계와 간신들의 속삭임에 오판한 선조는 너무도 큰 오점을 남겼다.

“전쟁론을 저술한 클라우제비츠는 전쟁을 불확실성 속에서 국가의 운명을 거는 도박에 비유하면서 카멜레온처럼 상황에 따라 변화해야 살아남을 수 있음을 강조한다. 손자도 전쟁에 원칙은 있으나 그것을 전쟁에 적용하는 것은 군주와 장수의 지혜에 달려 있다고 하면서 기정奇正일체, 즉 전쟁에서 원칙과 변칙을 동시에 사용할 줄 알아야 한다는 점을 강조하고 있다."[49]

전쟁과 같은 위기상황에서의 의사결정은 빈틈이 없어야 한다. 선조는 이순신 장군을 잡아들여 고문 끝에 죽이려 했고, 적에 대한 완벽한 대응책이 마련되지 못한 원균에게 왜군 본거지를 공격하라고 명령하였다. 그의 오만함은 무능함의 극치라 할 수 있다.

행주대첩에 대승을 거둬 승승장구한 권율의 리더십도 아쉽기는 마찬가지다. 그는 마흔 살이 넘어 관직에 입문하였고, 나라를 지켜내야 한다는 신념은 투철했지만 실현 불가능해 보이는 선조의 부산포 공격 명령을 막아내지 못했다. 육군과 해군 수뇌부 간의 힘겨루기는 벌어질 수 있는데, 육상전투에서 명성을 드높였던 권율이 수군 장수를 통제했던 당시의 지휘체계도 아쉽기만 하다.

이순신을 대신하여 삼도수군통제사가 된 원균의 무모함도 화를 자초했다. 그는 치밀하지 못했고 이순신의 지원이 사라지자 종이호랑이가 되어버렸으며, 부하들을 혹독하게 다스려 내부적인 불만이 증폭되었다. 장수와 부하 장졸들이 혼연일체가 되지 못한 상황에서 아군보다 세력이 큰 적을 맞이하여 승리를 쟁취한다는 것은 어려운 일이다.

결국 일본은 1597년 8월에 재차 조선을 침공하며 정유재란이 발발했다. 가토 기요사마가 지휘하는 왜군 12만 명이 부산으로 침략해 남해안 일대의 왜성에 웅크리고 있던 약 2만여 명의 왜군과 합류했다.

일본이 재침략하자 한쪽이 치명상을 입어야만 끝날 수 있는 막다른 골목길로 나아갈 수밖에 없었다.

진정으로 위대한 영웅이란 잘못된 상부의 의사결정에 대해서는 심사숙고하면서도 공적 가치를 위해 자신의 희생도 감수할 수 있는 용기와 담대함을 갖춘 자라 할 수 있다. 난세에는 영웅과 역적이 순식간에 뒤바뀔 수 있지만, 자신의 목숨에 연연하지 않고 나라를 구하기 위해 혼신의 힘을 다한 이순신 장군의 투혼에 머리가 숙여진다.

임진왜란 때와는 비교할 수 없을 만큼 국제정세의 변화가 극심한 21세기는 상시적으로 위기상황에 대비해야만 생존과 번영을 누릴 수 있다. 2019년 겨울 중국 우한에서 발생한 '코로나 19' 사태로 말미암아 지구촌은 비상상황을 맞이하였다. 2020년 내내 예방 백신과 치료제의 상용화가 완성되지 못해 많은 사람들이 유럽과 미국, 아시아와 남미지역을 비롯한 지구촌 곳곳에서 죽어갔다.

그 와중에 대한민국은 '코로나 19'의 예방과 치료에 있어서 세계 표준으로 인정받을 만큼 눈부신 활약으로 세계 언론의 주목을 받았다. 시민들의 자유로운 통행을 보장하면서도 코로나 사태를 슬기롭게 극복한 우리의 방역시스템은 눈부셨다.

최고경영자의 의사결정은 타이밍이 매우 중요하다. 의사결정은 한발 앞서서 결정되어도 좋지 못하고, 한발 늦은 의사결정도 바람직하지 않다.

전염병이 불러온 2020년의 경기침체는 세계인들에게 큰 고통을 가중시켰다. 그러나 경기 침체기에도 흥하는 사업들은 존재하기 마련이다. 전염병 공포는 사람들의 식문화에도 큰 영향을 미쳤다. 음식 배달 업체들은 호황을 누리고 있으며, 라면을 비롯한 식품 회사들도 우수한 경영성과를 도출하였다.

경제여건이 나빠지더라도 모든 기업들이 어려움에 봉착하는 것은 아니기에, 경영자는 창조적인 해법을 모색하며 위기상황을 돌파해야 한다. 위기상황에서도 능동적인 환경 분석을 토대로 도약의 기회를 잡아 크게 성장한 예는 무수히 많다.

본질적으로 위기가 발생하는 원인은 다양하다. 천재지변에 의해 위기가 발생할 수도 있고, 전쟁이나 테러에 의해 위기상황에 봉착할 수도 있으며, 금융위기로 인해 경제 불황이 전개될 수도 있다. 또한 위기는 불규칙적으로 반복될 수 있기에 의사결정권자는 미래지향적인 환경분석과 대응전략을 모색하는 리더십을 발휘해야 한다.[50]

위기상황은 예방이 최선책이지만 위기가 발생하면 시기적절하게 해결하며 피해를 최소화해야 한다. 암을 치료하는 것보다 예방하는 것이 지혜로운 것처럼, 위기상황이 도래하기 전에 해법을 모색하는 지도자는 위기상황에서 경쟁자들을 압도할 수 있는 도약의 기회를 맞이할 수 있다.

위기를 예방하려면 비용이 발생할 수 있지만, 위기가 발생하여 사건을 처리하는 데 투입되는 비용보다 훨씬 경제적이다. 또한 위기예방에 만전을 기해도 급격한 환경변화로 인해 돌발적인 위기상황이 발생할 수 있다.

"돌발적 위기관리는 위기를 막기 위한 과정이 아니라 위기로 인한 손실을 최소화하고 보다 신속하게 정상 업무 상태로 복귀하기 위한 방안이다."[51]

위기상황이 발생하면 자금조달과 인력 활용 차원에서 평상시와 달리 자원의 부족사태에 직면할 수 있기에 업무처리의 우선순위를 합리적으로 결정하고, 자원을 분산하기보다 우선적으로 해결해야 하는 과제에 자원을 집중하는 전략을 통해 성과를 도출해야 한다.

이 과정에서 최고경영자는 자신의 책임을 타인에게 전가하려는 유혹을 경계해야 한다. 공은 자신에게 돌리고 책임을 아랫사람들에게 전가하는 지도자가 이끄는 조직은 일류 국가나 기업으로 나아가기 어렵다. 존경받는 지도자가 되려면 솔선수범하는 리더십을 생활화해야 한다.

인간들이 살아가는 세상은 모순투성이다. 그렇지만 그 속에는 나름대로의 정의와 질서가 존재한다. 그래서 조직혁신을 이끌 수 있는 영웅이 등장하면 세상 사람들을 놀라게 하는 위대한 성과들이 창조된다.

하버드 경영대학원의 『위기관리』는 돌발적인 위기관리를 위한 다섯 단계, 즉 관리팀의 구성, 문제의 본질과 규모 측정, 계획 수립, 계획 실험, 그리고 필요할 때마다 그 계획을 수정하고 보완하는 것 등을 제시하였다. 뜻밖의 위기상황에 따른 대응책을 통해 위기 발생 시 충격을 최소화하는 데 초점을 맞추고 있는데, 언론매체를 다루는 방법의 중요성도 강조하였다.

텔레비전 뉴스를 보면 세상을 이롭게 하는 긍정적인 뉴스보다 충격적인 사건사고의 보도 비중이 높다. 공교롭게도 사회에 부정적인 영향을 미치는 돌발적인 위기상황이 발생하면 해당기업이

나 단체는 언론매체의 집중적인 조명을 받기 쉽다. 따라서 언론 전문가 네트워크를 우호적으로 활용함으로써 피해를 최소화할 수 있어야 한다.

아울러 불황으로 인한 위기상황에서 탈출하려면 정직과 신뢰성, 활기를 불어넣는 능력, 현실과 밀착된 전망, 낙관주의가 가미된 현실주의, 집중경영, 미래를 대비하는 대담성 등이 중요하다.[52]

선진 사회의 소비자들은 정직하며 신뢰할 수 있는 기업에서 생산되는 제품에 높은 관심을 보인다. 불황기에는 조직의 분위기가 침체되고, 구성원들 간의 불신으로 인해 조직의 응집력이 약화되기 쉽다. 이러한 상황하에서 경영자는 현실의 어려움을 인정하면서도 미래의 비전을 제시하며 구성원들에게 자신감을 불어넣어야 한다.

세계적으로 성공한 경영자들의 공통적인 키워드로 혼魂·창創·통通을 강조한 접근법도 흥미롭다. "혼: 가슴 벅차게 하는 비전이 사람을 움직인다. 창: 끊임없이 '왜'라고 물어라, 그러면 열린다. 통: 만나라, 또 만나라… 들어라, 잘 들어라."[53]

'혼'이란 성공을 꿈꾸는 사람의 마음을 설레게 하는 비전에 초점을 맞추고 있는데, 심리학자 매슬로우가 중시하는 자아실현의 욕구와 연결되어 있다. 인간은 조물주로부터 아름다운 세상을 선도할 수 있도록 천부적 재능을 부여받았다.

천부적 재능이란 단순히 돈 버는 재능을 의미하지는 않는다. 일을 하면 할수록 재미있는 곳에서 천부적 재능은 발휘된다. 지나치게 타인과 비교하는 습관에서 벗어나 자유롭게 자신이 진정으로 하고픈 욕망이 충족되면 작은 집에 살면서도 행복할 수 있고, 평범한 직장생활을 하면서도 멋진 삶의 지혜를 터득할 수 있다.

'창'이란 기존에 알려진 지식으로 세상살이의 난제를 해결하는 접근법보다 창의적으로 문제의 실마리를 찾아나가는 방식과 연결된다.

책이나 교육을 통해 배우는 지식은 미래의 난제를 풀기 위한 가치보다 과거의 문제를 해결했거나 현재의 문제를 해결하는 정보들이 대부분이다. 환경변화가 심하지 않았던 예전에는 기존에 활용되었던 지식으로 미래의 해법을 이끌어내는 것이 그리 어렵지 않았다.

반면 현대사회는 환경변화가 극심해 과거나 현재의 경험에서 얻은 지식만으로 난제의 실마리를 찾아나가는 것이 쉽지 않다. 기존의 지식에서 얻어진 정보를 단순히 대입하기보다 자신의 삶에 적용해 보며 지혜를 터득하는 삶을 추구해야만 앞서나갈 수 있다.

지식이란 타인의 성공경험에 초점을 맞추고 있으며, 지혜란 타인의 경험을 자신의 삶에 대입하여 스스로 경험해 보며 재해석한 창조적인 지식을 의미한다.

'통'이란 원활한 대인관계의 중요성을 강조한다. 현대사회의 대인관계는 자신의 업무에 따라 성격을 달리하는데, 무조건 많은 사람들을 만나야 성공한다는 논리를 배격한다. 보편적으로 사람들은 인맥이 탄탄해야 성공할 수 있다는 믿음을 중시한다. 이러한 생각은 타당한 측면이 있지만, 꼭 맞는 생각이라고 볼 수는 없다.

성선설과 성악설을 고려하지 않더라도 세상을 살아가면서 만나는 많은 사람들과 여과 없이 소통하는 접근법은 도움이 될 수도 있지만 위기를 자초하는 자충수가 될 수 있다. 자신이 해야 할 일을 소홀히 하면서도 부귀영화를 누리려는 사람들이 넘쳐나는 인간 공동체에서 타인의 힘을 빌려 난제를 해결하려는 접근법에는 나쁜 길로 인도하는 악마들이 득실거리기 마련이다.

전란 종식의 킹핀, 명량대첩

원균이 칠천량해전에서 패배하자 조정 대신들은 충격에 휩싸였다. 당시 일본군은 여세를 몰아 조선을 완전히 제압하려 하였다. 선조는 1597년 7월 22일에 백의종군 중인 이순신을 삼도수군통제사로 재임명하는 교지를 내렸다.

이순신은 동년 8월 2일에 임금의 명령을 받을 징조가 있을 것이라는 꿈을 꾸었는데, 다음 날 손경례의 집(진주시 수곡면 운계리)에서 경상·전라·충청도를 관할하는 삼도수군통제사로 임명한다는 교지를 받았다.

그는 성치 않은 몸으로 황급히 전라도 지역으로 이동하였고, 칠천량해전에서 원균의 지시를 거부하고 달아난 배설 장군으로부터 12척의 전함을 넘겨받았다. 배설은 그 이후에도 장수에 걸맞지 않는 행동으로 이순신의 눈 밖에 났는데, 9월 2일 새벽에 근무지에서 이탈하여 도망갔다.

선조는 8월 15일, 이순신에게 권율 장군이 지휘하는 육군과 합세하

여 전쟁에 임하라는 교지를 내렸
다. 하지만 이순신은 선조에게
비록 12척의 전함밖에 없지만 제
가 살아 있는 한 왜적을 물리칠
수 있음을 다짐하는 장계를 올렸
다. 선조는 더 이상 이순신의 뜻
을 가로막지 않았다.

다시 이순신을 기용하여 통제사로 삼
았다. 이때에 한산도의 패전보가 이르
자 조야가 크게 놀랐다. 상이 비변사의
여러 신하들을 불러 물으니, 모두 황공
하여 대답할 바를 몰랐는데, 경림군 김
명원, 병조 판서 이항복이 '현재의 계책
으로는 이순신을 다시 통제사로 삼아
야만 된다.' 하니, 상이 따랐다.

『선조수정실록』 1597년 7월 1일

칠천량해전에서의 패전 후 정
국 혼란은 지속되었고, 자신의 본분을 망각하고 근무지를 이탈하는
관리들로 인해 조정에서는 대응책을 마련하느라 분주하게 움직였다.
비변사는 1597년 8월 27일에 임금에게 아뢰었다.

"국사가 위급한 이때에 내외 관원들이 앞을 다투어 밤중에 도망하
여 목숨만 구차하게 보존하려는 자가 많으니 인신人臣으로서의 의리
가 땅을 쓴 듯 완전히 없어졌습니다. 법조를 분명하게 세워서 더욱
엄금하지 않으면 수일 안으로 도성이 모두 비게 될 우려가 있으니
매우 통분할 일입니다. 법사로 하여금 각사의 관원을 서둘러 조사하
게 하여 맡은 바 관직을 버리고 도피하여 출사하지 않는 자가 적발되
면 모두 사판仕版에서 삭제하여 영원히 서용되지 못하게 하고 조당朝堂
에 성명을 게시하여 신하된 자의 경계로 삼게 하며, 이속吏屬이나 하
인배일 경우에는 절도絶島의 군사로 충원하도록 승전을 받들어 시행
하게 하는 것이 어떠하겠습니까?"

임금은 비변사가 아뢴 대로 처리하라고 명하였다. 당시 민심은 흉
흉했고, 의지할 곳 없는 백성들의 삶은 눈 뜨고 보기 힘들 만큼 처참

하기 그지없었다. 그러나 삼도수군통제사로 복귀한 이순신은 흔들리지 않았다. 그는 전란을 끝내야 한다는 일념으로 아픈 몸에도 아랑곳하지 않고 수군 재건에 박차를 가했다.

조선 수군은 동년 8월 26일부터 어란포와 벽파진 일대에서 일본의 함선들을 분멸하기 위해 작전을 개시하였다. 이순신의 재등장에 놀란 왜군 함대는 어란포(8월 28일)와 벽파진(9월 7일)에서 조선 수군과의 싸움을 회피하여 특별한 교전이 일어나지 않았다. 반면 조선 수군은 이순신이 보여준 비범한 리더십에 고무되어 승리할 수 있다는 자신감이 충만해졌다.

일본군도 칠천량해전에서 조선 수군을 대파했기에 이순신의 존재를 두려워하면서도 자신만만한 태도를 취했다. 조선 수군과 왜군의 탐색전은 9월 중순까지 지속되었으며, 9월 15일 양 진영 간에 전운이 감돌았다.

명량해협 뒤편으로 벽파정이 자리잡고 있는데, 이순신은 수적으로 불리한 조선 수군이 울돌목을 등지고 적과 싸우는 것은 아군에 불리하다는 판단을 내렸다. 명량대첩 발발 하루 전인 9월 15일에 이순신은 장수들과 함께 우수영 앞바다로 조선 수군을 이동시켰다.

그는 조선수군의 정신무장에도 만전을 기했다. "반드시 죽고자 하

맑음. … 여러 장수들을 불러 모아 약속하기를, "병법에 이르기를, '반드시 죽고자 하면 살고 반드시 살고자 하면 죽는다必死則生 必生則死'고 하였고, 또 '한 사나이가 길목을 지키면 천 명도 두렵게 할 수 있다一夫當逕 足懼千夫'고 했는데, 이는 오늘의 우리를 두고 이른 말이다. 너희 여러 장수들이 조금이라도 명령을 어김이 있다면, 즉시 군율을 적용하여 조금도 용서하지 않을 것이다."라고 하고 재삼 엄중히 약속했다. 이날 밤 꿈에 어떤 신인神人이 가르쳐 주기를 "이렇게 하면 이기고, 이렇게 하면 지게 된다."고 하였다.

『난중일기』 1597년 9월 15일

면 살고 반드시 살고자 하면 죽는다"고 하였고, 또 "한 사나이가 길목을 지키면 천 명도 두렵게 할 수 있다"는 군령을 하달했다.

당시 왜군은 육군과 수군이 합세하여 한양을 빠른 시일 내에 점령하려는 계획을 세웠고, 거의 괴멸하다시피 한 조선 수군을 얕잡아 보고 신속하게 남해에서 서해를 통과하여 한양으로 북상하려 하였다.

이순신은 수적으로 우세한 일본 함대를 맞이하여 13척의 전선만으로 승리를 이끌어내기에는 한계가 있음을 직감하고 위장전술을 전개하였다. 조선 수군은 100여 척의 피난선들을 위장하여 후방지역에 배치함으로써 적군의 기세를 제압하기 위한 심리전을 전개하였다.

마침내 1597년 9월 16일에 133척의 일본군과 13척의 조선 수군은

> 맑음. … 여러 장수들을 불러 거듭 약속할 것을 밝히고 닻을 올리고 바다로 나가니, 적선 133척이 우리의 배를 에워쌌다. 지휘선이 홀로 적선 가운데로 들어가 탄환과 화살을 비바람같이 발사했지만, 여러 배들은 바라만 보고서 진격하지 않아 앞 일을 헤아릴 수 없었다. … 안위의 배 위에 있는 군사들은 결사적으로 난격하고 내가 탄 배 위의 군관들도 빗발치듯 난사하여 적선 2척을 남김없이 모두 섬멸하였다. 매우 천행한 일이었다. 우리를 에워쌌던 적선 31척도 격파되니 여러 적들이 저항하지 못하고 다시는 침범해 오지 못했다.
>
> 『난중일기』 1597년 9월 16일

울돌목에서 충돌하며 명량대첩(20승, 전남 해남의 울돌목)이 발발했다. 수적으로 조선수군을 압도했던 일본의 함선들은 겁 없이 명량해협으로 돌진해 왔다. 울돌목은 바닷물이 휘몰아치는 곳으로서 노를 저어 이동하다 빠른 물살에 휘말리면 배를 제어하기가 쉽지 않은 곳이었다.

　이순신 함대는 일자진 전법으로 임할 수밖에 없었다. 10배가량인 적선들을 맞이하여 조선 수군은 물러설 수 없는 일전을 치러야만 했다. 이순신의 발포 명령이 내려지자 왜선들은 하나둘씩 부서지기 시작했고, 30척이 넘는 적선들이 조선 수군의 화포 공격에 침몰하였다.

　조선 수군은 지자총통과 현자총통 등의 포탄 공격 외에도 화살들을 쉴 새 없이 쏘아댔다. 치열한 싸움 속에서 왜군 장수가 바다로 떨어졌다. 조선의 병사가 재빠르게 적장의 목을 베어 장대에 높이 달아 올리자 왜군 병사들은 전의를 상실하였다.

　결국 이순신은 명량대첩에서 승리함으로써 남해바다를 통제할 수 있었고, 한양 인근에 머물던 일본군은 보급이 차단되어 남해안의 왜성으로 후퇴할 수밖에 없었다. 명량대첩에서의 패배 이후 일본군은 전투를 꺼렸다. 또다시 전쟁은 소강상태에 접어들었고, 조선 수군은 함선들은 건조하며 칠천량해전으로 인한 피해를 복구하는 데 총력을 기울였다.

전란이 장기화되자 백성들은 물론이고 궁궐을 호위하는 군사들에게도 식량 공급이 제대로 이루어지지 못하는 상황에 직면하였다. 1598년 5월 20일에 병조의 관리는 식량문제의 심각성을 임금에게 보고하였다.

"국고가 고갈되어 금군禁軍들은 명목상으로는 늠료廩料를 받는다고 하나 모두가 부패하여 악취가 나는 것이었는데, 심지어 이번 삭봉朔俸은 모두 진부한 것을 주어서 받아 먹을 수가 없습니다. 모두들 오랫동안 시위侍衛한 사람들인데 하루 아침에 아무 까닭없이 해산하는 것은 미안합니다. … 요즈음 듣건대, 이들 과반수가 정착할 데 없어 유사遊仕하는 사람들인데 하루 아침에 늠료가 끊기면 스스로 살아갈 수가 없어, 더러는 여러 날 동안 끼니를 잇지 못하여 얼굴에 부황끼가 가득하고 몸을 움직이지 못하는 자가 있는가 하면, 남의 집에서 빌어 먹기를 걸인처럼 하는 자도 있다니, 요즈음 형편은 참으로 급박합니다."

비록 전쟁의 분위기는 조선에 유리하게 전개되고 있었지만, 전란으로 인한 조선의 경제사정은 최악의 상황에 직면해 있었다.

그럼에도 불구하고 왜군을 섬멸하기 위한 이순신의 전략은 흔들림이 없었다. 1598년 여름이 되자 조선 수군의 전력은 상당 부분 복구되었다. 동년 8월에 발발한 고금도해전(21승, 완도군 고금면)에서도 조선 수군은 50여 척의 왜선들을 분멸하였다.

같은 해 8월 18일에 도요토미 히데요시가 사망하자 일본군은 철수하기로 결정하였다. 하지만 되돌아갈 때는 자신들의 마음대로 귀환할 수가 없었다. 명나라 지원군은 일본군의 퇴로를 열어줌으로써 아군 피해를 줄이려 했지만, 이순신 장군은 순순히 왜군을 돌려보내면 후일에 또 침략할 것이라는 견해를 피력했다.

결국 조명연합군은 사로병진작전四路竝進作戰을 전개하여 가토 기요마사가 지휘하는 울산왜성에 주둔한 왜군을 공격하는 동로군, 시마즈 요시히로가 지휘하는 사천왜성을 공격하는 중로군, 고니시 유키나가가 지휘하는 순천왜성을 공격하는 육상의 서로군과 함께 해상에서는 진린의 명나라 수군과 이순신의 조선수군이 합세하여 수로군을 결성하고 순천왜성 일대를 공격하였다.

당시 조선에 파견된 명나라 육군의 책임자는 유정이었다. 순천왜성(순천시 해룡면 신성리)과 장도 부근에서 벌어진 왜교성전투(22승)는 동년 9월 20일부터 시작되었고, 10월 2일부터 4일까지 치열한 전투가 지속되었다.

10월 2일의 전투에서 조선 수군은 사도첨사 황세득과 이청일 등이 전사하였고, 명나라 지원군의 피해도 발생했다. 조명연합군은 순천왜성 인근의 장도를 공격하여 왜군의 군량미 일부를 빼앗고 나머지 군량미는 모두 불태워버렸다. 이순신이 왜교성전투의 상황을 보고한 내용은 『선조실록』 1598년 10월 13일자에 기록되어 있다.

"2일 수군이 합세하여 왜적을 공격하였는데 육군이 바라만 보고 진격하지 않음을 알고서 수군을 치기에 전력하였습니다. 우리 군대

가 혈전하니 왜적의 시체가 언덕 밑에 낭자하게 흩어져 있었으며 혹
은 서로 적치되어 있었습니다. 우리 군사 중에 탄환을 맞아 죽은 자
는 29명이고 중국 군사는 5명입니다."

왜교성전투에서 패한 일본군은 철군을 서두르기 시작했다. 조명연
합군은 동년 11월 19일에 철군을 서두르고 있는 500여 척의 왜군 함
대를 맞이하여 노량해전(23승, 경남 남해군 설천면 노량리와 하동군 금남면
노량리 사이의 해협)에서 승리하였다.

조명연합군은 왜선 450여 척을 부수었고, 왜군 수만 명을 죽였다.
하지만 이순신 장군은 이 전투에서 순국하였고, 조명연합군도 수백
명의 사상자가 발생하였다. 노량해전을 끝으로 7년간 지속된 전란은
종식되었다.

전쟁은 끝났지만 그 피해는 쉽게 회복될 수 없을 만큼 조선사회에
너무도 큰 피해를 입혔다. 최고지도자가 전쟁을 통해 적을 제압하려
는 욕망을 제어하지 못하면 백성들의 처절한 희생은 예방하기 어렵
다. 『손자병법』도 즉흥적인 전쟁의 위험성을 지적하고 있다. 이길 수
있는 싸움만 해야 한다고 주장한 손자는 무모한 전쟁이 불러올 수
있는 비극의 참상을 경고하였다.

적이 침략했을 때는 승리하기 위한 표준화된 해법이 존재할 수 없기
에, 적이 예측할 수 없는 창조적인 전법으로 적을 제압해야 한다. 원칙
과 변칙을 상황에 따라 탄력적으로 적용하여 승리를 이끌어내는 해법
은 덕치에 반하는 비겁한 행동이라기보다는 전쟁을 치르고 있는 엄중
한 상황에서 불요불급하게 활용해야 하는 접근법으로 이해할 수 있다.

『손자병법』은 전쟁에서의 승리를 위한 5가지 조건을 강조하였다.

첫째로 "싸워야 할지 말아야 할지를 아는 자가 이긴다." 둘째로 "군대의 많고 적음을 쓸 줄 아는 자가 이긴다." 셋째로 "상하가 일치단결해야 이긴다." 넷째로 "싸울 준비를 끝내고 적을 기다리는 자가 이긴다." 다섯째로 "장수는 유능하고 임금은 개입하지 않아야 한다."[54]

전쟁은 경제력이 뒷받침되어야 하며, 전쟁기간이 길어지면 투입되는 비용으로 인해 경제적인 난관에 봉착하기에 가급적 짧은 시간 내에 끝내는 것이 지혜롭다. 또한 전쟁에서 승리해도 적군의 피해가 심각해지면 전리품의 질이 저하되어 전쟁비용을 회수하지 못하는 우를 범할 수 있다. 그래서 손자는 싸우지 않고 승리하는 자가 최고의 장수라는 점을 강조하였다.

손자가 강조하는 병법에는 현대인들이 거부감을 느낄 수 있는 내용도 담겨 있다. 오늘날에는 인권과 휴머니즘을 중시하는데, 전쟁이란 속임수를 통해서라도 승리해야 함을 강조하였고, 치열한 경쟁 속에서도 상대방에 대해 최소한의 예의를 지켜야 한다는 논리를 배격하였다.

춘추전국시대에는 인권을 논하기 힘들 만큼 적을 죽여야만 내가 살 수 있는 난세였기에, 속임수를 써서라도 전쟁에서 승리해야 한다는 당위성을 확보할 수 있었다. 물론 오늘날에도 전쟁이란 외교적으로 문제가 해결되지 못했을 경우에 취해지는 최후의 선택이고, 전쟁에서 패배한 국가의 막중한 책임을 고려해 보면 속임수를 써서라도 승리해야만 하는 절박함에는 공감할 수 있다.

그래서 손자의 병법은 공감이 되는 내용도 있고 공감하기 어려운 측면도 있다. 그는 승리를 위해서는 속임수뿐만 아니라 그 어떠한 비겁한 행동도 불사해야 함을 강조하였다. 그뿐만 아니라 승리한 군인들이 패배한 지역의 군인들과 무고한 백성들을 무자비하게 대하는 행위의 정당성에 관대한 입장을 견지했다.

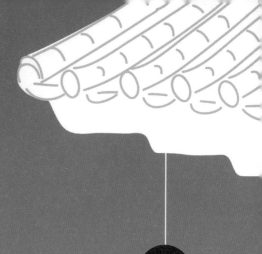

5

상생하는
커뮤니케이션

탄금대전투에서 패배하자 임금은 피난길에 올랐다. 선조 일행은 1592년 4월 30일 새벽에 궁궐을 떠나 저녁 무렵 임진강 나루를 건넜고, 5월 1일 저녁에 개성부에 도착했다. 선조는 5월 7일에 평양에 도착하여 한 달 넘게 머물며 난세의 해법 도출에 몰두했다.

전라좌수사 이순신은 한양으로부터 충분한 군비를 지원받기 어려운 상황하에서 일본의 침략에 대비하였다. 그는 둔전 경작과 염전사업 등으로 부족한 군비를 자체적으로 조달하였고, 수군 진영으로 모여든 굶주린 백성들을 보살피는 데도 만전을 기했다.

한국인들의 뇌리 속에 이순신은 위기에 처한 나라를 구한 영웅으로 각인되어 있다. 그는 법치로 다스릴 때와 덕치로 다스릴 때를 분별할 줄 아는 지도자로서 부하 장졸들을 처형할 수밖에 없을 때는 법치의 엄격함으로 기강을 바로 세웠다.

임진왜란 때는 노비라 하더라도 적의 수급을 베거나 공물을 바치는 등 전란을 극복하는 데 도움을 준 자는 심사를 거쳐 면천해 주었다. 당시 인권을 보호받지 못했던 노비들의 면천은 신세계로 나아가는 나침반이었다.

이순신은 포로가 된 백성을 구출하는 것을 왜적의 수급을 베는 것 못지않게 중시했으며, 조선 백성들의 피해를 최소화하며 적을 공격하는 리더십을 발휘했다. 그가 충성을 맹세한 나라는 장수들과 병졸들의 나라였고 불쌍한 백성들의 나라였다.

비극적인 전란의 참상

임진왜란이 발발하자 일본군은 곧장 한성으로 진격하였다. 조선군은 일본군의 북상을 저지하기 위해 총력을 기울였지만 역부족이었다. 선조의 파천 소식이 전해지자 백성들은 공포에 휩싸였고 서둘러서 한성을 떠나는 사람들이 증가하였다. 임금은 1592년 4월 29일에 광해군을 세자로 삼아 민심 수습을 당부하였다.

임금이 윤두수에게 어가에 대한 호종을 명하자 궁궐을 지키던 많은 군사들이 도망가 버렸다. 선조 일행은 4월 30일 새벽에 궁궐을 빠져나와 저녁 무렵 임진강 나루를 건넜고, 5월 1일에 판문에서 점심식사를 하였으며, 저녁에 개성부에 당도했다. 비록 선조는 개성에 도착했지만 곳곳에서 어가행렬을 방해하는 사건들이 발생하였다.

선조 일행이 황급히 궁궐을 빠져나오자마자 성난 백성들은 경복궁과 창덕궁, 그리고 창경궁을 불태웠다. 백성들을 저버리고 임금이 도성을 떠난 사건은 충격 그 자체였다.

궁궐에 침입한 백성들이 노비 장부를 보관하던 장례원과 법률 및 형벌을 집행하던 형조를 불태워 버렸다는 것은, 많은 난민들이 신분이 천한 사람들이었음을 의미한다. 이밖에도 성난 백성들은 약자를 괴롭히고 직권남용을 일삼으며, 많은 재물을 모은 인물로 소문난 임해군과 홍여순 등의 집을 불태웠다.

5월 3일에는 선조를 호위하기 위해 차출된 병사들 간에 다툼이

새벽에 상이 인정전에 나오니 백관들과 인마人馬 등이 대궐 뜰을 가득 메웠다. 이날 온종일 비가 쏟아졌다. 상과 동궁은 말을 타고 중전 등은 뚜껑있는 교자를 탔었는데 홍제원에 이르러 비가 심해지자 숙의 이하는 교자를 버리고 말을 탔다. 궁인들은 모두 통곡하면서 걸어서 따라갔으며 종친과 호종하는 문무관은 그 수가 1백 명도 되지 않았다. 점심을 벽제관에서 먹는데 왕과 왕비의 반찬은 겨우 준비되었으나 동궁은 반찬도 없었다.

『선조실록』 1592년 4월 30일

있었고, 그들의 불만이 고조되어 임금이 머물던 전문殿門 앞에까지 몰려와 일촉즉발의 위기상황에 직면했는데, 난동을 피는 자들의 목을 베어 효시함으로써 난리를 수습할 수 있었다.[55]

선조 일행은 5월 4일에 평산에 도착했고, 5월 5일 봉산에 도착했으며, 5월 6일에는 황주에 도착했다. 평양에는 5월 7일에 도착했는데, 선조는 이곳에서 한 달 넘게 머물며 전세를 살폈다. 평양은 한성이나 개성과 달리 평온했다.

5월 16일에 일본군이 임진강 인근에 도착했다는 보고를 받고 임금은 대신들과 머리를 맞댔다. 6월 초에는 평양에 머물며 일본군과 대치할 것인지, 아니면 의주로 떠날 것인지를 논의하였다. 평양의 백성들은 힘을 모아 평양성을 사수하겠다는 의지를 불태웠으나, 6월 7일에 일본군이 임진을 점령하였다는 소식이 전해졌다. 6월 9일에는 조선과 일본 간의 강화협상이 불발되자 평양성에 머물던 선조의 근심

은 커져만 갔다.

임금이 의주로 떠난다는 소식이 전해지자, 어가는 쉽사리 평양성을 빠져나가지 못했다. 분란을 주도한 몇몇의 화난 백성들을 참수하자 민심은 잦아들었고, 힘없는 백성들의 절규를 뒤로 한 채 선조 일행은 북으로의 피난길에 올랐다. 이 과정에서도 성난 평양 백성들의 분노를 달래는 것은 세자의 몫이었다.

6월 11일부터 열흘 넘게 북으로 이동하여 6월 22일에 선조 일행은 의주에 당도했다. 임금이 압록강을 목전에 둔 의주에 가까이 다가갈수록 백성들 사이에서는, 입에 담기 힘든 각종 유언비어들이 급속히 확산되었고 백성들의 동요를 쉽게 잠재울 수 없었다.

선조를 가장 불편하게 만든 것은 '새로운 임금이 나타날 것'이

> 상이 대신에게 하문하기를, "명나라 장수가 막상 물러가고 적병이 점점 가까이 오면 일이 반드시 위급하여질 것이니, 요동으로 건너가겠다는 의사를 명나라 장수에게 미리 말해 두는 것이 어떠하겠는가?" 하자, 대신이 아뢰기를, "만약 미리 말하면 중간에서 저지하는 일이 없지 않을 것이니 그때에 미쳐서 대처하는 것이 좋습니다." 하니, 상이 이르기를, "만약 임시해서 대처하라고 하면 위험이 눈 앞에 닥쳐 미처 강을 건너가지 못할 염려가 있을 듯하다." 하였다.   『선조실록』 1592년 6월 22일

라는 소문이었다. 임금이 의주에 당도하자 민심은 완전히 선조를 떠났다고 해도 과언이 아니었다. 입록강만 건너면 명나라 땅이었기에 백성들의 분노는 극에 달해 있었다. 각종 유언비어는 전란이 지속된 7년 동안 쉽사리 없어지지 않았다.

전쟁 중에 수많은 백성들은 삶의 터전을 떠나 스스로의 힘으로 생명을 보존해야 했다. 이들은 떠돌아다녀야 하는 고통의 시간이 지속되자 사회불안을 야기하는 세력으로 진화하였다.

굶주린 백성들은 살아남기 위해 도적질도 불사했다. 당시 조선의 식량 사정은 전란으로 인해 극도로 악화되었고, 기근으로 굶어 죽는 자도 적지 않았다. 평상시라면 기근이 발생하더라도 관청에서 춘궁기에 곡식을 빌려주고, 추수 후에 되돌려 받는 정책을 통해 어느 정도는 백성들을 구휼할 수 있었지만, 전쟁 중에 굶주린 백성들을 위한 제도적 장치는 작동하지 않았다.

임진왜란 발발 이듬해인 1593년에는 심각한 수해가 발생했고, 1594년에도 기근으로 인해 식량난이 가중되었다. 그뿐만 아니라 일본군의 침략으로 고향을 떠나 생활하는 백성들이 급증하면서 조선의 식량문제는 백성들의 생존을 위협하는 중대한 사안으로 급부상하였다.

1593년의 경우 전국적으로 농사가 가능한 지역은 평상시의 절반 수준에 미치지 못했다. 일본군의 약탈과 방화도 식량난을 악화시키는 주범이었다. 당시 조선을 침략한 일본군은 대략 13만 명이 넘었기에, 그들에 의한 식량 약탈은 조선 백성들의 생존을 위협할 수밖에 없었다.

결국 굶주린 백성들은 살아남기 위해 인육도 마다하지 않는 처참한 형국이 벌어졌고, 전쟁이 지속될수록 백성들의 고통은 가중되었다. 전란을 진두지휘했던 유성룡은 도성 안을 둘러보다 충격적인 장면을 목격했다. 해질 무렵 평온해 보이는 거리에는 사람들의 인적이 드물었지만, 군데군데 먹지 못해 쓰러져 있는 백성들은 살았는지 죽었는지 분간하기 어려웠다.

악취를 풍기며 누워있는 사람들도 있었고, 비스듬히 누워 있는데 숨 쉬는 소리조차 들리지 않는 이들도 있었다. 옷소매로 퀴퀴한 냄새

를 억누르며, 건물 모퉁이를 돌아
서자마다 그의 몸은 자신도 모르
게 얼어붙어버렸다. 눈 뜨고 보기
힘든 충격적인 장면에 유성룡은
그 자리에 주저앉고 말았다.

이곳은 죽은 자들의 세계였다.

'지옥이 있다면 바로 이런 모습
일 것 같구나.'

그는 흘러내리는 눈물을 옷소

비변사가 아뢰기를, "도성에 전쟁과 굶
주림으로 죽은 자가 수를 헤아릴 수 없
어 쌓인 원기冤氣가 위로 피어올라 그
것이 여역癘疫이 되었기 때문에 요즈음
여염閭閻에는 이로 인하여 죽은 자가
더욱 많습니다. 예조로 하여금 성 밖
몇 곳에 단을 축조하여 여제를 지내게
함으로써 억울하게 죽은 귀신들을 위
로하고 막힌 기운을 흩어지게 하는 것
이 온당할 것 같습니다." 하니 상이 따
랐다.   『선조실록』 1594년 4월 17일

매로 닦아내야만 했다. 죽은 자들은 자신의 몸을 온전히 보전하지 못
하고 있었다. 머리가 잘려나간 자도 있었고, 알몸으로 몸부림치다 죽
은 자도 있었다. 어떤 이는 머리와 몸통만 있고, 사지가 모두 예리한
칼에 잘려나간 모습으로 나뒹굴고 있었다.

무책임한 임금과 부정부패

조선의 사신들은 1591년에 대마도를 경유하여 도요토미 히데요시를 만났다. 그는 오만했고 사신들을 푸대접했는데, 양국의 대표들이 식사할 때나 공연할 때도 시정잡배처럼 무례하게 굴었다.

한 나라의 사절단으로 방문한 통신사 일행을 우습게 여기는 태도에 대해 조선 조정에서는 예의 범절을 모르는 왜놈들이라고 폄하했지만, 일본의 의도를 정확히 파악하는 데는 실패했다.

그 해 봄에 일본을 방문했던 통신사들과 함께 일본 사절단이 조선을 방문했다. 그들은 조선을 침

> 사신이 좌석으로 나아가니, 연회의 도구는 배설하지 않고 앞에다 탁자 하나를 놓고 그 위에 떡 한 접시를 놓았으며 옹기사발로 술을 치는데 술도 탁주였다. … 잠시 후 편복차림으로 어린 아기를 안고 나와서 당상(堂上)에서 서성거리더니 밖으로 나가 우리나라의 악공을 불러서 여러 음악을 성대하게 연주하도록 하여 듣는데, 어린 아이가 옷에다 오줌을 누었다.
>
> 『선조수정실록』 1591년 3월 1일

략할 것이며, 조선반도를 거점삼아 명나라를 칠 것임을 분명히 전달했다. 그러나 조선의 관료들은 그들을 달래기에 급급했고 전쟁준비

에는 소홀했다.

선조와 대신들은 야만스럽고 무지한 도요토미 히데요시가 허풍을 떠는 것이라고 대수롭지 않게 여겼다. 일본의 사신들은 원나라와 조선이 연합하여 일본을 공격했던 일을 상기시키기도 했다.

"옛날 고려가 원나라 병사를 인도하여 일본을 쳤습니다. 이 때문에 조선에 원한을 갚고자 하니, 이는 사세상 당연한 일입니다."

임금은 대신들의 의견을 경청하며 일본의 침략 의도를 파악하기 위해 분주하게 움직였지만, 일본의 침략 가능성을 낮게 보았다. 결국 선조는 일본의 침략을 반신반의하면서도 도요토미 히데요시의 허풍일 것이라는 낙관적인 견해를 따랐다.

신하들도 일본이 침략하지 않을 것이라는 부제학 김수 등의 전망과 일본이 침략할 것이므로 명나라에 긴급히 알리고 협력해야 한다는 병조판서 황정욱 등의 견해가 대립했다. 이 와중에 일본의 침략 의도에 대해서는 명나라에 전달하는 것이 적절하다는 결론에 도달했다. 1591년 5월 1일자에 기록된 『선조수정실록』의 내용을 살펴보면 조선 권력자들의 인식을 이해할 수 있다.

이산해·유성룡·이양원 등이 임금에게 아뢰었다.

"삼가 경연에서 아뢴 말을 보건대, 김수의 우려가 일을 주도면밀하게 하려는 데에서 나온 것이지만 위를 범하는 말을 들은 이상, 어찌차마 묵묵히 있을 수 있겠습니까. 다만 주본奏本의 말을 신중히 참작해서 하지 않으면 뒷날 반드시 난처한 걱정거리가 있게 될 것입니다. 가볍게 주문하자는 유근의 설은 상당히 일리가 있습니다. 일본에 잡혀갔다 도망해 온 김대기 등에게서 들었다고 말을 만들어 주문하는 것이 가장 온당할 듯합니다."

임금은 일본의 침략 의도를 명
나라에 어떻게 전달해야 할지에
대해서도 대신들과 격론을 벌였
다. 명나라 황제의 오해를 촉발
하기는 했으나, 다행히도 일본과
조선이 연합하여 명나라를 공격
할 것이라는 루머는 해소되었다.

> 김응남이 갔을 때가 마침 유구의 진주
> 사陳奏使가 와 있을 때여서 중국은 우
> 리의 자문咨文과 유구의 보고가 대략
> 같음을 보고 왜노의 속임수를 알았다.
> 황제는 칙서를 내려 포장하고 표리表裏
> 와 은냥을 넉넉히 주었다.
> 『선조실록』 1591년 10월 24일

선조의 오판에는 붕당정치에 따른 부작용도 한몫했다. 신하들은
당리당략에 따라 상대 진영의 논리를 무조건적으로 반대하는 행태를
보이게 됨으로써 국익에 반하는 의사결정에 지대한 영향을 미쳤다.

당시 일본의 군사력을 우습게 여긴 선조의 오만함은 양국의 정치
구조의 차이에서 비롯된 측면도 무시할 수 없다. 조선왕조는 건국하
자마자 고려왕실을 핍박했던 무인세력을 과도하게 견제하며 쿠데타
를 경계하였고, 문인들을 우대하며 왕권 강화에 매진했다.

반면 일본에서는 왕은 실권을 상실한 채 상징적인 존재였을 뿐이
고, 전국을 무력으로 통일한 도요토미 히데요시가 명실상부한 실권
자였다. 아쉽게도 선조와 대신들은 무인이 통치하는 일본에 대해 색
안경을 쓰고 평가절하 하는 우를 범하였다. 다행히 일본이 침략하지
않을 것이라는 중론 속에서도 일본이 침략할 수도 있다는 우려를 반
영하여 호남과 영남 지방에 성읍을 축성하였다.

"영천 · 청도 · 삼가 · 대구 · 성주 · 부산 · 동래 · 진주 · 안동 · 상
주 · 좌우 병영에 모두 성곽을 증축하고 참호를 설치하였다. 그러나

크게 하여 많은 사람을 수용하는 것에만 신경을 써서 험한 곳에 의거하지 않고 평지를 취하여 쌓았는데 높이가 겨우 2~3장에 불과했으며, 참호도 겨우 모양만 갖추었을 뿐, 백성들에게 노고만 끼쳐 원망이 일어나게 하였는데, 식자들은 결단코 방어하지 못할 것을 알고 있었다."

전쟁준비가 부족했던 조선은 1592년 4월 13일에 임진왜란이 발발하자 20일도 버티지 못하고 한성이 점령당하는 수모를 겪어야만 했다. 4월 14일 경상 좌수사 박홍은 성을 버리고 경주로 달아났다.

"왜적이 군대를 나누어 서생포와 다대포를 함락시켰는데, 다대포 첨사 윤흥신이 대항하여 싸우다가 죽으니 바닷가의 군현과 진보鎭堡들은 모두 소문을 듣고 도망하여 흩어졌다."

또한 동년 4월 28일에 충주에서의 패전 보고가 전해지자 파천 논의를 지시하였고, 대신들은 모두 눈물로 호소하며 파천의 부당함을 임금께 전하였다.

영중추부사 김귀영이 임금께 아뢰었다.

"종묘와 원릉이 모두 이곳에 계시는데 어디로 가시겠다는 것입니까? 경성을 고수하여 외부의 원군을 기다리는 것이 마땅합니다."

우승지 신잡도 선조에게 아뢰었다.

"전하께서 만일 신의 말을 따르지 않으시고 끝내 파천하신다면 신의 집엔 80노모가 계시니 신은 종묘의 대문 밖에서 스스로 자결할지언정 감히 전하의 뒤를 따르지 못하겠습니다."

수찬 박동현도 임금께 호소하였다.

"전하께서 일단 도성을 나가시면 인심은 보장할 수 없습니다. 전하의 연輦을 멘 인부도 길모퉁이에 연을 버려둔 채 달아날 것입니다."

신하들의 울부짖음에 선조는 얼굴빛이 변하여 내전으로 들어갔다.

1592년 4월 29일에는 궁궐을 호위하던 많은 병사들이 근무지를 이탈하였다.

"이날 밤 호위하는 군사들은 모두 달아나고 궁문엔 자물쇠가 채워지지 않았으며 금루는 시간을 알리지 않았다."

아이러니컬하게도 선조의 비겁함 때문에 임진왜란은 속전속결로 끝날 수 있는 위기를 넘길 수 있었다. 당시 일본에서 지방의 다이묘들 간에 전투가 발발하면 성을 버리고 도망가기보다 끝까지 성을 지키며 항전하는 방식이었다. 일본의 무사들은 비겁하게 도망가는 것은 꺼렸다.

그래서 일본군은 부산에 상륙하자마자 가장 우수한 병사들을 중심으로 신속하게 도성으로 진군하여 선조 임금을 잡고 조선의 군량미와 보급품에 의지하여 곧바로 명나라로 진격할 계획이었다. 그들의 계획대로 일본군은 신속하게 도성의 궁궐에 도착했지만, 선조는 이미 북으로 피난한 후였다.

임금이 북쪽으로 이동할 때마다 지역의 백성들은 좌절했고, 어가를 가로막으며 울부짖었다. 5월 1일에 선조 일행은 개성으로 발길을 재촉했다.

"풍덕 군수 이수형이 길에서 배알하고 약간의 어선御膳을 준비했다. 백관들도 얻어 먹었고 아래로 군량과 말먹이까지도 모두 준비해 주었으며 따로 쌀 5석을 바치니 상이 즉시 호위병들에게 나누어 주었다. 저녁에 개성부에 도착했다."

선조는 6월 11일에 심충겸 등의 의논을 따라 북도로 향하려 하자, 좌의정 윤두수가 청대하여 아뢰었다.

"영변은 예전부터 철옹성이라고 불리던 곳이니 당분간 여기로 피하여 왜적의 형세를 관망하다가, 위급한 일이 있게 되면 차츰 중국과 가까운 용만龍灣으로 향하고 아울러 구원병을 청하여야 됩니다."

동년 6월 23일에 임금이 다급히 전교하였다.

"요동으로 건너가는 것을 비록 갑작스럽게는 할 수 없으나 모든 일을 충분히 예비하도록 하라."

예조 판서 윤근수가 요동으로 건너가면 낭패라고 강력히 주장하였고, 풍원 부원군 유성룡도 역시 그 불가함을 강력히 말하면서 아뢰었다.

"북도·하삼도·강변 등이 있으니 두루 행행하시면 수복할 수 있는 일이 있을 듯합니다."

안타깝게도 전쟁놀이에 익숙해진 일본군의 저돌적인 공격에 조선의 백성들은 머리 둘 곳을 찾기 힘든 상황에 직면하였다. 설상가상으로 조선 군인들과 관료들의 부정부패는 백성들의 고통을 가중시켰다.

선조에게 명장으로 각인되었던 원균에 대해 이순신은 『난중일기』에 문제가 많은 장수라고 여러 번 기술하였다. 이순신의 인품과 삶의 태도를 고려할 때, 원균에 대한 이순신의 원망은 단순히 경쟁관계에 있었던 장수에 대한 시기질투라고 평하기는 어렵다.

그는 억울하게 옥에 갇혀 심한 고초를 겪은 백성이 뇌물을 주고서야 풀려났다는 소문에 대해서도 기록하였다. 1597년 5월 21일에 기록된 『난중일기』의 내용이다.

"의금부 감옥에 갇힌 이덕룡을 고소한 사람이 옥에 갇혀 세 차례나 형장을 맞고 죽어간다."고 하니 매우 놀라운 일이다. 또 "과천의 좌수 (유향소 수장) 안홍제 등이 이상공에게 말과 스무 살 난 계집종을 바치고 풀려나 돌아갔다."고 한다.

안홍제가 죽을 죄를 짓지 않았음에도 불구하고 누명을 쓰고 가혹한 형벌로 죽음 직전의 상태에서 뇌물을 바치고 풀려났다는 소문에 대해 이순신은 분노했다.

예나 지금이나 세상인심은 어

> 종일 비가 내렸다. … 남해 현령 기효근의 배가 내 배 옆에 댔는데, 그 배에 어린 여인을 태우고 남이 알까 봐 두려워했다. 가소롭다. 이처럼 나라가 위급한 때를 당해서도 예쁜 여인을 태우기까지 하니 그 마음 씀이는 무어라 형용할 수가 없다. 그러나 그의 대장인 원수사(원균) 또한 그와 같으니, 어찌하겠는가. 윤봉사가 일 때문에 본영으로 돌아갔다가 군량미 14섬을 싣고 왔다.
> 『난중일기』 1593년 5월 30일

려울 때 서로서로 도와가며 위기를 극복하길 바란다. 그런데 냉혹한 현실세계에서는 어려운 때일수록 약자들을 괴롭히며 세상 사람들의 바람과는 반대방향으로 나아가는 경우가 많다. 그래서 최고지도자는 난세를 예방해야 하고, 난세가 닥쳤을 때는 약자를 괴롭히는 관리자들을 효과적으로 통제할 수 있는 시스템을 구축해야 한다.

둔전 경작과 전쟁비용 조달

전쟁이 발발하면 전투에 필요한 무기들을 시기적절하게 조달해야 한다. 전쟁이 장기화되면 병사들과 말들을 위한 군량미 확보가 전쟁의 승패를 가름하는 주요한 변수가 되곤 했다.

조선의 군대는 오늘날과 달리 상비군 체제가 아니었다. 평상시에 농민들은 농사를 짓다가 전쟁이 발발하면 군에 입대하는 병농일치제였다. 농사짓던 농민들이 군인이 되면 적군의 침입에 따른 식량 약탈이나 방화가 아니더라도, 농촌에서는 심각한 일손 부족현상이 발생하였다.[56]

또한 원활한 군량미 확보를 위해 둔전 경작을 실시했는데, 부분적으로는 식량 문제로 고통받던 백성들을 구제하는 데도 기여하였다. 조선의 식량문제는 전쟁뿐만 아니라 도적이나 왜놈들의 약탈에 의해서도 발생하곤 했다.

1593년 12월 30일에 비변사가 임금께 아뢰었다.

"경상도 진주의 흥선도 목장은 토지가 비옥하여 기장이 잘 된다고

하는데 지금 수군과 제장들이 한산도에 있으면서 그 앞을 막고 있으니 금년에 조처하여 목자와 유민들로 하여금 김해·거제 등처에서 귀순해 와서 갈 데가 없는 사람들과 함께 그곳에 가서 살게 하고, 남해·곤양·진주 등지의 금년 관적官糴 가운데 있는 종자를 내어 주어 힘써 경작하게 한다면, 이를 수확하여 군량에 충족시킬 수 있을 뿐만이 아니라 거처를 잃은 백성들도 살아갈 수 있는 터전이 생기는 것입니다."

비변사가 아뢰기를, "지금의 형세는 곳곳에 양곡이 고갈되었는데 병란은 풀리지 않고 있으니 백방으로 생각하여 보아도 구제할 계책이 없습니다. 지난번 전라 수사 이순신이 해도에 둔전 설치하기를 청했는데 이는 매우 원대한 생각입니다. … 또 장내의 마필의 수효도 조사하여 계문하게 하고 그 가운데 건장한 말은 숫자를 헤아려 끌어다가 전사들에게 쓰게 하고 그 나머지 암컷과 망아지는 남겨두어 번식시키는 종마로 쓰게 하는 것이 좋겠습니다. …."
하니, 상이 따랐다.

『선조실록』 1593년 12월 30일

1594년 3월 3일에도 비변사가 임금께 아뢰었다.

"요사이 외방에 도적이 성행하여 재물을 약탈할 뿐만 아니라 산 사람을 잡아먹는 짓도 서슴없이 하고 있습니다. 지금 춘경기春耕期를 맞아 비록 다시 고향으로 돌아온 자가 있다 하더라도 형세가 고단하여 스스로 보전하지를 못하고 가지고 있던 종자마저 매번 강도에게 빼앗기니 이 때문에 농사짓는 이가 더욱 적습니다. 게다가 수령마저 그 고을을 버리고 산골에 서식하여 관청의 업무를 수행하지 아니하니 호령이 더욱 시행되지 않습니다. 병합된 고을은 모두 황폐하여 겨우 남아 있는 백성이나 관속들도 의지하여 생활할 길이 없어 날마다 길거리에 죽어 뒹구니 참혹하고 애통스럽기 그지없습니다."

이처럼 임진왜란은 적을 몰아내는 난제 외에도 군인들과 백성들의 식량문제를 슬기롭게 해결해야 하는 중대한 과제로 인해 사회혼란이 가중되었다.

아울러 김시민 장군의 진주대첩이나 권율 장군이 승리를 이끌었던 행주대첩 등에서는 나름대로 눈부신 성과를 이룩했지만, 많은 육상 전투에서 조선군은 일본군에 밀리고 있었다. 조선 건국 후 200여 년 동안 평화롭게 지내다 보니, 조선 군인들의 전투태세는 체계적이지 못했다.

돌이켜 생각해 보면 우리 민족이 어떤 운명과 공덕으로 무책임한 임금이 통치하던 선조 대에 이순신 장군을 키워낼 수 있었을까? 임금의 공덕이 아니라면 수많은 백성들의 크고 작은 공덕들이 모여 불세출의 영웅 이순신을 키워냈을 것이다.

전쟁에서 승리하려면 적절한 군비조달도 필수적이다. 이순신은 한성으로부터 충분한 군비를 지원받기 어려운 상황에서 일본의 침략을 예견하고 거북선과 판옥선을 건조하는 과업 외에도 안팎의 비판적인 시선을 극복하며, 필요한 군비를 시기적절하게 조달하였다.

중앙정부의 리더십이 제대로 발휘되지 못하는 상황하에서 그는 남해안 일대에서 고통 받던 백성들에게 한 줄기 등불 같은 존재였다. 전쟁이 발발하면 백성들은 목숨을 부지하기 위해 산속으로 숨거나 타 지역으로 떠나는 것이 세상의 이치인데, 남해안 일대의 백성들은 전쟁 중에도 이순신이 지휘하는 군영으로 모여들었다.

> 맑음. 아침에 대청으로 나가 공무를 보았다. 거제 현령, 무안 현감, 평산포 만호(김축), 회령포 만호(민정붕) 및 허정은도 왔다. 송한련이 와서 말하기를 "고기를 잡아 군량을 산다."고 했다.
> 『난중일기』 1595년 2월 19일

식량이 넉넉한 백성들은 이순신에게 쌀과 떡과 술 등을 바치며 혼신의 힘을 다해 도왔다. 자신보다 국가와 백성들을 위해 헌신하는 영웅에게 관심이 집중되는 현상은 대중들의 보편적인 정서라 할 수 있다. 이타주의자의 삶은 고통스러울 수 있지만, 시간이 흐를수록 그 위력은 점점 커지게 마련이다.

백성들이 이순신을 따르며 수군 진영으로 모여드는 현상이 지속되자, 선조는 위기감에 휩싸일 수밖에 없었다.

'백성들이 나보다 이순신을 따른다는 소문이 사실이라면 묵과할 수는 없는 일이야.'

승전보를 알리는 이순신의 장계를 받을 때마다 선조의 등에서는 식은땀이 흘러내렸다. 반면 이순신은 둔전을 경영하면서도 사사로운 이익을 철저히 경계했는데, 조선 수군을 이끌며 굶주린 백성들까지 보살피는 일은 결코 녹록지 않은 과제였다.

'설령 오해를 받는다 하더라도 굶주린 백성들을 외면할 수는 없어.'

『난중일기』에는 수군 장수들이 서로를 위로하기 위해 술을 마시면서 담소를 나누었던 이야기가 등장하지만, 여인을 동반한 연회는 부정적인 시선으로 바라보았다. 당시에도 미인을 동반한 연회는 많은 비용이 드는 이벤트였다. 백성들이 먹을 것이 없어서 굶어죽는 처지에 이순신은 군인들의 과도한 일탈이야말로 군의 사기 저하는 물론이고 군량미를 축내는 위태로운 행위로 간주했다.

1595년 5월 19일과 24일에 이순신의 진중에서는 소금을 굽기 위한 가마솥을 하나씩 제작하였다.

오늘날에는 소금 가격이 싼 편이다. 하지만 조선시대에는 소금 가격이 매우 비싼 편이었다. 그 근원적인 이유는 염전을 운영하거나 바닷물을 끓여 소금을 만드는 독점권을 소수에게 부여했기 때문이다. 조선 수군은 소금을 만들 수 있는 독점적 지위를 활용해 군량미와 전쟁비용을 조달하는 데 큰 도움을 받았다.

농업기술이 고도로 발달하지 못했던 당시의 상황에서 조선의 육군보다는 수군이 식량문제를 해결하는 데 유리했다. 육군은 둔전 경영을 통한 농작물 재배나 가축을 키우는 방식으로 군량미를 조달했지만, 수군은 고기잡이를 통해서도 풍부한 수산물을 공급할 수 있었다.

세계 4대문명의 발상지가 나일강, 황하강, 인더스강 등지에서 발전한 이유를 보더라도 물고기는 인간의 생존과 번영에 필요한 중요한 자원이었다.

1595년 11월 21일에 이종호는 물고기와 곡식을 물물교환하기 위해 청어 13,240두름을 받아갔다고 이순신은 『난중일기』에 기록하였다. 1596년 1월 6일에는 "오수가 청어 1,310두름을, 박춘양은 787두름을 바쳤는데, 하천수가 받아다가 말리기로 했다. 황득중은 202두름을 바쳤다."

이순신의 법치와 덕치

리더십이란 본질적으로 조직이 추구하는 소기의 목적을 덕치와 법치의 조화를 통해 달성하는 것이다. 그러나 크고 작은 나라들이 패권을 다투기 위해 무한전투가 벌어졌던 춘추전국시대에 공자의 덕치는 빛을 보지 못했다.

태평성대에는 덕치를 발휘하는 지도자가 사람들로부터 존경을 받지만, 적을 제압해야만 살아남을 수 있는 난세에는 덕치보다 법치의 엄격함이 빛을 발했다.

이순신은 법치로 다스릴 때와 덕치로 다스릴 때를 분별할 줄 아는 지도자였다. 그는 적을 죽여야만 아군을 지킬 수 있었던 전쟁터에서 법치의 엄격함으로 난제에 접근하면서도 인간적인 고뇌를 삭히며 자신의 본문에 최선을 다했다.

> 흐리나 비는 오지 않았다. 우수사(이억기)와 함께 아침밥을 먹고 진해루로 자리를 옮겨 공무를 본 뒤에 배에 올랐다. 출발하려 할 때쯤 발포의 도망간 수군을 처형했다. 순천의 이방에게는 급히 나아갈 일을 하지 않았기에 바로 회부하여 처형하려다가 그만두었다. 미조항에 도착하니 동풍이 크게 불어 파도가 산과 같이 일므로 간신히 도착하여 잤다. 『난중일기』 1593년 5월 7일

사람들은 이순신 장군이 부하 장졸들을 제법 많이 처형했다고 하면 놀라곤 한다. 한국인들의 뇌리 속에 이순신은 위기에 처한 나라를 구한 영웅으로 각인되어 있다.

1593년 2월 3일에도 죄 지은 자들을 처벌했는데, 『난중일기』에 상세하게 기록하였다.

"영남에서 옮겨온 귀화인 김호걸과 나장羅將 김수남 등이 명부에 오른 격군 80여 명이 도망갔다고 보고하면서도, 뇌물을 많이 받고 붙잡아 오지 않았다. 그런 까닭에 군관 이봉수, 정사립 등을 몰래 파견하여 70여 명을 찾아서 잡아다가 각 배에 나눠두고, 김호걸, 김수남 등을 그날로 처형했다."

법치의 효용성은 『한비자』에 잘 나타나 있다.[57] "법에 따라 형벌을 집행하자 군주가 이 때문에 눈물을 흘리는 것은 인자함을 드러내는 것이지 다스리는 것은 아니다. 눈물을 흘리며 형을 집행하지 못하는 것은 인仁이고, 형을 집행하지 않을 수 없는 것은 법法이다. 선왕이 법을 우선하고 눈물에 따르지 않은 것은 인만으로는 백성을 다스릴 수 없음이 분명하기 때문이다."

한비자는 군주의 관점에서 백성들을 효과적으로 다스리는 지혜를 전해 주고 있다. 그는 아랫사람을 신뢰하는 것은 중요하지만 지나치게 아랫사람을 신뢰하는 것은 윗사람의 신분을 위협하

> 잠깐 맑더니 바람이 불어 온화하지 못했다. … 탐후선이 들어왔다. 각 고을의 담당서리 11명을 처벌했다. 전년부터 옥과의 향소鄕所는 군사를 다스리는 일을 신중히 하지 않은 탓에 결원을 많이 내어 거의 백여 명에 이르렀는데도 매양 거짓으로 대답했다. 그래서 오늘 사형에 처하여 효시하였다. 거센 바람이 그치지 않고 마음이 괴롭고 어지러웠다.
> 『난중일기』 1593년 6월 8일

는 시한폭탄이 될 수 있음을 경고하였다.

직급에 따른 적절한 권한과 책임이 무너지면 상급자는 자신의 자리를 지켜내는 것이 어렵게 된다는 논리를 강조하였다. 아랫사람이 윗사람의 업무를 대행하는 조치의 위험성도 경고하고 있다.

지도자는 조직 구성원들과 업무를 처리함에 있어서 독단적으로 지시하는 것을 경계해야 하며, 아랫사람들이 자신의 견해를 허심탄회하게 이야기할 수 있도록 분위기를 조성해야 한다.

아울러 전문능력이 탁월해야 하지만 조직 구성원들과 토의할 경우에도 자신의 생각을 함부로 드러내는 우를 범해서는 안 된다. 지도자가 자신의 생각을 먼저 말해버리면 아랫사람들은 서로서로 눈치를 보게 되고 자신의 속마음을 쉽사리 털어놓기 어려워진다.

윗사람은 회의 도중에 마음속에서 분노가 치밀어 올라와도 제어할 수 있도록 평상시에 자신의 마음을 갈고 닦아야 한다. 결과의 옳고 그름을 떠나 지도자가 공개석상에서 조직 구성원들에게 자신의 감정을 속 시원하게 드러내거나 자신이 추구하는 바를 노골적으로 표출하면 아랫사람들은 상사의 눈치를 볼 수밖에 없고, 최상의 결과로 나아가기보다는 윗사람이 원하는 방향으로 중론을 도출하기 쉽다.

자신의 속마음을 쉽게 드러내지 않았던 대표적인 군주로는 세종대왕을 꼽을 수 있다. 그는 해결해야 하는 난제에 대해 신하들과 토론할 때에도 자신의 속마음을 함부로 드러내지 않았다. 설사 자신의 의중대로 대신들의 중론이 모아지지 않았을 때에도 자신의 의지를 관철하기 위해 무리수를 쓰기보다 시간적 여유를 가지고 생각해 보며 합리적인 의사결정을 이끌어냈다.

반면 선조의 처세술은 세종과는 사뭇 달랐다. 이순신 장군이 한성으로 압송되어 심한 고초를 겪게 되었을 때 선조는 대신들과 여러 차례에 걸쳐 이순신의 죄에 대해 논의했는데, 대신들은 선조가 기대하는 바대로 의견을 개진하는 진풍경이 펼쳐졌다.

임금은 1597년 3월 13일에 이순신의 죄는 자명하며, 어떤 형벌을 내려야 하는지에 대해 논의하라는 명을 내렸다.

"이렇게 허다한 죄상이 있고서는 법에 있어서 용서할 수 없는

> 비망기로 우부승지 김홍미에 전교하였다. "이순신이 조정을 기망한 것은 임금을 무시한 죄이고, 적을 놓아주어 치지 않은 것은 나라를 저버린 죄이며, 심지어 남의 공을 가로채 남을 무함하기까지 하며[장성한 원균의 아들을 가리켜 어린 아이가 모공하였다고 계문하였다.] 방자하지 않음이 없는 것은 기탄함이 없는 죄이다."
>
> 『선조실록』 1597년 3월 13일

것이니 율律을 상고하여 죽여야 마땅하다. 신하로서 임금을 속인 자는 반드시 죽이고 용서하지 않는 것이므로 지금 형벌을 끝까지 시행하여 실정을 캐어내려 하는데 어떻게 처리할 것인지 대신들에게 하문하라."

이렇게 되면 신하들은 임금의 눈치를 보지 않을 수 없다. 임금이 이순신을 엄하게 다스리려 하는데, 신하된 자로서 자신의 의견을 객관적으로 개진한다는 것은 절대왕권국가의 특성을 고려할 때 거의 불가능한 일이다.

또한 『한비자』의 통치술은 도교적인 가치를 배척하지 않는다. 공자께서 설파한 덕치도 도교적인 가치를 부정하지 않는다는 점에서 흥미로운 공통분모가 발견된다. 도道란 모름지기 순리를 중시한다. 한비자가 강조한 법치의 엄격함은 사람들을 다스리는 핵심적인 가치로서 덕치로 난제를 해결하는 것을 경계하였다.

전쟁 중의 지도력은 일상적인 삶 속에서 펼쳐지는 리더십과는 구별될 수밖에 없다. 전쟁이란 생사를 넘나들며, 적을 죽이지 못하면 낭패를 당하는 위기상황이기에 장수의 엄격한 법 집행이 허용된다. 하지만 일상적인 삶 속에서의 리더십은 법치보다 덕치를 우선시하는 것이 좋다. 즉 사람들에게 고통을 가중시키며 엄격한 법으로 문제를 해결하는 접근법은 차선책으로 선택해야만 부작용을 최소화할 수 있다.

인간은 본능적으로 자기중심적이며, 자신의 이익에 해가 되는 결과가 예상되면 국가나 회사에는 이익이 될지라도 적극적으로 동참하는 것을 꺼릴 수 있다. 그래서 조직 구성원들을 힘으로 억압하며 조직이 추구하는 목적을 달성하려는 경영자의 접근법은 부작용을 수반하게 된다.

임진왜란 때 부왕인 선조를 대신하여 전란 극복에 기여했던 광해군이 몰락한 원인에서도 덕치나 법치를 무시한 독단적 의사결정의 위험성을 확인할 수 있다. 그는 나름대로 실리외교를 추구하며 부강한 조선을 건설하려 했지만, 권좌에서 쫓겨난 불행한 군주로 기록되었다.

은혜와 의리를 중시하는 유교적 통치이념 하에 건국된 조선사회에서, 전란으로 폐허가 되어 버린 조선을 발전시켜야 한다는 명분을 거부할 백성들은 없었을 것이다. 그러나 광해군은 법치나 덕치나 아닌, 독단적인 방식으로 자신의 의중을 관철하려 했다.

실리외교를 토대로 몰락하고 있는 명나라와 신흥강국으로 부상하고 있는 청나라 사이에서 조선의 국익을 위해 혼신의 힘을 다했지만, 그를 보필하는 신하들의 충성을 온전히 이끌어내지는 못했다. 임진왜란 때 조선을 도와준 명나라에 대한 은혜를 저버려서는 안 된다는 유학자들의 고집스러운 명분과 논리를 넘어서지도 못했다.

결국 광해군은 인조반정을 주도한 쿠데타 세력에 의해 축출되었다. 왕대비가 내린 교서에 따르면, 광해군을 몰아낸 쿠데타의 명분은 임진왜란 때 조선을 도와준 명나라에 대한 의리를 지키지 않았고, 오랑캐 나라인 청나라와 은밀하게 내통한 배은망덕한 광해군의 통치방식을 지적하였다.

그는 집권 초반기에 불어닥친 각종 역모사건들을 주도면밀하게 엄벌하며 기강을 바로세울 수 있었지만, 집권 후반기로 접어들면서 측

근의 말을 지나치게 믿는 우를 범했고, 전란으로 불타버린 궁궐을 재
건했을 뿐만 아니라 궁궐을 신축하기 위해 백성들에게 매우 무거운
세금을 부과함으로써 민심이 이반하는 결과를 초래하였다.

조선의 대신들로부터는 유교적 명분을 저버린 의리 없는 군주로
인식되었고, 백성들로부터는 무거운 세금을 징수하는 못된 군주로
각인되고 말았다.

"권력이란 민심에서 나온다."는 평범한 진리를 외면한 광해군이 설
땅은 점점 좁아지고 있었다. 이즈음 궁궐에서는 김자점 등이 반란을
도모하고 있다는 소문이 나돌았다. 1622년 12월 23일에도 사간들이
역모소식을 전했지만 광해군은 반응을 보이지 않았다.

설상가상으로 그는 왕이 될 때 도움을 준 상궁 김개시를 전적으로
신뢰했는데, 김자점 등이 역모를 꾀한다는 상소문이 올라와도 상궁
김개시는 "김자점은 역모를 도모할 사람이 아닙니다."라고 광해군을
안심시켰다. 당시 김개시는 김자점으로부터 뇌물을 받고 주군의 은
혜를 저버렸다. 인조반정이 시작되자 광해군을 배반한 김개시는
1623년 3월 13일에 반정세력에 의해 처형당했다.

광해군은『한비자』에서 강조한 법치의 보편적 가치를 따르지 않았
다. 법치는 최고권력자를 보필하는 주변 인물들을 무조건 신뢰하게
되면 다양한 부작용이 수반될 수 있음을 경고하고 있다.

신하가 군주의 눈과 귀를 막지 못하도록 해야 하고, 군주의 동의
없이 신하가 마음대로 명령을 내리거나 백성들에게 선행을 베푸는
행위는 권력자의 기반을 약화시킬 수 있음을 강조하였다.

임금이 신하들의 권력 남용을 통제하지 못하면 권력기반이 무너질

수 있음을 의미한다. 한비자는 법치의 부작용을 경계하면서도 최고 권력자에 도전하는 신하들에 대해서는 엄격한 법치의 적용을 통해 임금의 권위를 공고히 해야 함을 강조하였다.

그는 패망하는 군주가 범하기 쉬운 예도 자세하게 기록하였는데, 오늘날의 경영자들이 눈여겨봄직한 지혜들이 담겨 있다. 작은 이익에 집착하면 큰 이익을 거두기 힘들고, 힘이 강한 자라 할지라도 이해관계자들에게 무례하게 행동하면 자신의 권력을 잃을 수 있음을 지적하고 있다.

권력자가 음악을 지나치게 탐닉하고 무희들의 치마폭에 사로잡혀 자신의 본분을 망각하면 자신의 목숨을 잃을 수도 있고 나라를 빼앗길 수도 있다. 또한 아랫사람들과의 관계에서도 예로서 대해야 하며, 충언하는 신하들의 고견에 귀를 기울이지 못하면 낭패를 당하기 쉽다.

또한 세상을 이끄는 영웅이 되려면 때를 기다릴 줄 알아야 하며 사람들의 마음을 얻어야 하고, 전문가로서의 탁월한 식견과 지혜를 겸비해야 한다. 법치로 성공한 영웅도 있고, 덕치로 성공한 영웅도 있다.

법치와 덕치의 통치술은 각자 나름대로의 장점과 단점을 지니고 있기에, 지도자는 법치나 덕치를 맹신하는 우를 범해서는 안 된다. 법치로 다스리는 것이 바람직한 상황일 때는 법치로 다스려야 하고, 덕치로 다스리는 것이 지혜로운 상황이라면 덕치로 다스려야 하는 선택의 문제일 뿐이다.

적을 죽여야만 아군이 살 수 있는 전쟁터에서 이순신은 덕치보다는 법치로 난제를 풀곤 했다. 그에게 덕치로 능력을 발휘할 수 있는 여건은 흔치 않았다. 하지만 이순신은 덕치로 해결할 수 있을 때는 법치를 경계했다. 특히 힘없는 백성들의 생사를 넘나드는 식량문제에 관해서는 엄격한 법치보다 백성들의 처지를 헤아리는 데 만전을 기했다.

타인을 배려하는 인간관계

조선시대는 신분제사회여서 미천한 신분으로 태어나면 출셋길이 제도적으로 봉쇄당했다. 결국 조선은 신분차별로 인해 우수한 인재들이 적재적소에서 능력을 발휘할 수 없는 모순을 낳았고, 노비들은 재능이 뛰어나더라도 극심한 차별을 견뎌야만 했다.

임진왜란 때는 식량문제와 군비조달 등이 여의치 못해 노비라 하더라도 적의 수급을 베거나 공물을 바치는 등 전란을 극복하는 데 도움을 준 자는 심사를 거쳐 면천해 주었다. 당시 노비 중에서는 큰 재물을 모아 부자가 된 사람들도 있었다.

1593년 6월 9일에 비변사는 임금에게 노비의 면천에 관한 동향을 보고하였다.

"지금 이 변고는 천지가 생긴 이래 없었던 일입니다. 공·사천을 막론하고, 적의 수급을 참획하였거나 사목事目에 의하여 곡식을 상납한 자의 경우에 면천을 허락해 주는 것이 진실로 안 될 것은 없습니다. 그러나 그 사이에 혹 화살이나 총통 같은 잡물을 약간 공납하였다 하여 각처에서 일을 담당하고 있는 관원이 각기 자기 마음대로 면첩免帖을 만들어 준 경우가 있었는데, 이러한 일들은 시행할 수 없습니다."

이순신 장군도 공이 있는 노비들을 면천하는 데 주저하지 않았다. 조선시대에 인권을 보호받지

> 비변사가 아뢰기를, "사노私奴 순이 · 장량 등이 중국 파발아擺撥兒를 수행하여 순안의 수냉천에 도착하였을 때, 그 중 하나는 왜인의 머리를 참하였고, 하나는 왜인의 말을 빼앗아 광녕으로 보내었습니다. … 이는 예전에는 없던 일입니다. 순이와 장량을 모두 면천하소서." 하니, 상이 따랐다.
> 『선조실록』 1592년 7월 18일

못했던 노비들에게 면천은 신세계로 나아가는 나침반이었다. 현대경영에서도 약자를 배려하는 인간관계는 성공을 꿈꾸는 사람들이 갖추어야 할 기본덕목으로 인식되고 있다.

지도자가 되려면 세상의 변화를 능동적으로 분석하여 합리적인 대안을 모색하고, 위기를 슬기롭게 극복할 수 있는 능력을 키워나가야 하며, 인간관계에서도 타인을 배려하는 데 익숙해져야 한다.

성공적인 인간관계는 '기브 앤 테이크'give and take에서 출발한다. 우호적인 관계는 주고받으면서 형성되는데, 어리석은 사람은 '테이크 앤 기브'take and give를 선호한다. 그들은 "주어야만 받을 수 있다."는 평범한 진리를 실천하지 못한다. 그뿐만 아니라 주는 것에 인색하고 손해 보는 것을 싫어하며, 받은 만큼만 주려 한다. 때로는 받은 만큼도 주지 않으려는 태도를 취할 뿐만 아니라 주는 것도 없이 받으려 한다.

신분상승에 목말라 있던 조선의 노비들은 전란 종식을 위해 혼신의 힘을 다했고, 임금은 그들의 노고에 화답했다. 또한 노비들은 신

분이 천해 자신의 속마음을 밖으로 표출하기 어려웠지만, 삶의 고통
이 극에 달하면 죽기를 각오하고 자신이 섬기고 있는 주인에게 고통
을 가하는 사건을 일으키곤 했다. 이순신은 1595년 9월 25일에 녹도
의 하인이 불을 질러 건물이 불에 타고 장전과 편전 2백여 개가 타버
린 상황을 한탄했다.

한편 원균을 비호했던 선조는 유성룡에 대해서는 각별한 애정을
표시했다. 그가 1567년에 즉위하여 1608년까지 왕의 자리를 보존할
수 있었던 이유를 가늠해 볼 수 있는 이야기가 『선조실록』에 기록되
어 있다.

영의정 유성룡은 1594년 8월 21일에 선조에게 아뢰었다.

"오늘 경상도에서 항복한 왜인을 거느리고 온 김응서의 군관이 신
의 어미가 있는 곳에서 와서 신의 어미가 병을 얻었다고 말하였습니
다. 이러한 때에 쉽게 물러갈 수
는 없으나 며칠 안으로 더욱 위
중하다는 말을 들으면 부득이 내
려가야 하겠기에 소회를 진달하
고자 할 뿐입니다."

선조는 풍기에 머물고 있는 유
성룡의 어머니 병환을 치료해 주
기 위해 내의에게 말을 내주며
내려 보내도록 명하였다. 이처럼
그는 자신이 특별히 아끼는 신하
에 대해서는 각별한 애정을 표함

영의정 유성룡이 청대하자, 상이 서청
西廳에서 인견했다. ⋯ 성룡이 아뢰기
를, "신의 어미는 안동에 있지 않습니
다. 신의 형이 풍기 군수이므로 풍기에
있습니다. 대략 병환은 학질[疳]이지만
어미의 나이가 83세나 되었으므로 이
것이 걱정이 됩니다." 하니, 상이 이르
기를, "학질은 유행병이다. 외지에는
의원이 없으니 내가 내의를 보내서 구
료케 하겠다." 하고, 승전색承傳色에게
이르기를, "영상의 어머니가 병을 얻었
다 하니 내의에게 말을 주어 내려보내
도록 하라." 하였다.

『선조실록』 1594년 8월 21일

으로써 충성을 이끌어내는 리더십을 발휘했다.

사람들은 신분여하를 막론하고 자신을 인정해 주고 배려해 주는 사람에게 충성하기 마련이다. 하지만 높은 자리에 있는 사람이 아랫사람들에게 잘해 준다고 해서 모든 사람들이 상관에게 충성하는 것은 아니다.

'성선설'이나 '성악설'을 논하지 않더라도 인간은 선천적인 유전인자와 후천적인 경험에 의해 인성과 가치관이 결정되지만, 주고받는 인간관계의 보편적인 원칙을 무시하는 사람들은 늘 있기 마련이다. 그래서 상사가 아무리 잘해 주더라도 배반하거나 해를 끼치는 자들을 경계해야 한다. 인재를 선발할 때 실력 못지않게 인성과 인품을 검증해야 하는 이유이기도 하다.

『난중일기』에는 이순신 장군께서 불쌍한 피난민들을 보살핀 이야기들도 기록되어 있다. 1592년 6월 2일에 발발한 당포해전에서는 노획한 곡식과 포목을 백성들에게 나누어주고, 수군 진영에 삶을 의탁하러 온 고달픈 백성들을 장생포 등지로 인도하여 살아갈 수 있도록 도움을 주었다.

전쟁 중에는 수군 병사들이 포로가 된 백성들을 구해낼 수 있도록 혼신의 힘을 다했다. 이순신은 포로가 된 백성을 구출하는 것을 왜적의 수급을 베는 것 못지않은 공로로 인정해 주었다.

배를 버리고 도망가는 적을 추격할 때도 항상 산속에서 생활하는 백성들의 피해를 고려해 가며 작전을 전개하였다. 경우에 따라서는 백성들의 안전을 위해 적선들을 모두 불태우지 않고 몇 척을 남겨둠으로써 퇴각하는 적들이 조선의 백성들에게 해를 끼치지 않도록 주

의를 기울였다.[58]

장군은 나라에 충성하고 군율을 분명히 하면서도 병졸들뿐만 아니라 불쌍한 피난민들의 처지까지 배려하였으니, 모든 이들이 이순신을 따랐다. 그가 충성을 맹세한 나라는 불쌍한 백성들의 나라였다.

그는 조선을 돕기 위해 명나라에서 파견된 장수들과의 교제에서도 빈틈이 없었다. 전란 초기에 이순신의 건강은 나쁜 편이 아니었으나 전쟁이 거듭되면서, 그의 건강은 점점 나빠졌다. 하지만 조선의 장수로서 국익에 도움이 되는 일이라면 자신의 건강보다 국익을 우선시했다. 1596년 9월 20일에는 바쁜 일상 속에서도 명나라 사람 두 명이 대화를 청하자 술을 취하도록 마시면서 교제에 만전을 기했다.

전란 중에 장군은 가족과 일가친척을 보살피는 일에도 심혈을 기울였다. 특히 아산에 계신 어머니의 안위를 걱정하며 수시로 고향에 머물고 있는 가족을 챙겼다. 그는 전라좌수사로 재직할 때에 이미 큰형과 둘째 형이 세상을 떠난 후여서 조카들을 보살피는 데도 소홀함이 없었다. 그의 가족애는 유별나다고 할 만큼 특별했다.

임진왜란 때와는 달리 오늘날에는 인권과 평등을 중시할 뿐만 아니라 경제적으로도 풍요롭기에, 경제적인 보상만으로 조직 구성원들을 감동시키는 데는 한계가 있다.

이제 사람들은 경제적인 보상이 아니더라도 약자를 도와주거나 환경보호나 인류애의 실천 등 사회발전에 동참하는 일을 하면서 보람을 느끼려 한다. 이러한 일에 동참하는 사람들은 문화창조자로서의 사명에 혼신의 힘을 다한다.

　문화창조자는 경제적인 이익을 무시하지 않지만, 이웃들과 함께 멋진 세상을 창조하며 더불어 행복한 세상을 건설하는 데 관심을 집중한다. 현재 전기차와 수소차 등의 친환경자동차는 내연기관 자동차에 비해 경제성이 좋다고 말하기 어렵지만, 해가 거듭될수록 판매량이 증가하고 있다.

　그들은 전통문화를 지키려는 전통주의자나 현대적 가치와 개인주의적인 성향을 띄고 있는 현대주의자보다 사회 참여에 적극적으로 대응하며 영향력을 확산시키고 있다.

　또한 법륜스님이 강조하고 있는 행복한 삶도 '나' 중심의 이기적인 삶에서 벗어나 '타인'을 배려하며 상생하는 삶으로 나아가는 데 도움이 될 수 있다. 그는 인간을 네 가지 유형, 즉 물드는 인간, 악한 자를 멀리하는 인간, 물들지 않는 인간, 물들이는 인간 등으로 구분하고 있다.

첫째, 물드는 인간은 주체적인 인생을 살지 못하고 타인의 행위에 쉽게 동화되는 자를 의미한다. 본질적으로 사람들은 좋은 행위보다 나쁜 행위에 빠져들기 쉽다.

둘째, 악한 자를 멀리하는 인간은 나쁜 사람과 가깝게 지내면 자신도 모르게 물들 수 있기에 악한 사람들과는 단절된 삶을 추구한다.

셋째, 물들지 않는 인간은 악한 사람들과 함께 있어도 영향을 받지 않는 사람들이다. 이들은 주체적인 인생을 설계하고 실천하며 타인을 감동시키는 삶은 아닐지라도 스스로 타의 모범이 되는 삶을 추구한다.

넷째, 물들이는 인간은 주변 사람들을 감동시켜 자신이 추구하는 멋진 인생을 전파하며 사회 발전을 이끄는 사람들이다. 이들은 타인 때문에 괴로워하지 않고 스스로 행복한 길을 걸어가며, 여건이 되는 대로 타인의 고통을 어루만지는 삶을 실천한다.

궁극적으로 행복한 인생을 살아가려면 인간관계에 최선을 다하면서도 결과에 연연하지 말아야 한다. 결과에 집착하는 인생은 불행한 삶으로 나아가는 시한폭탄이 될 수 있다.

타인을 지나치게 의식하는 사람도 행복의 실크로드에 다다르기 어렵다. 다른 사람이 나를 좋아하거나 싫어하는 것은 그들의 자유다. 남을 지나치게 의식하는 습관에서 벗어나지 못하면 타인을 만날 때마다 긴장이 되고, 행복한 삶과는 동떨어진 인생이 전개될 수 있다.

세상이 내 뜻대로 되어야 한다고 고집을 부리는 삶도 경계해야 한

다. 내 뜻대로 이루어진다고 좋다고만 할 수도 없다. 내 뜻대로 안
되는 것이 꼭 나쁘다고 할 수도 없다. 안되어 잘될 수 있고, 잘되어
나빠질 수 있다.

습관을 바꾸려면 반드시 저항이 따른다. 바꾸는 것이 불가능한 상
태에서 무리하게 바꾸려 하면 바꾸지도 못하면서 고통만 가중된다.
인생을 너무 팍팍하게 살 필요는 없다. 무책임해도 안 되지만 모든
책임을 다 짊어지려는 생각은 지혜롭지 못하다.

괴로움도 마음의 습관이다. 집착이 강하면 배우자나 자식과도 원
수가 될 수 있다. 인연은 소중하다. 타인의 단점에 집착하면 불행해
진다. 인간은 불완전하여 장점과 함께 단점도 지니고 있다. 무엇보다
도 타인의 단점보다 장점을 볼 수 있는 여유로운 삶의 자세를 지녀야
한다.

상대방의 행위가 마음에 들지 않아도 웃어넘길 수 있는 삶의 여유
도 필요하다. 고통의 원인을 타인에게서 찾으면 열등해지고 불행해
진다. 능력이 안 되는데 욕심을 부려도 불행해진다. 타인과 비교하며
고통받지 말고 나 자신의 삶에 집중하다 보면 점차로 사람들을 도울
수 있는 힘과 용기가 자라난다.

Korean Leadership

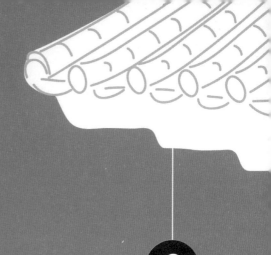

6

리더십의
피그말리온 효과

임진왜란 때 일본군은 훈련된 정예병이었고, 조선군은 농사지으면서 훈련 받던 병농일치제의 군인이었다. 당시 조선은 지속된 평화로 말미암아 군인들의 전쟁 경험이 거의 없었고 전쟁준비도 미흡했으며, 전란이 발발하자 체계적으로 대응하지 못하는 한계를 드러냈다.

　　하지만 조선 수군의 전투, 김시민의 진주대첩, 권율의 행주대첩 등에서는 일본군을 상대로 대승을 거두었다. 조선 장수들의 비범한 전략과 적군을 압도하는 거북선과 비격진천뢰, 판옥선의 화포 공격에 왜군들은 적절하게 대응하지 못했다.

　　이순신은 기록경영의 중요성을 몸소 실천한 인물로서 『난중일기』를 남겼으며, 실용주의에 입각한 원칙 중심의 리더십을 발휘했다. 실용주의란 행위가 발생하는 현장에서의 결과를 중시한다. 명청 교체기에 즉위한 광해군이 실용주의 노선을 표방할 수 있었던 자신감은 임진왜란을 진두지휘하며 터득한 실용주의의 유용성 때문이었다.

　　전쟁이란 실용주의로 난제를 해결해야만 하는 절박한 필요성이 작동한다. 그러나 조선의 권력자들은 전란이 수습되자 신분질서를 활용해 아랫사람들을 착취하며 부귀영화를 누리려는 유혹을 떨쳐내지 못했다.

　　전란 중에 이순신이 추구했던 핵심 가치는 적을 섬멸하여 전쟁을 끝내는 것이었다. 그는 상부의 지시가 적에게 이용당하는 자충수가 될 수 있다면, 모함을 받거나 모욕을 당하더라도 나라를 지켜내기 위한 가시밭길을 묵묵히 걸어갔다.

신기술로 난제를 해결하라

일본은 전국시대를 거치면서 진화된 무기와 병법, 그리고 전투경험을 토대로 임진왜란을 일으켰다. 반면에 건국 후 평화롭게 지내온 조선사회의 안이함은 일본군의 기세를 막기에는 역부족이었다.

조선의 군인들은 실제로 전쟁에 참여해 본 경험이 거의 없어서 전쟁이 발발하자 체계적으로 대응하지 못했다. 하지만 이순신이 이끈 조선 수군은 달랐다. 장군의 비범한 리더십과 거북선, 그리고 화포 공격은 일본군을 압도할 수 있는 게임체인저였다.

현대경영에서도 시장을 선도하는 기업들은 게임체인저의 역할을 수행하고 있다.

> 순신이, "우리가 거짓 퇴각하면 왜적들이 반드시 배를 타고 우리를 추격할 것이니 그들을 바다 가운데로 유인하여 큰 군함으로 합동하여 공격하면 승전하지 못할 리가 없다." 하고서, 배를 돌렸다. 1리를 가기도 전에 왜적들이 과연 배를 타고서 추격해 왔다. 아군은 거북선으로 돌진하여 먼저 크고 작은 총통들을 쏘아대어 왜적의 배를 모조리 불살라버리니, 나머지 왜적들은 멀리서 바라보고 발을 구르며 울부짖었다. 한창 전투할 적에 철환이 순신의 왼쪽 어깨를 명중하였다.
>
> 『선조실록』 1592년 6월 21일

"그들은 경쟁자보다 한발 앞서 더 크고 남다른 아이디어를 창출한다. 그들은 가격이 조금 저렴하고 품질이 조금 우수한 제품이나 서비스로는 지속해서 경쟁에서 승리할 수 없다고 생각한다."[59]

게임체인저가 될 수 있는 비밀병기를 확보하면 적을 제압하는 것은 어렵지 않다. 적이 예상하지 못한 비대칭무기를 확보한 장수는 수적인 열세에도 불구하고 적을 압도하며 경쟁자를 물리칠 수 있다. 오늘날 한반도는 강대국들로 둘러싸여 있다. 우리나라가 세계시장에서 앞서나가려면 경쟁자들을 압도할 수 있는 첨단무기들을 확보해야 한다.

당시 이순신은 거북선을 투입하여 순식간에 적의 기세를 꺾으며 적군을 초토화시키는 리더십을 발휘했다. 그뿐만 아니라 자유자재로 화포 공격이 가능했던 판옥선도 이순신의 불패신화를 이끈 일등공신이었고, 조선 수군의 탁월한 첩보 능력과 비대칭무기들은 적을 압도하며 임진왜란을 승리로 이끌었다.

지상전에서는 적을 제압하는 데 탁월한 능력을 발휘했던 비격진천뢰도 터질 때 나는 무시무시한 소리와 함께 사방으로 퍼지는 파편으로 말미암아 적들이 느끼는 공포감은 상상 그 이상이었다.

> 박진이 경주를 수복하였다. 박진이 앞서 패하였다가 다시 군사를 모집하여 안강현에 주둔하다가 밤에 몰래 군사를 다시 진격시켜 성 밖에서 비격진천뢰를 성 안으로 발사하여 진 안에 떨어뜨렸다. 적이 그 제도를 몰랐으므로 다투어 구경하면서 서로 밀고 당기며 만져보는 중에 조금 있다가 포가 그 속에서 터지니 소리가 천지를 진동하고 쇳조각이 별처럼 부서져 나갔다.
>
> 『선조실록』 1592년 9월 1일

비격진천뢰의 뛰어난 성능은 『선조실록』 1592년 9월 1일자에 상세하게 기록되어 있다.

"비격진천뢰는 그 제도가 옛날에는 없었는데, 화포장 이장손이 처음으로 만들었다. 진천뢰를 대완포구로 발사하면 500~600보를 날아가 떨어지는데, 얼마 있다가 화약이 안에서 폭발하므로 진을 함락시키는 데는 가장 좋은 무기였으나 그 뒤에는 활용하는 사람이 없었다."

일본군이 공포의 대상으로 여겼던 비격진천뢰를 지속적인 성능 개량을 통해 조선의 대표적인 첨단무기로 발전시키지 못한 것은 아쉽기만 하다.

전란이 끝나면 잘한 것은 계승·발전시키고, 개선해야 할 사안들은 선별하여 대응책을 마련하는 것이 순리인데, 조선의 권력자들은 임진왜란이 끝난 후에도 제대로 반성하지 않았다. 전란 중에 제기되었던 조선군의 문제점들도 체계적으로 개선하지 못했다.

임진왜란과 병자호란을 겪은 후에도 조선사회는 성리학적 교리에 갇혀 전쟁보다는 평화를 우선시했으며, 무인보다 문인을 우대하는 풍토를 개선하지 않았다. 지나치게 양반을 우대하는 사회 풍조도 조선사회의 개혁을 가로막는 장애물이 되었다.

조선 중기 이후 실학자들은 나름대로 부강한 나라를 건설하기 위한 멋진 아이디어와 지식 탐구에 몰두했지만, 조선의 지도자들은 변화보다 사대주의를 선호했다. 그들은 명나라가 멸망하자 청나라에 의지했으며 국제정세의 변화에 둔감했고, 서양의 열강들과 일본의 부상을 예견하지 못하는 우를 범하고 말았다. 그 결과 우리 민족은 20세기 초반에 일본에게 나라를 빼앗기는 수모를 겪어야만 했다.

한편 신흥 대국인 미국의 군사력을 오판한 일본은 하와이 진주만을 공격했는데, 미국은 일본의 히로시마 등에 원자폭탄을 투하하였고, 일본 왕은 1945년 8월 15일에 무조건 항복을 선언했다.

대한민국은 일본에 빼앗긴 나라를 되찾았지만, 불행히도 70년이 넘도록 남과 북으로 갈라진 채 살아가고 있다. 우리는 통일국가를 이룩해야 하며, 세계적인 강대국으로 도약해야 한다. 우리나라는 단기적으로는 중국이나 미국처럼 큰 영토를 가질 수는 없을 것이다. 그럼에도 불구하고 세계인들을 선도할 수 있는 신기술과 한류문화를 결합하여 초일류국가로 도약해야 한다.

삼라만상은 변하기 마련이다. 바다에서 파도치는 것이 일상적인 것처럼 세상살이도 늘 요동치기 마련이다. 대한민국은 아직까지 일본과 같은 장기불황을 경험하지 않았다. 우리의 경제구조가 일본과 여러 면에서 닮아있기에, 장기불황을 맞이할 수밖에 없다고 주장하는 전문가가 있는가 하면, 경제위기를 대응하는 리더십이 효율적으로 작동하면 일본이 겪었던 장기불황의 위기를 사전에 예방할 수 있다는 주장도 나름대로의 설득력을 지니고 있다.

분명한 사실은 낙관적인 전망이 현실화되더라도 급격한 인구 감소와 고령화 사회의 진입에 따라 한국 경제의 탄력성은 떨어질 수밖에 없다. 우리나라의 부동산도 과거와 같은 상승률을 장기적으로는 기대하기 어렵다. 무엇보다도 급격한 출산율 감소는 주택을 구입할 수 있는 수요층의 감소를 불러올 것이고, 건설업자들은 꾸준히 주택을 공급하게 되면서 주택 수요보다 공급이 초과되는 현상을 효과적으로 제어하기는 쉽지 않을 것이다.

한국사회는 과학기술의 급격한 발전으로 인해 야기되는 사회변화에도 능동적으로 대응해야 하는 과제를 안고 있다. 유엔에서는 2045

년이 되면 대부분의 영역에서 인공지능이 인간의 두뇌를 능가하게
될 것이라는 충격적인 보고서를 발표했다.

"인공지능을 비롯한 기술의 발달은 인간의 삶을 더 편리하고 풍요
롭게 만드는 방향으로 진행되지만, 그렇다고 미래의 인간이 행복할
지 묻는다면 꼭 그렇다고 답할 수는 없다."60)

『유엔미래보고서 2045』는 사회변화의 대전환점이 될 시점으로
2045년을 제시하며, 사회변화를 이끄는 10가지 키워드를 제시하였다.

첫째, Human 4.0(인간 4.0)이다. 인간의 능력은 지속적으로 확장되
어 수명이 연장되고, 유전자와 줄기세포를 활용한 치료법이 고도로
발전할 것이며, 3D 바이오 프린트를 활용해 인간의 장기를 교체할
수 있을 것이라는 진단을 내렸다.

둘째, Disrupted Nation States(국가 해체)이다. 현재의 국가체제는
응집력이 약화될 것이며, EU(유럽연합)와 유사한 아시아연맹, 아랍연
맹 등과 같은 국가 간 연합체들이 확산될 것이다. 또한 기후변화연맹
과 연예인연합 등 국제적인 단체들의 영향력이 확산될 것이다.

셋째, Internet Giants(인터넷 대기업)이다. 전통적인 제조업들의 글로
벌 영향력은 축소될 것이며, 가상현실 사업과 결합된 거대한 인터넷
기업들의 시장 지배력은 커질 것이다.

넷째, Digital Currencies(디지털 통화)이다. 지금도 가상화폐 논쟁이
뜨거운데 가상화폐 시장은 커질 것이며, 큰 틀에서는 전 세계의 시민
들이 단일화된 디지털 통화를 사용하는 방향으로 금융서비스가 진화
할 것이다.

다섯째, Brain Upload(브레인 업로드)이다. 2025년부터 인간 뇌의 지

식과 정보를 가상공간에 저장하는 사업이 활성화될 것이다. 향후 뛰어난 인간의 지식과 경험 등을 가상공간에서 판매하게 됨으로써 윤리논쟁이 벌어질 것이다.

여섯째, Immersive Life(몰입 인생)이다. 증강현실 기술이 인간이 꿈꾸는 삶의 부족한 부분을 채워줄 것이다. 향후 가상현실세계와 실제세계를 혼동하는 사람들로 인해 다양한 부작용이 수반될 수 있다.

일곱째, AI Robotics(인공지능 로봇)이다. 인공지능은 인간의 일상을 관찰하고 기록하며 대안을 제시할 것이다. 인공지능 로봇은 그동안 인간들이 해 오던 다양한 업무, 즉 호텔 서비스, 병원에서의 수술, 치안업무 등을 담당하게 된다.

여덟째, Internet of Things(사물인터넷)이다. 사물에 센서, 인공지능, 관련 칩 등이 결합되면 이들은 서로 소통하기도 하고 제어할 수도 있다. 향후 인간사회의 다양한 영역에서 사물인터넷은 풍요로운 삶을 지원하지만, 다른 한편으로 사람들의 개인정보를 감시하는 수단으로 악용될 수 있다.

아홉째, Synthetic Biology(합성생물학)이다. "특정 목적을 위해 생명체를 인공 합성하는 학문인 '합성생물학'은 생물학, 분자생물학 등 생명과학과 전기전자, 컴퓨터 등의 기술과학이 결합해 탄생한 새로운 과학 분야다." 향후 인간은 신의 영역에 도전하며 기존에 존재하지 않던 다양한 생명체를 만들어낼 것이다.

열째, Disrupted Family(가족 해체)이다. "1인 가구가 대부분이며 결혼제도가 붕괴하고 수시로 파트너를 맞아 공동생활을 하다가 일을 찾아 이동한다. 사랑과 죽음에 대한 생각 역시 확연히 변한다. 사랑은 영원하지 않고, 인터넷 가상현실 속에서 지구 끝의 존재와 사랑을 나누는 등 그 방식도 변할 것이다."

한편 이스라엘의 유발 하라리 교수는 21세기를 지배하는 핵심적인 가치로 '자유주의'를 강조한다. 그동안 자유주의는 제국주의와 파시즘뿐만 아니라 공산주의와의 경쟁에서도 승리했다. 고도로 발달된 과학문명 덕에 현대인들은 풍요로운 삶을 누리고 있으며, 인공지능이 다방면에서 인간의 두뇌를 능가하게 되면서 현대인들은 20세기와는 비교할 수 없을 만큼 큰 변화를 맞이하고 있다. 인공지능의 부작용을 우려하는 목소리에도 불구하고 현대인들은 인공지능을 활용하여 보다 풍요로운 사회로 나아가길 갈망한다.

"AI혁명은 컴퓨터의 처리 속도가 빨라지고 똑똑해지는 것에 국한되지 않는다는 사실을 아는 게 대단히 중요하다. 여기에는 생명과학과 사회과학 분야의 획기적인 발전들도 가세한다. 인간의 감정과 욕망, 선택을 뒷받침하는 생화학적 메커니즘에 대한 우리의 이해도가 높아질수록 컴퓨터가 인간 행동을 분석하고 의사결정을 예측하는 능력도 개선되면서 사람 운전사와 은행원, 변호사까지 대체할 수 있게 한다."[61]

산업혁명 이후 선진사회의 시민들은 인간의 수요를 뛰어넘는 제품의 공급으로 인해 품질 좋은 상품을 저렴한 가격에 구입하게 되었다. 이제 기업들은 소비자의 욕구에 대응하는 상품을 출시해야만 살아남을 수 있다. 게다가 소비자보호운동이 강화되면서 기업들은 소비자의 잠재적 욕구 파악에 사활을 걸어야 할 만큼 시민들의 자유로운 소비 욕구는 시장경제를 주도하고 있다.

그런데 빅데이터가 부상하면서 소비자 제일주의에 빨간불이 커지게 되었다. 이제 빅데이터는 사업가들에게 소비자의 자유로운 욕구보다 한발 앞서서 히트상품의 방향성을 제시하고 있다. 지금까지는 소비자의 경험들을 통계적으로 처리하여 시장성이 좋은 잠재 소비자들을 대상으로 상품을 출시하는 전략이 주효했다.

하지만 다가올 미래에는 이러한 전략보다 한발 앞서서 인공지능이 탑재된 컴퓨터가 인간 욕구의 방향성을 먼저 분석할 수 있는 시대가 될 것이다. 즉 인간의 소비 욕구를 상품 구매 이전에 선제적으로 분석하는 것이 가능해졌고, 인공지능이 인간의 감정을 인간 자신보다 더 정확하게 파악할 수 있는 시대가 도래하고 있다.

이렇게 되면 자유주의 시장경제를 주도했던 인간의 자유로운 의사결정권의 영향력은 쇠퇴하고, 빅데이터의 흐름을 능동적이며 선제적으로 파악할 수 있는 인공지능이 현대사회를 이끄는 중심적인 세력으로 부상할 수밖에 없다.

세상의 변화는 포노 사피엔스Phono sapiens의 관점에서도 논리적 타당성을 지닌다. 스마트폰은 핸드폰의 개념을 바꿔놓았고, 데스크톱 컴퓨터나 노트북으로 처리하던 일들을 자유롭게 이동하며 처리할 수 있다. 사람들은 스마트폰으로 여행정보를 검색하다 해외여행상품을 손쉽게 구매할 수도 있고, 무료한 전철 안에서 게임을 즐길 수도 있다.

이처럼 스마트폰의 놀라운 혁신을 즐기는 사람들을 '포노 사피엔스'라고 한다. 이들은 스마트폰이 없는 삶을 상상할 수 없다. 포노 사피엔스의 확산은 산업 생태계에 거대한 변화를 몰고왔다. 제조업을 기반으로 하는 전통적인 기업들은 성장의 한계에 봉착한 반면 아마

존, 구글, 네이버, 카카오와 같
은 인터넷 기업들은 고속 성장
을 질주하고 있다.[62]

스마트폰은 핸드폰 본래의 기
능인 통화보다 무선 인터넷을
활용하여 정보를 처리하고 대응
하며 창조하는 데 더 많은 역할
을 수행하고 있다. 스마트폰의
진화는 무한질주에 돌입했고 카
메라 회사들을 위협하고 있으며, 시민들이 열망하는 문화 콘텐츠를
실시간으로 송출하고 있다. 스마트폰의 창조적 혁신은 진화하고 있
으며, 향후에도 이러한 변화는 오랫동안 지속될 것이다.

은행에 돈을 예금하기 위해 방문해 보면 재미있는 현상들을 목격
할 수 있다. 전통적으로 은행에 돈을 맡기면 예금통장을 주었다. 그
런데 은행들은 우대금리 혜택을 내세우며 통장을 만드는 대신 고객
의 스마트폰에 은행 앱을 설치하기 위해 애를 쓰고 있다. 이제 미용
실에서 머리를 손질한 후 현금이나 신용카드로 결제하지 않고, 스마
트폰을 활용하여 즉석에서 비용을 지불하는 풍경은 낯설지 않다.

향후 가상현실과 인공지능 기술의 무한변신으로 말미암아 스마트
폰은 응용범위가 상상을 초월할 만큼 급성장할 것이다. 아직까지 스
마트폰은 인터넷 비즈니스의 보조수단으로 활용되고 있지만, 머지않
은 미래에 인터넷 비즈니스의 중심에 서게 될 것이다.

최재봉 교수는 포노 사피엔스 문명의 가장 큰 특징으로 사회적인

권력의 중심세력이 소비자에게 완전히 이동했다고 분석했다. 그래서 포노 사피엔스의 욕망에 능동적으로 대응하는 기업만이 살아남을 수 있음을 강조하였다.

흥미롭게도 인공지능이 인간을 통제할 수 있는 힘이 강해지지만, 한편으로는 사람의 심리와 문화적 욕구에 능동적으로 대응하는 상품만이 살아남을 수 있음을 지적한다. 첨단기술이 추구하는 핵심적인 가치가 인간의 욕구를 파악하는 데 집중된다는 것이다.

궁극적으로 21세기는 이전 세기에서 경험할 수 없었던 길로 나아가고 있다. 인공지능, 사물인터넷, 가상현실 등의 첨단기술이 인간사회를 완전히 바꾸어놓을 것처럼 예상하면서도, 첨단기술과는 무관해 보이는 인문학도 크게 주목받고 있다. 우리나라를 대표하는 다국적 기업들도 앞다투어 인문학 교육에 큰 관심을 보이고 있다.

우리는 이러한 현상을 어떻게 해석해야 할까?

첨단기술을 신봉하는 과학자들은 첨단기술이 인간을 압도하는 사회를 꿈꿀지도 모른다. 하지만 첨단기술은 인간의 내면세계에 숨어 있던 잠재적 욕구를 능동적으로 파악하여 인간의 행복한 삶을 증진해야만 신기술로서의 가치를 인정받아 살아남을 수 있다.

또한 21세기에도 여전히 자본주의의 위력은 지속될 것이다. 다양한 첨단기술들을 활용하여 삶의 질을 높이려면 시대변화에 따라 돈버는 기술을 연마해야 한다. 인간의 삶을 풍요롭게 해 주는 첨단기술들은 우리가 상상하기 어려울 정도로 빠르게 변하고 있지만, 부를 축적해야만 풍요로운 삶을 전개할 수 있는 자본주의의 속성은 쉽게 변하지 않을 것이다.

기록하는 습관이 경쟁력이다

이순신은 기록경영의 중요성을 몸소 실천한 인물로서 자신이 잘한 일뿐만 아니라 아쉬웠던 사건들도 기록하였다. 『난중일기』는 임진왜란 발발 이전인 1592년 1월 1일부터 장군께서 순국하기 이틀 전인 1598년 11월 17일까지 약 7년 동안 시계열적으로 상세하게 기록되었다. 그는 건강상태가 극도로 악화된 때와 투옥된 시기, 그리고 전쟁이 긴박하여 일기를 쓰기 어려운 날에는 기록을 남기지 못했다.

위기상황에 처해버린 조선을 구해야 한다는 신념으로 혼신의 힘을 다한 이순신은 하늘을 감동시켰고, 장졸들과 백성들의 마음을 사로잡을 수 있었다. 자신의 부귀영화를 경계하며 오로지 국난극복을 위해 헌신한 그의 인생관은, 이타주의가 지향하는 가치를 오롯이 일깨워주고 있다.

오늘날에도 기록의 중요성은 재론의 여지가 없다. 기억력이란 시간이 지남에 따라 떨어지므로 중요한 사건이나 전달하고픈 주요 정보를 메모하거나 문서로 기록하는 습관은 복잡한 난제들을 헤쳐나가는 데 큰 도움이 된다.

"『난중일기』란 이름은 정조 때 초고본을 해독하여 『이충무공전서』를 간행할 당시 편찬자인 규장각 문신 윤행임과 검서관 유득공에 의해 붙여진 것이다. 원래는 연도별로 『임진일기』, 『계사일기』, 『갑오일기』, 『을미일기』, 『병신일기』, 『정유일기』, 『무술일기』란 이름으로 분책되어 있었다. 단, 『을미일기』는 초고본이 전하지 않고 전서본이 있으며, 『충무공유사』「일기초」에 일부 초록된 내용이 있다. 『정유일기』는 Ⅰ·Ⅱ 두 책으로 되어 있다."

초고본의 면수 · 글자수 · 날짜 · 책수[63]

일기 표제	면수	글자수	날짜	책수
임진일기	15	2,238	5월 1일~4일 5월 29일~6월 10일 8월 24일~28일	1
계사일기	99	17,208	2월 1일~3월 22일 5월 1일~9월 15일	1, 2
갑오일기	103	18,717	1월 1일~11월 28일	3
병신일기	83	15,689	1월 1일~10월 11일	4
정유일기Ⅰ	57	12,617	4월 1일~10월 8일	5
정유일기Ⅱ	40	7,562	8월 4일~12월 30일	6
무술일기	19	1,422	1월 1일~10월 7일	6, 7

※ 면수 : 표지와 빈면을 제외한 수. 글자수 : 마멸/판독 불가능한 글자는 뺀 수

임진왜란 때와는 비교할 수 없을 만큼 현대사회는 매우 복잡한 인과관계로 얽혀있다. 사람들은 다양한 정보나 사건들을 기억해야 한다. 평상시에 메모하는 습관을 실천하면 난제를 해결하기 위한 지식이나 정보를 시기적절하게 활용할 수 있다. 기억력이 좋은 사람이나

맹신하는 사람은 메모의 중요성을 간과하기 쉽지만, 메모하는 습관은 기억력의 한계를 보완해 줄 수 있다.

세상을 빛낸 위대한 발명가나 위인들도 메모하는 습관을 중시했다. 난제를 해결할 수 있는 아이디어나 지혜가 떠오를 때마다 어딘가에 메모해 두면 필요할 때 활용하는 것이 수월하다. 자동차를 타고 지나갈 때 보이지 않던 것들도 자전거를 타고 지나가면 볼 수 있는 것처럼, 메모하는 습관을 생활화하면 사물을 관찰하고 기록하며 지혜를 터득하는 혜안의 길이 가까워진다.

"독일의 심리학자 헤르만 에빙하우스Herman Ebbinghaus의 망각이론에 따르면 사람들은 대개 20분이 지나면 초기기억의 50% 정도를 잊어버리고 1달이 지나면 80%를 잊어버린다고 하며 그 정확도 또한 아주 낮다는 것을 생각한다면, 메모를 통해서 정확한 정보의 보관이 필요하다. 메모는 기존정보의 보관뿐만 아니라 갑자기 떠오르는 아이디어를 그때그때 담을 수 있어 더욱 좋다."[64]

미국의 제16대 대통령으로서 남북전쟁의 소용돌이를 잠재우며 노예 해방을 이끈 에이브러햄 링컨Abraham Lincoln은 정규교육을 제대로 받지 못한 인물이었다. 그는 늘 종이와 연필을 휴대하고 다니면서 기발한 생각이나 아이디어가 떠오를 때마다 메모하는 습관을 통해 창의적으로 문제를 해결하는 마법을 경험했다.

비즈니스 연설가로 명성을 떨친 하비 맥케이Harvey Mackay는 다양한 색인카드를 활용해 사람들의 관심사항을 꼼꼼하게 기록하는 습관으로 성공적인 삶을 개척했다. 메모장에 기록하는 것도 효과적이지만, 메모하는 내용이나 성격에 따라 기록하는 종이의 색을 구분해 놓으

면 난제를 푸는 해결책을 도모하는 데 효과적으로 대응할 수 있다.[65]

2020년 2월 9일부터 진행된 제92회 미국 아카데미(오스카) 시상식에서 영화 〈기생충〉은 작품상, 감독상, 각본상, 국제장편영화상 등 4관왕을 차지했다.

"봉 감독의 별명은 봉준호와 디테일detail을 합친 '봉테일'이다. 그만큼 꼼꼼하게 준비한다는 의미다. 디테일의 원천은 봉 감독의 스토리보드에 있다. 대학 시절 학보에 만평을 연재한 경력이 있을 정도로 '만화광'인 봉 감독은 스토리보드storyboard를 만화 형태로 직접 그린다."[66]

봉준호 감독은 그의 작품 구상과 배우들의 동선까지 세심하게 메모하는 습관이 주목받으면서 '봉테일'이란 별명을 얻었다. 그는 영화 스토리의 내용을 쉽게 파악할 수 있도록 주요 장면들을 그림과 글로 표현하는 스토리보드를 매우 중시하는데, 촬영장면의 공간특성과 배우들의 동선 등을 한눈에 알아볼 수 있도록 해준다.

인간은 문화적 동물로서 반복적인 행위를 통해 형성되는 습관에 따라 성공적인 삶을 살 수도 있고, 실패의 길로 나아갈 수도 있다. 한 마디로 성공적인 삶이란 아주 작은 습관들의 결과라는 의견에 주목해야 한다. 매일 1퍼센트씩 달라지는 결과가 성공으로 안내한다는 것이다.

"1퍼센트의 성장은 눈에 띄지 않는다. 가끔은 전혀 알아차리지 못할 때도 있다. 이는 무척이나 의미 있는 일이다. 습관은 복리로 작용한다. 돈이 복리로 불어나듯이 습관도 반복되면서 그 결과가 곱절로 불어난다. 그러나 우리는 작은 습관들을 무시한다. 그 순간에는 그리 중요하게 보이지 않기 때문이다."[67)

인류 역사를 빛낸 위인들의 업적을 살펴보면 놀라움을 금치 못하지만, 바로 그 위대함은 오늘부터 시작하는 작은 노력에 기초한다. 살을 빼기 위해 운동하는 사람은 즐거운 마음으로 하루하루를 즐기면 된다. 하루 이틀 운동하고 살이 빠지지 않는다고 조급해할 필요가 없다. 음식 섭취를 조절하며 매일매일 운동하다 보면 살은 빠지기 마련이다.

나의 목표는 거대할 수 있지만, 그 목표를 달성하는 여정은 하루하루의 작은 변화에서 시작된다. 오늘 하루 근검절약한다고 해서 곧바로 부자가 되는 것은 아니다. 오늘 하루 도서관에서 자정까지 영어 공부한다고 해서 곧바로 자신이 원하는 토익점수를 얻을 수 있는 것도 아니다.

그러나 즐거운 마음으로 운동하는 습관이 지속되거나, 근검절약하는 습관이 지속되면 6개월 또는 1년 뒤에는 놀라운 변화를 경험할 수 있다. 오늘 나의 노력은 작은 변화에 불과하지만 작은 변화들의 지속성은 자신의 경쟁력을 눈부시게 변화시켜 준다.

제임스 클리어는 『아주 작은 습관의 힘』에서 습관을 세우는 과정이란 4단계, 즉 신호, 열망, 반응, 보상 순으로 진행됨을 강조했다.

1단계: "신호는 뇌가 행동을 시작하게끔 자극한다." 사람들은 본능적으로 음식을 얻거나 성적 욕망 등을 충족시킬 수 있는 기회가 될 수 있는 신호에 집중한다.

2단계: "열망은 사람마다 다르다. 이론상 어떤 신호가 열망을 끄집어낼 수 있지만 실제로 누구나 같은 신호에 동기가 생기지는 않는다." 신호를 관찰하는 사람은 자신의 생각과 감정이 반응하며 실행하고픈 열망을 느낄 수 있다.

3단계: "반응은 우리가 수행한 실제 습관으로, 생각이나 행동을 형성할 수 있다." 반응의 정도는 사람마다 다르게 나타나는데, 실행할 수 있는 능력에 따라 반응의 강도는 달라질 수 있다.

4단계: "보상은 습관의 최종 목표다. 신호는 보상을 알아차리는 일에 관한 것이다. 열망은 보상을 원하는 일에 관한 것이다. 반응은 보상을 얻어내는 일이다." 이처럼 사람들은 신호를 감지하면 열망과 반응을 거친 보상의 가치에 따라 습관의 강도를 결정한다.

전란을 극복한 실용주의

　다급해진 선조는 신분제의 근간이 흔들릴 수도 있는 위험을 감수해 가며, 서얼들에게도 합당한 공로가 있으면 하급관료로 발탁하는 조치를 단행했다. 역시 전쟁은 실용적인 보상이 위력을 발휘할 수 있는 최고의 여건이라 할 수 있다.

　1593년 7월 17일에 비변사가 임금께 아뢰었다.

　"서얼이나 공사천은 사족士族이나 양인과 한 방에 섞어서 시험을 보일 것이 아니라 성교대로 따로 시험을 보여 입격한 뒤에 서얼인 경우에는 적의 수급 둘을 베어 오는 것으로 허과許科하고, 공사천의 경우에는 수급 셋을 베어 오는 것으로써 허과하소서. 이는 근래 규정에 서얼인 경우에

> 비변사가 아뢰기를, "적의 기세가 대단히 급한데 무찌를 방책이 없습니다. 인심을 흥기興起시키는 데는 과거보다 나은 것이 없으니, 어려운 때를 구원하기 위한 임시 입법은 하지 않을 수 없을 듯합니다. … 어제의 성교聖教에 따라 하삼도뿐만 아니라 기타 5도에도 초시를 널리 뽑아 초시에 입격한 사람에게 적의 수급을 바쳐 과거에 오르게 한다면 적의 수급을 베는 것이 많아질 것입니다.　『선조실록』 1593년 7월 17일

는 1급으로 허통許通하고 2급으로 제직하며, 공사천인 경우에는 1급으로 면천하고 2급으로 허통하고 3급으로 제직하는 예에 따른 것입니다. 그리고 액수를 정한다면 각도에 응시할 사람의 다과多寡를 멀리서 헤아리기 어려울 뿐만 아니라 사람을 널리 뽑지 못하여 적을 많이 죽이지 못할 것이니, 미리 액수를 한정하지 말고 임시하여 정하는 것이 무방하겠습니다."

동년 12월 1일에도 비변사가 임금께 보고하였다.

"삼가 도원수 권율의 장계 내용을 보니, 도원수의 의견은 육전을 중히 여기고 있습니다. 그러나 통제사 이순신은 전일에 조정에서 연해변의 수령들을 나이那移 하지 못하도록 하는 하령下令이 있었는데도 진주 등 4~5개의 고을 수령들까지도 하해下海하게 하였다고 합니다."

전쟁은 가상전투가 아니며 현장 지휘관의 리더십을 존중해 주어야 한다. 능력을 발휘하고 있는 장수를 지나치게 견제하거나 의심하는 상부의 지시는 바람직하지 않다.

선조는 행주대첩의 명장인 도원수 권율로 하여금 수군을 통제하도록 하였다. 전란의 소용돌이 속에서 묵묵히 불패신화를 써내려가던 조선 수군의 입장에서는 장졸들의 사기 저하를 불러올 수 있는 조치였다.

전란을 종식시켜야 하는 실용주의의 관점에서도 조선군의 지휘체계는 아쉽기만 하다. 실용주의란 어떤 이념이나 상부의 명령이 고정된 가치나 보수적인 이상주의에 따라 진행되는 것을 경계하며, 행위가 발생하는 현장에서의 결과를 중시한다.

보수적인 유학자들이 중앙의 요직을 독차지한 현실 속에서 이순신은 고뇌할 수밖에 없었다. 지금이야 이순신 장군이 성웅 대접을 받고 있지만, 당시에 이순신은 유교적 이상주의를 신봉했던 관료들의 전폭적인 지원을 이끌어내기는 쉽지 않았다.

세자 광해군도 전란 중에 민심을 달래며 우수한 병력을 효과적으로 확보하기 위해 지방에서도 무과 특별시험을 실시할 수 있도록 조치하였다. 명청 교체기에 즉위한 광해군이 실용주의 노선을 표방할 수 있었던 자신감은 임진왜란을 진두지휘하며 터득한 실용주의의 유용성 때문이었다.

그의 지시에 따라 1593년 12월 27일에 전주에서 무과시험이 열린다는 소식을 이순신은 시험이 치러지기 며칠 전에서야 접할 수 있었다. 장군은 장계를 올려 한산도에서도 무과시험을 치를 수 있도록 조치해 줄 것을 요청했는데, 전란 중의 특수한 상황을 고려하여 시험과목을 부분적으로 변경할 수밖에 없는 사정도 강조했다. 이순신의 논리적인 설득에 조정 대신들의 마음은 움직였고, 한산도에서 별시를 치를 수 있다는 답신을 받았다.

1594년 4월 6일에 치러진 별시 외에도 이순신은 현장의 사정에 따라 조선 수군의 경쟁력을 향상시킬 수 있는 해법이 필요하면 맞춤형 전략으로 대응하여 관철하는 실용주의 노선을 견지했다.

> 맑음. 별시 보는 과거시험장을 열었다. 시험관은 나와 우수사(이억기), 충청수사(구사직)이고, 참시관(시험감독관)은 장흥부사(황세득), 고성현령(조응도), 삼가현감(고상안), 웅천현감(이운룡)으로 하여 시험 보는 것을 감독하였다.
> 『난중일기』 1594년 4월 6일

하지만 조선의 권력자들은 전란이 수습되자 신분질서를 활용해 아랫사람들을 손쉽게 통제하며 부귀영화를 누리려는 유혹을 떨쳐내지 못했다.

심지어 인생의 올바른 길을 인도하며 평화를 부르짖는 종교 지도
자들마저 자신들의 이익을 위해 때론 종교전쟁을 불사했다. 종교집
단간의 배타성은 전쟁을 통해서라도 자신들의 목적을 달성하기 위해
비종교적인 살생행위를 정당화시켰다.

세계사를 장식한 종교전쟁을 꼽으라면 십자군 전쟁을 빼놓을 수
없다. 11세기 말에서 13세기에 걸쳐 지속된 십자군 전쟁은 기독교를
신봉하는 서유럽의 십자군 원정대가 이슬람교도들에게 빼앗긴 예루
살렘 일대를 탈환하기 위해 8회에 걸쳐 감행된 전쟁을 의미한다.

십자군 전쟁이 실패하자 교황의 권위는 심각하게 훼손되었고,
중세시대의 상징인 봉건 영주들이 몰락하는 계기가 되었다. 결과
적으로 서유럽 국가들은 중앙집권적인 통치기반을 강화할 수 있는
전기를 마련하였다. 동방무역을 주도하던 이탈리아 북부지역 도시
들은 크게 발전하였지만, 중세 봉건사회가 붕괴하는 결과를 초래
하였다.

기독교와 이슬람 세력의 충돌은 다방면에서 많은 후유증을 남겼지
만, 르네상스 운동을 전개할 수 있는 분위기 조성에는 크게 기여하였
다. 전쟁을 치르면서 서유럽 사람들은 비잔티움(동로마)과 이슬람 문
화를 접하며, 하느님의 속박에서 벗어나 인간 스스로의 힘으로 삶의
질과 풍요로움을 확산시킬 수 있다는 자신감을 갖게 되었다.[68]

십자군 전쟁 자체는 비극이었지만 서유럽사회의 역동성을 촉진시
키는 계기가 되었고, 유럽 밖의 세계로 떠나려는 탐험가들에게 용기
와 희망을 심어주었다.

거대한 로마제국은 395년에 동·서로마로 분할되었지만, 기독교는

동로마와 서로마의 시민들에게 기독교를 통해 문화적 동질성을 심어주는 데 크게 기여했다. 서로마가 멸망한 476년 이후에도 서로마지역의 유럽인들과 동로마지역의 시민들은 종교적 동질성을 통해 로마제국의 후예라는 자부심을 공유할 수 있었다.

아울러 영국과 프랑스가 1337년부터 1453년까지 프랑스 안의 영토를 둘러싸고 100년이 넘도록 치열하게 대립했던 백년전쟁도 중세 봉건사회의 붕괴를 가속화시켰고, 절대왕권국가가 세워지는 전기가 되었다. 봉건기사들은 몰락하고 농토는 피폐해졌지만, 농노가 해방되는 계기가 되었고 성직자와 귀족에 대립할 수 있는 부르주아 계층이 부상하는 결과를 낳았다.

오랫동안 유럽사회의 문화적 근간이자 유럽인들의 정체성을 유지시켜 주는 역할을 담당했던 기독교의 반사회적인 모순들은 시민들의 분노를 자극했다. 기독교를 개혁하려는 세력은 다분히 르네상스운동 이후 확산된 인본주의의 가치를 되새겨주었다. 전지전능한 신을 대변하는 종교 지도자라 할지라도 반사회적인 행위에 대해서는 합당한 책임을 져야 한다는 논리가 시민들의 양심을 파고들었다.

독일의 마르틴 루터는 1517년 「95개조 반박문」을 발표하면서 종교개혁의 불씨를 당겼다. 가톨릭(천주교)의 위대한 권위의 상징인 베드로 성당을 건축하며 교황 레오 10세는 자금난에 시달렸고, 급기야 면죄부를 판매하여 부족한 건축자금을 조달하는 우를 범하고 말았다.[69]

시민들은 분노했고, 그 틈을 노리고 있던 마르틴 루터는 종교개혁을 단행했다. 루터는 독일을 중심으로 교황의 부도덕한 행위를 비판했고, 성서를 독일어로 번역하여 나눠주며 시민들을 종교개혁에 참여시킬 수 있었다. 기독교 신앙의 뿌리는 교회가 아니라 성서라는 마르틴 루터의 주장은 시민들에게 공감을 불러일으켰다.

결국 루터는 가톨릭교회와 대립하며 루터교회(신교)를 세웠다. 교황청은 반대했지만 세상의 변화를 막지는 못했다. 우여곡절 끝에 1555년 하우크스부르크회의에서 가톨릭교회는 신교를 공인하였고, 루터교회는 독일 북부지역과 북유럽을 중심으로 확산되었다.

뒤 이은 칼뱅의 종교개혁도 가톨릭교회의 권위를 무너뜨리는 결과를 초래하였다. 전통적으로 가톨릭은 상업적인 이유추구에 우호적이지 못했는데, 칼뱅은 이윤 추구의 정당성을 주장하며 상공업에 종사하는 시민들의 두터운 지지를 이끌어낼 수 있었다.

이처럼 서양사회는 사회적 갈등이 첨예하게 대립하면 전통적인 이념에 갇히기보다 실용적인 해법으로 난제를 푸는 방식을 선호했다. 사랑을 설파하는 종교집단 간의 전쟁은 종교적 교리보다 현실적인 이익을 우선시하는 종교 지도자들의 탐욕이 낳은 결과이다.

특정 집단의 이익을 관철하는 과정에서 외교적인 해법은 운이 좋으면 결론을 도출할 수 있으나 대부분의 경우는 결론 도출이 쉽지 않다. 반면 전쟁은 수많은 부작용에도 불구하고 이해집단이 추구하는 결과를 단기간에 이끌어내는 데 용이하다.

"클라우제비츠Carl Von Clausewitz가 '전쟁은 다른 수단에 의한 정치의 연속'이라고 한 것처럼, 현대에도 국제정치에서 국가 간의 분쟁관계를 해결하는 데 있어서 외교적인 방법이 아닌 투쟁으로 해결하고자 하는 마찰이 일어나고 있다."[70]

전쟁의 교훈은 간단명료하다. 전쟁은 사회를 변화시킬 수 있는 여건을 조성해 준다. 임진왜란은 조선과 일본 간의 전쟁이자, 조선과 명나라와 일본 간에 벌어졌던 동북아시아를 변화시킨 전쟁이었다.

도요토미 히데요시가 사망하자 일본의 권력구도는 재편되었다. 명나라 또한 새롭게 부상한 청나라에 멸망하는 결과를 초래하였다. 그러나 조선만큼은 전쟁으로 인해 잿더미가 되어버렸음에도 불구하고 사회변화를 이끌어내지 못했다. 왕의 자리를 보존하기 위해 전전긍긍했던 선조는 전란이 끝난 후 미래로 나아가기 위한 청사진을 제시하지 못했다.

조선의 백성들은 좌절했고 임금을 향한 존경과 찬사는 저주와 욕설로 바뀌는 전환점이 되어 버렸다. 사대주의를 신봉하며 명나라에 충성했던 관료들은 청나라가 부상하는 격변기에도 아랑곳하지 않고, 예전에 그랬던 것처럼 아랫사람들을 착취하며 부귀영화를 누릴 수 있었다.

1608년에 즉위한 광해군은 전란을 통해 터득한 실용주의 문화를 확산시켜 조선사회의 변화를 이끌기 위해 노력했지만 역부족이었다. 사대주의와 맹목적 의리로 무장한 유학자들의 나라였던 조선의 관료들은 광해군이 주도하는 사회변혁의 희생자가 되는 것을 감당할 수 없었다. 결국 그들은 자신들의 취향에 맞는 허수아비 임금(인조)을 추대하였다.

1636년 12월에 병자호란이 발발하자 인조는 난공불락의 요새였던 남한산성으로 피신하여 청나라 군대와 대치하였다. 그러나 전국 각지의 장수들과 백성들은 목숨을 바쳐가며 임금을 구하려 하지 않았고, 의병들의 활약도 기대하기 어려웠다. 임진왜란 이후 왕권에 대한 존경심이 사라지자 백성들은 자신들의 목숨을 보존하기 위해 뿔뿔이 흩어졌다.

원칙 중심의 리더십을 발휘하라

선조는 이순신에게 왜군의 본거지인 부산포를 공격하라는 명을 내렸고, 이순신은 적의 간계와 역습을 경계했기에 때를 기다려야 함을 강조했으나 받아들여지지 않았다. 『손자병법』과 클라우제비츠의 『전쟁론』도 전쟁 중에는 현장 지휘관이 소신을 갖고 전투에 임할 수 있도록 해야 함을 강조하였다. "전쟁 중 지휘관에 대한 국가지도자나 정치의 간섭이 있어서는 안 된다."[71]는 보편적인 교훈을 선조는 무시했다.

아울러 『선조실록』에는 이순신과 원균의 갈등에 대해 우려하는 내용이 여러 번 등장한다. 두 사람 간의 갈등은 병졸들을 통솔하는 방식이 달라 소통이 쉽지 않았던 탓도 있었다.

> 첩보捷報가 있던 날 군량을 운반하던 인부들이 이순신의 전사 소식을 듣고서 무지한 노약자라 할지라도 대부분 눈물을 흘리며 서로 조문하기까지 하였으니, 이처럼 사람을 감복시킬 수 있었던 것이 어찌 우연한 것이겠습니까.
> 『선조실록』 1598년 12월 7일

1598년 12월 7일자에 기록된 『선조실록』에는, 좌의정 이덕형이 원균의 주장만 믿고 이순신의 충심을 오해했었음을 인정하고 있다. 원균이 조정의 대신들에게 이순신의 능력과 전과를 폄하하기 위해 많은 노력을 기울였음을 짐작해 볼 수 있다.

"신이 본도에 들어가 해변 주민들의 말을 들어보니, 모두가 그(이순신)를 칭찬하며 한없이 아끼고 추대하였습니다. 또 듣건대 그가 금년 4월에 고금도로 들어갔는데, 모든 조치를 매우 잘하였으므로 겨우 3~4개월이 지나자 민가와 군량의 수효가 지난해 한산도에 있을 때보다 더 많았다고 합니다. 그제서야 그의 재능이 남보다 뛰어난 줄을 알았습니다."

이덕형의 장계는 원균에 대한 이순신의 평가가 객관적임을 뒷받침해 준다. 이순신은 원균을 신뢰하지 않았는데, 이따금 왜군을 무찌르는 데 방해가 되는 행위를 했던 원균을 매우 불신하였다. 그는 1593년 7월 21일자의 『난중일기』에도 원균을 비난하는 글을 남겼다.

"경상수사(원균)와 우수사(이억기), 정 수사(정걸)가 함께 와서 적을 토벌하는 일을 의논하는데, 원 수사의 하는 말은 극히 흉측하고 거짓되었다. 무어라 형언할 수 없음이 이와 같으니, 함께 하는 일에 후환이 없을 수 있겠는가."

무엇보다도 전란 중에 장수가 지켜야 할 제1원칙은 전쟁에서 승리하는 것이다. 오늘날에는 군

이조가 아뢰기를, "호종한 재신宰臣과 시종侍從의 자제들은 처음의 전교로 인하여 보고 듣는 대로 거의 다 관직에 제수하였습니다. … 방수防戍한 제장으로서 이순신 · 원균 · 이억기 등의 자제는 그때 전교로 인하여 관직을 제수하였거니와, 이밖에 두드러지게 공로가 있는 사람의 자제는 해조로 하여금 초록抄錄하여 계하啓下한 뒤에 관직에 제수하게 하였습니다. … 이 뒤로도 듣는 대로 관직에 제수하여야 할 것입니다." 하니, 아뢴 대로 하라고 전교하였다.
『선조실록』 1595년 12월 8일

대의 장군은 물론이고 고위직 공무원의 자제들에게 특혜를 부여하면 시민들의 분노를 자아낸다. 하지만 조선시대에는 공이 큰 장수들의 자제나 조카뿐만 아니라 아우나 사위 등에게 적절한 혜택을 부여함으로써 장수의 충성을 이끌어내는 접근법이 정당화되었다.

이순신은 독불장군식 의사결정도 경계했다. 그의 반듯함과 원칙을 중시하는 삶은 『명심보감』의 가르침과도 일맥상통한다.[72]

"맹자가 가로되, 하늘에 순종하는 사람은 살고, 하늘에 거역하는 사람은 망하느니라." 孟子曰 順天者는 存하고 逆天者는 亡하느니라.

"공자께서 가라사대, 죽고 사는 것은 천명에 있고, 부자와 귀하게 되는 것은 하늘에 달려 있느니라." 子曰 死生이 有命이요, 富貴在天이니라.

"만족함을 아는 사람은 가난하고 천해도 역시 즐겁고, 만족함을 모르는 사람은 부하고 귀해도 역시 근심하느니라." 知足者는 貧賤亦樂이요, 不知足者는 富貴亦憂니라.

"은혜를 베풀었으면 보답을 구하지 말고, 남에게 주었거든 후회하지 말라." 施恩이어든 勿求報하고 與人이어든 勿追悔하라.

"한때의 분함을 참으면 백일의 근심을 면하느니라." 忍 一時之忿이면 免百日之憂니라.

"모든 일에 인정을 남기면 뒷날 좋게 서로 보게 되느니라." 凡事에 留人情이면 後來에 好相見이니라.

한편 패권다툼이 치열했던 전국시대에 진시황은 열세 살에 권좌에 오른 지 26년 만인 기원전 221년에 전국을 통일하고, 스스로 '왕중의 왕'이란 의미로서 '시황제'가 되었다. 시황제는 중앙집권체제를 강화하기 위해 황제가 머무는 수도를 중심으로 방사선 모양의 도로 건설과

문자와 화폐의 통일에 집중했고, 상업을 장려하기 위해 도량형도 표준화하였다.

북방지역의 기마민족인 흉노족 등의 침략을 막기 위해 거대한 만리장성도 완성하였다. 만리장성 축조에는 막대한 자금과 인력이 투입되었는데, 수많은 전쟁 포로와 노예들이 동원되었다. 공사 중에 죽은 사람들을 성벽 속에 묻어가며 공사를 진행했을 만큼 그 축조 과정은 인권유린의 결정체였다.

만리장성을 방문해 보면 거대한 규모의 축조물에 놀라움을 금치 못한다. 끝없이 이어지는 만리장성은 힘없고 불쌍한 사람들의 피와 땀과 죽음의 결실이라는 점에서 권력의 비정함과 통치자의 무한 욕망을 일깨워준다.

진시황은 삶에 대한 애착도 남달랐다. 불로장생을 갈망했던 그는 영원한 삶을 꿈꾸며 수천의 선남선녀들을 선발하여 동방지역에 이르기까지 불로초를 구해 오라는 특명을 하달했다. 불로초를 구해 오지 못하면 목숨을 부지하기 어렵게 되자, 그들은 모두 달아나버렸다.

시황제는 죽어서도 세상을 지배하길 원했다. 세계역사에서 최고 권력자가 죽으면 그를 보필하던 사람들을 생매장하거나 죽여서 함께 매장한 예는 적지 않았으나 진시황만큼 거대한 규모로 지하세계를 건설한 자는 없었다. 그의 여인들은 황제가 죽으면서 억울하게 생매장되는 비극을 피할 수 없었다.

진나라 말기 시황제의 폭정은 수많은 백성들의 삶을 파탄시켰고 전국적으로 민란이 들끓었다. 시황제 사후 진나라는 멸망했는데, 영웅을 꿈꾸는 여러 인물들 중에서 항우西楚覇王와 유방漢王이 두각을 나타내며 서로 대립했다. 항우는 성격이 포악해 백성들을 함부로 대했고, 유방은 어려운 백성들을 보살피는 데 주력했다.

두 영웅 간의 싸움에서 처음에는 군사력이 우세했던 항우가 유방을 압도했지만, 점차로 유방이 항우를 제압하고 기원전 202년에 통일 제국인 한漢나라를 건국했다. 한나라는 기원전 141년에 즉위한 무제 때 가장 부강한 나라가 되었다. 그 후 한나라는 흥망성쇠를 거듭하다 멸망하였고, 광무제가 서기 25년에 후한後漢을 세웠다.

역사적으로 속임수와 권모술수뿐만 아니라 사회적으로 지탄받는 행위를 해서라도 승리해야 한다는 지도자의 탐욕은 최고권력자의 자리에 오르면 정당화되었다. 그러나 인권과 정의를 중시하는 현대사회에서는 통용되기 어렵다. 이제 우리는 동양고전에서 배울 수 있는 지혜를 중시하면서도, 더불어 살아가는 공동체를 발전시켜 나가야 한다.

사람들은 전쟁을 통해 권력이나 부를 확대하는 전략을 선호하지 않을지라도, 사회변화에 능동적으로 대응하며 전쟁의 교훈들을 되새겨보면 난세를 헤쳐나가는 삶의 지혜를 이끌어낼 수 있다.

우리사회는 성차별, 교육기회의 불평등, 복지제도의 문제 등 다양한 난제에 대하여 해법을 모색하기 위한 논의가 뜨겁게 진행되고 있다. 개인의 자유를 지나치게 중시하면 개인 간의 능력 차이에 따라 소득이나 기회 등 다방면에서 격차가 증가하게 된다. 반면 공적 가치인 평등을 과도하게 부각하면 개인이 중시하는 자유를 제한해야 하는 부작용을 초래할 수 있다.[73]

정의란 시민들의 자유와 공리를 존중하면서도 공동선을 위해 사회적 합의를 중시한다. 공리주의는 다수의 행복을 위해 소수의 희생을 정당화하는 모순을 내포하고 있다. 반면 어떤 이들은 개인의 자유가 억압당해서는 안 된다는 논리를 주장하며, 공익을 해치면서까지 개인의 자유를 정당화한다.74)

이처럼 개인의 자유와 공리주의는 모두 논리적 당위성과 모순을 지니고 있다. 마이클 샌델 교수는 자유론과 공리주의의 장점을 살리면서 단점을 보완하는 해법으로 '공동선'을 제시하였다. 개인적인 삶은 자유를 추구하면서도 공공의 이익을 침해하지 않아야 해며, 다수의 행복을 존중하면서도 소수의 희생을 정당화하지 말아야 사회발전에도 도움이 되고 개인의 행복한 삶에도 이롭다는 것이다.

멋진 인생이란 큰 꿈을 꾸면서도 현대사회가 중시하는 정의를 실천하는 삶이어야 하고, 사회적으로 지탄받는 행동이 아니라면 자유롭게 행동할 수 있어야 한다.

또한 우리는 늘 과도한 욕심은 경계해야 한다. 자신의 실력을 과대평가하면 열등감이 생길 수 있고, 자신에게 어울리지 않는 과분한 직분을 얻으려 할 때도 열등감은 증폭된다. 사람들은 심리적으로 열등감을 느낄 때 화를 낸다. 반면 내면세계의 욕심이 절제되면 행복한 삶을 누릴 수 있다.

등산하다 힘이 들면 쉬엄쉬엄 가거나 내려와야 한다. 순리를 중시하는 삶은 행복의 의미를 깨우쳐준다. 세상의 길은 다양하다. 어느 길이 좋다고 평하기도 어렵다.

과거에 집착하면 불행해지기 쉽다. 늘 현재의 삶에 최선을 다하고 결과를 담대하게 받아들이는 삶이 지혜롭다. 괴로운 삶이 전개되면

건강이 나빠지고 대인관계도 악화된다. 욕심을 내려놓고 타인을 배려하면 행복한 삶이 전개된다. 욕심은 능력이 모자라는데 된다고 착각하거나, 시간이 걸려야 되는데 단기간에 달성하려 할 때 말썽을 부린다.

이순신 리더십의 창조성

　무에서 유를 창조한 이순신은 혁신의 아이콘이자 위기관리의 위대한 스승이다. 군자금이 부족하면 장졸들과 함께 소금을 굽거나 물고기를 잡는 등 자체적으로 난제를 해결했다. 그는 자만심을 경계했고, 기술자를 우대하며 인재 영입에 박차를 가했다.

　세종대왕이 대신들의 반대에도 불구하고 관노였던 장영실을 발탁해 물시계, 해시계 등 과학기술을 획기적으로 발전시킨 것처럼, 이순신은 신분차별의 부작용을 경계하며 실력으로 인재를 영입하는 원칙을 중시했다.

　그가 이룩한 불패신화의 원동력은 필사즉생必死則生의 정신에서도 유추해 볼 수 있다. 필사즉생의 투혼은 그리스신화에 등장하는 피그말리온 효과에 비유된다. 조각가 피그말리온은 대리석으로 미인상을 만들었는데, 어느 날 문득 자신이 조각한 미인상과 사랑에 빠졌다.

　피그말리온의 간절한 소망은 사랑의 여신 아프로디테를 감동시켰다. 피그말리온이 잠에서 깨어 자신이 조각한 미인상을 바라보는 순간 아름다운 여인으로 변신하였다는 스토리는, 인간의 간절한 소망은 이루어질 수 있는 긍정의 힘을 상징한다.

이순신은 7년 전쟁이 지속되는 동안 곳곳에서 난제를 풀어야 했지만 좌절하지 않았고, 창조적으로 해법을 모색하며 23전 23승이라는 불패신화를 일궈냈다. 전란을 끝내야 한다는 그의 간절한 소망은 꿈속에서도 난제의 해법을 고민하게 만들었다.

『난중일기』에는 꿈에 관련된 이야기들이 상세하게 기록되어 있다. 1594년 2월 3일에 기록된 꿈 이야기도 흥미롭다. "새벽꿈에 한쪽 눈이 먼 말을 보았다. 무슨 징조인지 모르겠다."

그는 한성의 감옥에서 풀려나 백의종군 하던 1597년 5월 8일에도 꿈을 꾸었다. "이날 새벽꿈에 사나운 범을 때려잡아서 가죽을 벗기고 휘둘렀는데, 이건 무슨 징조인지 모르겠다."

동년 8월 2일에도 꿈 이야기를 기록하였다. "비통함이 그치지 않는다. 이날 밤 꿈에 임금의 명령을 받을 징조가 있었다."

이순신은 다음 날인 8월 3일에 삼도수군통제사로 재임명한다는 교지를 받았다. "이른 아침에 선전관 양호가 뜻밖에 들어와 교서敎書와 유서諭書를 주었는데, 그 유지 내용은 곧 삼도통제사를 겸하라는 명령이었다."

장군은 전란 중에 점을 치는 것도 중시했는데, 1596년 1월 10일 아침에도 점을 쳤다.

"수레에 바퀴가 없는 것과 같다."如車無輪는 괘를 얻었고, 다시 점을 쳐서 "군왕을 만나본 것과 같다."如見君王는 괘를 얻었는데, 모두 길한 괘라고 하면서 매우 기뻐했다.

꿈이나 점을 활용해 미래를 예측하거나 해법을 모색하는 접근법은 전적으로 신뢰할 수는 없을지라도 난제를 해결하는 아이디어를 얻거나 자신이 추진하고자 하는 전략의 실천 여부를 판단하는 데는 도움이 될 수 있다. 유한

흐림. 새벽에 촛불을 밝히고 홀로 앉아 왜적을 토벌할 일이 길한지 점을 쳤다. 첫 번째 점은 "활이 화살을 얻은 것과 같다." 如弓得箭는 내용이었고, 두 번째 점은 "산이 움직이지 않는 것과 같다." 如山不動는 내용이었다. 바람이 순조롭지 못하였다. 흉도 안바다에 진을 치고 잤다.
『난중일기』 1594년 9월 28일

한 능력을 지닌 인간은 아무리 뛰어난 자라 하더라도 현실적인 난제 앞에서 고민할 수밖에 없다.

고대인들에게 꿈이란 초인간적인 신의 세계와 소통할 수 있는 수단으로 인식되었다. 그리스의 철학자 아리스토텔레스Aristoteles는 고대인들과 달리, 꿈이란 초자연적인 계시 때문에 나타나는 메시지가 아니라 인간 내면의 정신작용에서 비롯된다고 보았다. 꿈속의 초월적인 이야기들은 인간의 정신 속에 초자연적인 능력인 신성이 담겨 있기 때문이라고 인식하였다.

정신과 의사이자 심리학자인 융Carl Gustav Jung에 의하면, 꿈이란 무의식과 연결된 정신활동으로서 논리적으로 설명할 수 없다는 특징이 있다.

"꿈은 외형상으로는 비논리적이며 불합리하며 모순처럼 보이지만 드라마의 구조를 갖추고 있기에 스토리가 있으며 그 내적 의도가 상영되는 인간의 또다른 심리적 체험의 공간이다."[75]

니체Nietzsche는 소원성취와 보상으로서의 꿈의 기능에 관심을 집중하였다. 인간은 꿈을 꾸며 일상생활의 의식 속에서 해결되지 못하

는 심리적 갈등을 해결하거나 보완한다는 것이다.[76]

나의 경험에 비추어 보아도 꿈이란 미래의 일을 예견하는 능력을 지니고 있는 것 같다. 나는 교통사고를 예감하는 꿈을 꾼 다음 날 운전하면서 식은땀을 흘린 적이 여러 번 있었다.

1년 전쯤 교통사고를 예견하는 꿈을 꾼 다음 날, 사거리의 횡단보도 앞에서 정지하는데 뒤에서 달려오던 차가 속도를 제대로 감속하지 않아서 하마터면 교통사고가 날 뻔 했다. 나는 백미러로 뒤차의 움직임을 살펴보며 천천히 횡단보도 위로 내 차를 이동하여 교통사고를 예방할 수 있었다.

한편으로 범죄영화의 보편적 스토리는 악당이 나타나 무고한 시민을 괴롭히거나 죽이는 사건이 벌어지고, 사건의 진실을 파헤치기 위한 조사가 진행되지만 범죄수사는 신통치 못하다. 그즈음 정의로운 영웅이 등장하여 악당의 죄에 합당한 응징을 가한다. 사법기관의 지지부진한 수사속도를 초월하여 화끈하게 응징하는 영웅을 보며 관객들은 카타르시스를 느낀다.

범죄영화에 재미를 더해 주는 영웅은 법치의 한계나 법적인 정의를 뛰어넘어 문제를 해결한다. 리더십의 창조성이란 법치의 한계를 뛰어넘어 미궁에 빠져버린 사건을 속 시원하게 해결해 주는 영웅에 비유할 수 있다.

난제의 해법 도출은 다양한 접근법이 가능하지만, 단순히 자신의 실력만 믿고 대안을 모색하기보다는 전문가들의 의견을 경청하며 해법을 도출할 수도 있고, 때로는 꿈이나 스스로 터득한 자신만의 통계 법칙을 대입하여 해법을 이끌어낼 수도 있다.

이순신 장군이 조정의 중론과 달리 일본의 침략을 대비한 것처럼, 세상을 빛내는 영웅이 되려면 미래예측의 정확도를 높여나가야 한다.

지도자의 전략적 선택의 중요성은 그리스와 로마제국의 흥망성쇠에서도 엿볼 수 있다. 인간의 역사는 전쟁의 역사라 해도 과언은 아니다. 동물의 세계와 마찬가지로 인간들의 세계에서도 힘이 강한 자는 약한 자를 제압하려는 욕망을 떨쳐버리기 어렵다.

4년마다 개최되는 올림픽 경기의 하이라이트는 마라톤에 집중된다. 마라토너들은 인내심의 한계를 넘나들며 포기하고픈 자신의 욕망과 싸워야 하고, 스치는 바람과 더위와의 싸움도 극복해야 한다.

마라톤 경기는 기원전 490년에 아테네군 1만여 명과 페르시아군 10만여 명이 아테네 동북쪽의 마라톤평원에서 벌인 전쟁에서 유래되었다. 아테네의 병사는 42.195km를 쉬지 않고 달려 승리의 기쁨을 아테네 시민들에게 전달하고는 쓰러져 죽었다는 전설적인 이야기가 전해져 내려오고 있다.

마라톤 전투에서 아테네가 승리한 것은 강인한 정신력과 뛰어난 전술 때문이었다. 당시 아테네는 마라톤 전투에서 무너지면 페르시아에게 정복당할 위기에 처해 있었다. 아테네 군대보다 페르시아 군대의 규모가 훨씬 컸지만 페르시아의 군인들은 정복당한 지역에서 강제로 동원된 군인들이 많았기에 충성심이 약했고 전투에도 소극적으로 임했다. 반면 아테네의 군인들은 충성심이 강했고 문화적 우월성에 기초한 응집력이 뛰어났다.

아테네군은 산악지형의 특수성에 적합한 전술을 구사해 승리를 이끌어낼 수 있었다. 보병들이 밀집대형을 유지하고 방패의 견고함으로 적의 공격을 효과적으로 차단하며 조직적으로 창을 사용하는 아테네의 전략은 주효했다. 이에 반해 페르시아군은 궁수들이 활을 쏘고 기선을 제압한 후 기병을 투입하여 적을 공격하는 전략을 선택했는데, 산악지형에서 맞붙은 아테네 군대를 제압하기에는 역부족이었다.[77]

전쟁에서 패한 페르시아는 몰락의 길을 걷게 되었고, 그리스반도는 번성의 시기를 맞이했다. 아테네는 기원전 478년에 델로스동맹을 체결하여 주변 도시국가들을 아우르는 영향력을 행사하였다. 또한 뛰어난 지도자였던 페리클레스를 중심으로 문화의 전성기를 맞이하여 반세기 동안 정치, 철학, 법학, 논리학, 미술, 역사 등의 분야에서 뛰어난 연구 성과를 창출하며 지중해 일대의 중심지로 발돋움했다. 반면 페르시아는 점차로 세력이 약해지다 기원전 331년에 알렉산더 대왕이 이끄는 마케도니아에 멸망하였다.

하지만 그리스의 도시국가들은 거대한 제국 건설을 지향하는 방향으로 진화하지 못했다. 반면 학문적으로나 예술적으로 그리스의 도시국가들보다 뛰어나지 못했던 로마가 지중해를 아우르는 세계제국을 건설했다. 로마인들은 뛰어난 학문적인 업적과 다양한 사상가들이 넘쳐나는 그리스반도의 도시국가들 중에서 거대한 제국으로 발돋움하지 못하는 현실에 의문을 품기 시작했다.

로마인들은 그리스인들에게 지적 콤플렉스를 느꼈고, 체력과 경제력에서도 최고의 나라가 아니었다. 그럼에도 불구하고 도시국가로 출발했던 로마는 지중해 일대의 경쟁세력들을 물리치고 세계제국을 건설하는 데 성공했다.

미래를 내다보는 지도자의 안목과 전략적 선택의 중요성을 일깨워 주는 역사적 교훈이다. 시민 개개인의 역량이 뛰어나다고 해서 일류 국가가 되는 것은 아니다. 최고지도자와 시민들의 팀워크가 시너지를 창출해야만 위대한 성과를 얻을 수 있다.

당시 로마의 군대는 체계적으로 교육받은 상류계급 출신의 장교들이 지휘했는데, 병졸들은 하층민에서 주로 선발하였다. 능력에 따른 평가와 보상 시스템이 체계적으로 작동하였던 로마군의 병사들은 경제적인 풍요로움과 사회적인 신분상승을 꿈꾸는 보통 사람들에게 선망의 대상이었다.

그들은 정규적인 봉급을 받았으며, 성과에 따른 상여금과 포상금은 고통스러운 군대생활의 고통을 잊게 해 주었다. 하지만 로마군대의 규율은 매우 엄해서 병졸들이 군사훈련에 게으름을 피우거나 상관의 명령에 복종하지 않으면 혹독한 처벌을 받거나 때에 따라서는 처형되곤 했다.

"'로마병사가 두려워해야 하는 것은 적군보다 상관'이라는 것이 로마 군기의 철칙이었다. 이 철칙에 의해 제국의 군대는 용맹함과 아울러, 사납고 난폭한 야만족에게서는 볼 수 없는 안정감과 적응력을 키울 수 있었다."[78]

국가의 힘은 국토의 크기와 경제력 외에도 인구수를 늘리는 것이 매우 중요한데, 아테네는 순수혈통을 고집하는 전략을 고수하여 인구수가 지속적으로 감소하는 결과를 초래하였다. 반면 로마는 이방인들에 대한 차별의 부작용을 경계하며 하층민이나 노예라 할지라도 공이 큰 사람들을 로마시민으로 받아들이는 유연한 인구정책으로 위대한 로마제국 건설의 토대를 마련했다.

로마제국은 차별을 최소화하며 다양한 문화들을 받아들였고 유능한 인재들을 적재적소에 배치하였다. 반면 아테네와 스파르타는 우리나라 삼국시대의 신라처럼 지배계급뿐만 아니라 백성들도 순수혈통에 집착하는 태도를 견지했다. 권력자와 시민들이 순수혈통을 중시하면 자연스럽게 순수혈통이 아닌 이방인들은 차별을 받기 마련이다.

반면 로마제국은 그리스의 사상가들을 우대했고, 통치방식에 대해서도 그리스 지식인들의 도움을 받았다. 로마인들은 그리스의 예술과 학문을 존중했으며, 세계제국을 건설한 후에도 그리스인들에게는 특별대우를 했다고 해도 과언은 아니다. 그리스의 사상과 학문은 로마제국 전역으로 확산되며 문화적 우수성을 인정받았다.

아쉽게도 아테네와 스파르타는 문화적 다양성을 존중하며 도시국가를 탈피해야만 강대국으로 발전할 수 있음을 역설하는 사상가들의 의견에 귀를 기울이지 못했다. 로마인들은 그리스지역 도시국가들의 단점을 정확히 진단했고, 세계제국으로 도약할 수 있는 창조적 혁신을 단행했다.

로마인들은 강력한 공권력과 함께 피지배계층에게 자율권을 적절하게 부여함으로써 저항세력을 효과적으로 통제할 수 있었다. 하지만 특권층인 로마시민들의 풍요로운 삶을 지탱했던 전쟁 노예들은 반란을 일으키며 로마제국의 근간을 뿌리째 흔들어놓기도 했다.

'노예'라고 하면 농장에서 힘들게 일하는 노동자를 상상할 수 있으나, 로마시대의 노예들은 세분화되었고 권력자들의 사치생활을 충족시켜 주기 위해 다양한 직업에 종사했다. 상인들도 노동자를 고용하기보다 노예를 통해 원가절감을 할 수 있었고, 농촌에서도 값싼 노동력을 제공하는 노예들은 농장주의 부를 증진시켜 주는 핵심적인 자산이었다.

로마제국의 시민들은 값싼 노예들의 희생 위에서 물질적 풍요와 쾌락적인 삶을 향유할 수 있었다. 로마의 황제들은 막대한 자금을 동원해 로마 시내를 화려한 대리석으로 장식하며 제국의 위대함을 구현했다. 오늘날에도 로마제국의 중심지였던 옛 로마의 유적지들을 여행해 보면 대형 목욕탕, 콜로세움, 대리석으로 조성한 도로 등이 과거의 영화를 고스란히 간직하고 있다.

특히 로마인들은 건축과 도로를 건설하면서 미적인 아름다움과 견고함을 중시했다. 10세기 이전에 일정한 크기의 대리석으로 짜 맞추어 건설한 도로에 오늘날에도 자동차가 다니고 있는 로마 시내의 풍경을 바라보면 로마 건축미학의 진면목을 엿볼 수 있다.

이탈리아반도와 한반도는 크기나 기후조건 등에서 공통점이 많다. 우리 민족도 고구려의 광개토대왕 때는 대륙을 호령했던 강대국이었다.

지금 우리는 경제적으로는 선진국 대열에 합류했지만 해결해야할 난제들이 산적해 있다. 지구촌시대의 문화 교류는 우리에게 때론 유리하게, 때론 불리하게 작용하기도 한다. 오늘날에도 평화적 교류를 방해하는 다양한 문명의 충돌은 지속되고 있다.

"지배적 대립은 서구 대 비서구의 양상으로 나타나겠지만, 가장 격렬한 대립은 이슬람 사회와 아시아 사회, 이슬람 사회와 서구 사회에서 나타날 것이다. 미래의 가장 위험한 충돌은 서구의 오만함, 이슬람의 편협함, 중화의 자존심이 복합적으로 작용하여 발생할 것이다."79)

대한민국은 미국이나 중국처럼 거대한 영토와 인구를 가진 나라는 아니지만, 한류문화의 국제경쟁력을 확산시켜 나간다면 세계문화를 주도할 수 있는 일류국가로 도약할 수 있다.

우리는 일본을 가깝고도 먼 나라라고 부른다. 중국도 우리나라와는 그리 가까운 나라라고 단언하기 어려운 현실 속에서, 한·중·일 삼국은 국제시장에서 치열하게 경쟁하고 있다. 내부적으로는 계층 간의 격차가 심화되고 중산층이 엷어지지 않도록 심혈을 기울여야 한다. 가진 자와 가지지 않은 자의 격차가 심화되어 대중들이 수용하기 힘든 수준에 다다르면 민족적인 응집력과 자부심은 쇠퇴할 수밖에 없다.

"선진국들이 지금의 모습을 갖추는 데는 수백 년이 걸렸다. 경제적 부가 축적되면서 중산층이 형성되고, 이들이 자신의 권리에 대한 자각과 함께 지역사회와 나라에 기여하고자 하는 의식이 고양되면서 민주사회로 발전했다. 선진국이 되기 위해서는 경제성장을 통한 물질적인 부의 축적도 중요하지만 시민의식과 같은 정신적인 토양도 함께 다져져야 한다."80)

우리나라에서 중산층이 붕괴하고 개인적인 역량을 발휘하여 신분상승할 수 있는 기회들이 차단되면 대한민국은 외부와의 경쟁에 의해서가 아니라 내부적인 갈등 때문에 국제경쟁력을 상실할 수도 있다. 더욱이 세계적으로도 낮은 출산율을 시급히 개선하지 못하면 고령화 사회보다 심각한 부작용을 초래할 수 있다.

다행히 우리의 음식문화는 서양문화에 동화되지 않고 당당하게 그들의 문화 속으로 침투하여 우리의 영화나 드라마, 한류음악과 함께 영향력을 확산시키고 있다. 인간이 생존하려면 음식을 먹어야 한다. 식문화는 문화적 동물인 인간의 품격을 체험하는 기능 외에도 동물적인 생존본능을 충족시켜 주는 동시에 인간의 음식미학을 통해 인간 공동체의 유대를 강화시켜 준다.[81]

한국인들이 좋아하는 김치는 어느덧 우리나라 식문화를 대표하는 음식으로 자리매김했다. 김치가 건강에 이롭다는 과학적인 효능들이 검증됨에 따라 세계인들의 입맛도 사로잡고 있다. 외국여행 시에 한국식당을 방문해 보면 왠지 기분이 좋아진다. 외국에서 맛보는 김치와 된장찌개는 한국 여행자들의 긴장을 풀어주고 한국인으로서의 정체성을 확인시켜 준다.

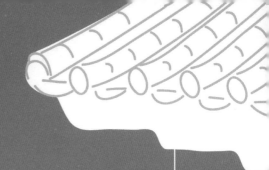

7

전란 중의
호모 루덴스

조선 장수들의 활쏘기는 군사훈련인 동시에 여가활동이었다. 이순신은 공무를 마친 후에 활쏘기를 즐겼고 친교수단으로도 활용하였다. 사냥 또한 군사훈련이자 멋진 놀이였고, 군사들의 식량문제를 해결하는 데도 큰 도움이 되었다.

　　그는 종정도 놀이뿐만 아니라 바둑手談과 장기博를 두기도 했다. 종정도 놀이는 복잡한 조선의 관직제도를 이해하는 데 도움이 되었다. 병졸들의 놀이수단으로는 사기를 높이고 상무정신을 고취하기 위해 씨름을 권장하였는데, 때로는 장수와 병졸들이 함께 즐겼다.[82]

　　당시 이순신과 동료들은 생사를 넘나드는 전쟁터에서 술을 마시며 현실의 고통을 잠시 잊기도 하고, 군인으로서의 자긍심을 확인하기도 했다. 하지만 전란 중에 먹을 것이 없어서 굶어죽는 백성들이 적지 않았던 상황에서 조선 장수들이 즐겼던 음주문화는 지나친 측면이 있다.

　　인간의 놀이는 단순한 행동을 뛰어넘어 공동체의 문화를 형성하는 데 지대한 영향을 미친다. 아직까지 한국인의 여가문화는 쾌락적인 놀이의 유혹에서 쉽사리 벗어나지 못하고 있다. 이제 한국인들은 여가활동의 재미를 추구하면서도 보다 멋진 인생으로 도약하기 위한 자기계발이나 문화체험적인 여가활동을 확산시켜 나가야 한다.

활쏘기, 무인정신의 함양

조선 초기부터 궁술은 무과시험의 주요 과목이었고, 문인들의 활쏘기는 덕을 함양하거나 평가하는 수단으로 사용되었다. 이순신은 장수들과 활쏘기를 즐겼으며 자식들에게도 활쏘기를 권하였다. 활은 전투뿐만 아니라 사냥을 위해서도 필수적인 무기였다. 당시 사냥은 군사훈련인 동시에 여가활동이었다.

전란 중에 조선의 군인들은 뛰어난 궁술로 조총으로 무장한 일본군과 격전을 벌였다. 조총은 1분에 2~3발 가량 발사할 수 있었는데, 조선의 숙련된 궁사들은

> 망궐례를 행했다. 식사 후에 별군과 정규군을 점검하고, 하번군下番軍은 점검하고서 내보냈다. 공무를 마친 뒤에 활 10순을 쏘았다.
> 『난중일기』 1592년 3월 1일

화살을 1분에 3발 이상을 쏠 수 있었고, 명중률에서도 조총에 뒤지지 않았다.

이순신은 업무를 마친 후에 몸이 아프거나 긴급한 현안이 발생했을 경우를 제외하고는 활쏘기를 생활화했다. 그는 활을 쏘면서 하루

의 일과를 되새겨보았다. 잘한 일과 아쉬웠던 일들을 되돌아보면서 개선할 묘책을 궁리했다. 무엇보다도 활쏘기는 정신을 집중하는 데 큰 효과가 있었다.

그는 혼자 활을 쏘기도 했지만 장수들과 함께 활쏘기를 즐기며 전우애를 나누었는데, 『난중일기』에는 다양한 일화들이 기록되어 있다.

1594년 5월 27일에도 이순신은 활을 쏘았다. "사도 첨사(김완)가 충청수사(이순신), 발포만호(황정록), 여도만호(김인영), 녹도만호(송여종)와 함께 활을 쏘았다."

그는 동월 28일에도 장수들과 함께 활을 쏘며 우정을 나눴다. "사도첨사, 여도만호가 와서 활을 쏘겠다고 고하기에 우수사(이억기)와 충청수사(이순신)에게 오기를 청했다. 활을 쏘며 하루 종일 술에 취하고 이야기하다가 헤어졌다."

당시 이순신과 휘하 장수들은 한 종류의 활쏘기를 즐기기보다 다양한 종류의 활을 쏘았다. 조선은 소총 분야에서는 일본에 뒤졌지만 활의 다양성과 성능에 있어서는 일본을 압도했다.

장군은 1596년 7월 28일에도 활을 쏘았다. "늦게 충청우후와 더불어 세 가지로 활을 쏘았다. 철전鐵箭 36분, 편전片箭 60분, 보통 화살 26분으로 도합 122분이었다."

동월 29일에도 활쏘기를 즐겼다. "경상수사와 경상우후(이의득)가 와서 만났다. 충청우후도 함께 와서 세 가지로 활을 쏘았는데, 내가 쏘던 활은 고자(활의 양 끝에 시위를 맨 휘어진 부분)가 들떠서 바로 수리하라고 명했다."

이순신은 활쏘기를 통해 사람 됨됨이를 평가하기도 했는데, 1596

년 1월 28일의 기록이 흥미롭다. "오시에 순찰사(서성)가 와서 활을 쏘고 함께 이야기했다. 순찰사가 나와 상대하여 활쏘기를 하여 7푼을 졌는데, 아쉬운 기색이 없지 않았다. 우스웠다. 군관 3명도 다 졌다. 밤이 깊도록 취하여 돌아갔다."

동월 29일에도 활쏘기를 즐겼다. "아침 식사 후에 경상도 진으로 가서 순찰사와 함께 조용히 이야기했다. 오후에 활을 쏘았는데, 순찰사가 9푼을 지고 김대복이 활쏘기에서 일등하였다. 피리 소리를 듣다가 삼경에 헤어지고 진영으로 돌아왔다."

당시 활쏘기는 국가 차원에서도 권장되었고, 활쏘기 능력이 뛰어난 사람은 전투자원으로서의 활용 가치를 높게 평가하였다. 1595년 10월 26일에 병조판서 이덕형과 참판 한효순이 활쏘기 시합에 대해 임금께 아뢰었다.

"근일 사예射藝를 권장하는 규정이 해이한 듯하여 인심이 자못 흥기되지 않고 있습니다. 지금 농한기를 당하여 각도의 감사와 병사로 하여금 진관 대읍鎭管大邑에 순행하면서 그 속읍의 무사 및 공사천을 모아 활쏘기를 시험 보여 상을 시행함으로써 권장하는 일로 삼도록 하면 매우 유익하겠으며 위급할 때에 군사를 뽑는 데에 도움이 없지 않을 것입니다. 사목事目을 마련하여 알리는 것이 어떻겠습니까?"

또한 사냥을 통한 활쏘기 훈련은 조선군의 전투력 향상에도 크게 기여하였다. 1594년 9월 19일에 비변사가 임금께 아뢰었다.

"거제의 형세를 신들도 직접 본 적이 있습니다. 영등포와 옥포 사이에는 수풀이 하늘에 닿고 초수草樹가 무성한데 거제의 사람 중에는 사냥하는 자가 많습니다. 만약 이들을 모두 모아서 밤낮으로 적진의 좌우에서 초격劫擊하게 하여 나무하는 적들을 사살하게 한다면 거제의 적들은 반드시 달아날 것입니다. 이것이 최상의 계책인데도 그럭저럭 날만 보내어 지금까지도 일정한 계책이 없으니, 참으로 통탄스럽습니다. 급히 선전관을 보내어 이 뜻을 가지고 주사 통제사 이순신에게 통지하게 하는 것이 어떻겠습니까?"

선조는 속히 거행하라고 명하였다. 아울러 식량문제를 온전히 해결하지 못한 조선시대에 사냥은 굶주림을 해결할 수 있는 수단으로 활용되었다. 특히 전란 중에는 식량문제가 악화되었기에 단백질 공급원인 동물을 잡을 수 있는 사냥 실력은 조선군의 필수적인 역량으로 인식되었다. 당시 식량이 부족한 상황에서 사냥으로 수확한 사슴이나 노루 고기 등은 귀한 식재료였다.

『난중일기』에도 사냥에 관련된 이야기가 자주 등장한다. 1592년 2월 12일에 이순신은 활을 쏜 후 꿩 사냥을 구경하였다.

"해운대로 자리를 옮겨 활을 쏘았다. 꿩 사냥을 구경하느라 매우 조용히 하다가 군관들은 모두 일어나 춤을 추고 조이립이 절구시絶句詩를 읊었다."

1593년 9월 8일에 이순신은 송희립 등에게 사슴을 잡아오라고

> 맑음. 새벽에 배가 출항하자 동풍이 잠깐 불더니, 적과 교전할 때에는 큰 바람이 갑자기 불었다. 각 배들이 서로 부딪쳐 파손되어서 거의 배를 제어할 수 없었다.… 이날 사슴 떼가 동서로 지나가는데, 순천부사(권준)가 1마리를 잡아 보냈다.
>
> 『난중일기』 1593년 2월 20일

명하였다. 1594년 2월 8일에 변조서는 당포에서 꿩 7마리를 잡아왔다. 1596년 3월 6일에도 군사들이 사슴 세 마리를 잡아왔고, 동월 7일에는 녹도만호가 노루 두 마리를 사냥해 왔다. 이튿날에는 안골

포 만호(우수)와 가리포 첨사(이응표)가 큰 사슴을 보내왔다. 이순신은 동년 7월 25일에 녹각 10개를 창고에 보관하고, 귀한 표범 가죽과 화문석은 통신사에게 보냈다고 『난중일기』에 기록하였다.

나는 어린 시절 동네 친구들과 함께 새그물을 치거나 새총을 사용하여 참새 사냥을 다니곤 했다. 눈으로 뒤덮인 들판에서 빠르게 움직이는 새를 사냥하는 일은 결코 쉽지 않았지만, 가끔 새그물에 걸린 참새 몇 마리를 친구들과 구워먹곤 했다.

돌이켜 생각해 보면 누가 시켜서 한 일도 아니고, 마음이 통하는 친구들과 함께 눈밭을 쏘다녔는데, 나의 뇌리 속에는 멋진 추억으로 남아있다. 우린 추운 날씨에 방한화와 따뜻한 점퍼도 없었지만 즐거운 시간을 보냈다.

한편으로 조선의 군인들에게 사냥은 고통스러운 군사훈련으로 활용되기도 했고, 때에 따라서는 즐거운 여가활동이기도 했다. 특히 장졸들보다 자유롭게 생활할 수 있었던 장수들에게 공적인 업무가 끝난 후에 행해지는 사냥은 켜켜이 쌓여있던 스트레스를 날려버릴 수 있는 시간이었다. 이처럼 인간의 행위는 어떤 의도로 행해지느냐에 따라 고통스러운 노동이 될 수도 있고, 즐거운 여가활동이 될 수도 있다.

2019년 말에 불어닥친 코로나 19는 우리의 일상을 크게 바꿔놓았다. 식당과 노래방 등을 운영하는 자영업자들은 생존을 위협받고 있으며, 밀폐된 항공기 내에서의 코로나 19 감염에 대한 우려로 인한 항공여행 수요의 극심한 감소와 세계적으로 코로나 19 확진 환자와 사망자 수가 증가하면서, 우리나라 관광산업은 총체적인 위기를 맞았다.

흥미롭게도 서울 소재의 특급 호텔들은 불황을 타개하기 위해 호텔을 사무실로 이용하려는 고객들을 유치하는 데 심혈을 기울이고 있다. 삼성동 '인터컨티넨탈 서울 코엑스'는 2020년 6월 1일부터 8월

말까지 하프 데이 스페셜Half Day Special을 선보였다. 오전 8시부터 최대 12시간 동안 객실을 사용하며, 호텔 수영장과 피트니스 클럽을 이용할 수 있는 특전이 주어졌다.

서울 시내의 특급 호텔들은 호캉스 수요의 증가로 말미암아 주말에는 전 객실을 판매하는 곳도 있지만, 평일에는 코로나 19 여파로 경영이 악화된 호텔들이 많았다. 전염병으로 인한 환경변화를 탈피하기 위한 '호텔의 오피스화'는 우리나라뿐만 아니라 전 세계적으로 호텔업계가 주목하는 틈새 마케팅으로 활용되고 있다.[83]

코로나 19가 아니더라도 멋진 일류기업들은, 종사원들이 근무하면서 여가활동을 즐길 수 있도록 호텔이나 리조트와 같은 근무환경을 조성하고 있다. 일터에서 틈틈이 여가시간을 보냄으로써 조직 구성원들은 노동으로 인한 스트레스를 상시적으로 해소할 수 있는 방안을 모색할 수 있고, 노동의 질을 개선하면서 자신이 근무하고 있는 기업이나 단체에 대한 충성도를 높이고 있다.

조직 구성원들이 고급 호텔이나 리조트처럼 꾸며놓은 사무실에서 근무하게 되면 무미건조하게 칸막이로 구분해 놓은 공간에서 일할 때보다 경영성과를 높일 수 있다는 목소리에 귀를 기울여야 한다.

현재 우리 사회는 노동의 공간과 여가활동의 공간을 구분하고 있다. 사람들은 일할 때 열심히 일하고 주말이나 휴가기간에 여행을 떠나거나 자신이 좋아하는 여가활동을 즐기며 스트레스를 해소하고 삶의 에너지를 재충전한다.

흥미롭게도 조선사회는 오늘날과 달리 노동과 여가활동을 이분법적으로 접근하지 않았다. 임금과 관료들은 노동과 여가활동을 통합적으로 접근하여 일하면서 여가활동을 즐기거나 여가생활하며 일했다. 한국인들이 노동과 여가생활을 구분하게 된 계기는 20세기에 유입된 서양문화의 영향이 크다.

조선사회의 여가문화는 21세기 세계적인 초일류기업들이 추구하고 있는 미래지향적인 여가문화의 본질적 가치와 일맥상통한다. 심지어 전란 중에도 조선의 장수들과 병졸들은 틈틈이 여가활동을 즐겼고, 군인으로서의 자긍심을 충전하며 난제의 해법 도출에 매진했다.

종정도 놀이, 위계질서를 배우다

종정도從政圖는 보학譜學, 전고典故 등과 함께 조선시대 양반계층이 공부해야 하는 필수적인 덕목이었다. 각 관청에 관리가 배치되어 어떤 일을 맡는가를 이해하는 것은 꽤나 복잡하였다. 양반집 자제들은 이러한 내용을 보다 효과적으로 숙지하기 위해 종정도 놀이를 즐겼다. 관직의 서열을 벌여놓고 승진 또는 탈락 등을 내용으로 하는 오락은 중국 당나라 때부터 비롯되었다고 전해진다.[84]

이순신은 전란의 소용돌이가 잠잠해지는 순간순간마다 군사들과 함께 다양한 여가활동을 즐겼다. 사람들은 전쟁 중에 놀이를 즐겼다는 『난중일기』의 기록들을 접하며 놀랄 수 있다.

'전쟁 중에 놀이를 하다니 제 정신인가.'라고 의아해한다면 노동의 가치를 지나치게 신성시하는 가치관을 지닌 사람일 수 있다. 이러한 성향을 지닌 사람이라면 일중독자이거나 일중독자로 발전할 가능성이 크다는 위험신호일 수 있다.

지금까지 전해져 오는 종정도는 하륜의 관직도 내용과는 다르며,

종9품에서 정1품까지의 관직을 적어 넣음으로써 종정도 놀이의 대중화가 이루어졌다. 조선왕조는 무관보다 문관을 우대하였고 왕자와 공주, 왕족인 종친과 그들의 부인에게도 관직을 부여하였다.

종정도 놀이를 하려면 관직도官職圖, 윤목輪木, 각 색의 말이 있어야 한다. 종정도의 크기는 일정하지 않았으나, 대략 길이는 1.5m, 너비는 1m 정도였다. 전체 면적의 4분의 3에 300여 개의 칸을 만들고 관직 명을 써넣었다. 그리고 빈 공간에는 놀이의 규칙을 기입하였다.

조선왕조의 품계와 관직[85]

구분		품계	주요 관직
당상관		정1품	영의정, 좌의정, 우의정, 영사, 감사, 종친부의 군
		종1품	좌찬성, 우찬성, 돈령부, 의금부, 중추원의 판사
		정2품	좌참찬, 우참찬, 지사, 육조 판서, 한성부 판윤
		종2품	동지사, 육조 참판, 한성부 좌우윤, 대사헌
당하관	참상관	정3품	도정, 부위, 참의, 참지, 승정원 6승지, 대사간
		종3품	부정, 집의, 사간, 전한, 대호군, 부사
		정4품	사인, 규장각 직각, 사헌부 장령, 시강관, 응교
		종4품	경력, 참정, 서윤, 부응교, 편수관, 부호군, 군수
		정5품	검상, 정랑, 지평, 사의, 헌납, 교리, 직장, 찬의
		종5품	도사, 감부, 도찰, 판관, 교리, 직장, 찬의, 별좌
		정6품	좌랑, 감찰, 정언, 수찬, 전적, 기사관, 검교, 별제
		종6품	주부, 도사, 겸교수, 기사관, 별제, 부수찬, 찰방
	참하관	정7품	주서, 참군, 박사, 봉교, 기사관, 설서, 사경, 낭청
		종7품	직장, 기사관, 종사, 전히, 부사정, 수문장
		정8품	사록, 저작, 대교, 학정, 부직장, 기사관
		종8품	봉사, 기사관, 전곡, 별검, 상문, 부사맹
		정9품	전경, 정자, 기사관, 검열, 학록, 부봉사, 훈도
		종9품	참봉, 부정자, 분교관, 학유, 감역관, 전화, 도사

직사각형 형태의 도표에 관직명을 기입한 도표의 바깥 면에는 외직인 팔도의 감사, 수사, 주요 고을의 수령을 배치하였다. 도표 중앙부의 맨 윗부분에는 정1품과 종1품의 순으로 표기했으며, 마지막 아랫부분에는 종9품을 써넣었다.[86]

우리나라에서 언제부터 종정도 놀이가 시작되었는지 확인하기는 어렵지만, 조선 건국에 큰 공을 세운 하륜이 처음으로 만들어 보급시켰다는 설도 있다. 종정도 놀이는 조선시대의 민속놀이로 자리잡게 되면서 명절과 상관없이 상시적으로 즐겼던 놀이이자 여가활동이었다.[87]

조선시대의 관직은 아주 다양하여 종정도 놀이를 즐길 때에 모든 관직명을 표기하는 것은 현실적으로 불가능했으며, 놀이를 위한 도표의 크기에 따라 관직들을 선별하여 표기하였다.

또한 종정도 놀이는 윷놀이와 비슷한 방식으로 진행된다. "윷목을 던져 나온 끝수에 따라 말을 놓아 말직에서부터 차례로 승진하여 먼저 최고 관직에 이르는 편이 이기는 게임이다. 순조롭게 승진해 벼슬이 높아지기도 하지만, 자칫하면 파직이 되어 변방으로 밀려나거나 사약까지 받을 수도 있으므로 놀이의 긴장과 재미를 더한다."[88]

> 큰 비가 종일 내렸다. 초경에 곽란이 나서 한참 구토를 했는데, 삼경에 조금 가라앉았다. 몸을 뒤척거리며 앉았다 누웠다 하는데 괜한 고생을 하는 것 같아 이보다 더 한심스러운 게 없다. 이 날은 무료함이 너무 심해서 군관 송희립, 김대복, 오철 등을 불러서 종정도를 겨루었다.
> 『난중일기』 1596년 3월 21일

이순신은 주로 비가 내리는 날 종정도 놀이를 즐겼다. 아무래도 비가 오면 활쏘기나 사냥보다는 실내에서 즐길 수 있는 놀이가 제격이다.

그는 1594년 5월 14일에 동료들과 종정도 놀이를 하며 친목을 도모했다. "충청수사(이순신), 낙안군수(김준계), 임치첨사(홍견), 목포만호(전희광) 등이 와서 만났다. 영리營吏에게 시켜 종정도를 그리게 했다."

1596년 5월 27일에도 충청우후와 좌우후(이몽구)가 와서 종정도 놀이를 즐겼다. 전란이 발발한 지 5년째에 접어든 1596년에 장수들과 병졸들은 극도의 스트레스와 정신적 고통이 중첩되어 힘든 나날을 보내야만 했다. 전쟁이란 살기 위한 것인데, 전쟁을 준비하다 아군끼리 자중지란이 일어난다면 아군의 전투력은 심각한 위험에 빠질 수 있다. 그래서 전쟁 중에도 적절한 놀이를 통해 군사들의 안정적인 심리상태를 유지해야 한다.

이처럼 조선 수군은 전란 중에도 여가생활을 즐겼지만, 농경사회였던 조선은 근면성실하게 일하는 사람들을 높게 평가했다. 전국을 유람하며 떠돌아다니는 사람들에 대해서는 곱지 않은 시선으로 바라보았다. 식량문제를 온전하게 해결하지 못했던 당시의 상황에서는 현실적인 난제를 해결하기 위한 해법이었다.

자연스럽게 조선의 놀이문화는 위축될 수밖에 없었다. 당시에도 부유한 선비들이나 권력자들의 유람여행이 존재하기는 했지만, 특권층의 전유물이었기에 조선사회의 보편적인 문화현상으로 뿌리내릴 수는 없었다. 일반 백성들은 하루하루 벌어먹고 살기도 벅찬 삶속에서 여유로운 놀이나 여가생활은 사치에 불과했다.

조선인들은 백성들의 삶의 질을 개선하며 사회발전을 견인할 수 있는 여가문화의 중요성을 제대로 인식하지 못했다. 노동을 신성시하는 사회풍조는 조선 말기까지 지속되었고, 1910년에 일본에 나라를 빼앗기자 퇴폐적인 놀이문화가 한국사회에 급속하게 전파되는 계기가 되었다.

세월이 흘러 1988년에 치러진 서울올림픽을 계기로 한국인들은 국내여행은 물론이고 전 세계 어디든지 자유롭게 여행할 수 있는 시대를 맞이하였다. 하지만 한국사회는 여가문화의 순기능과 역기능에 대한 체계적인 연구와 대안이 마련되었다고 보기 어렵다.

반면 서양사회의 여가문화는 역사적으로 발전을 거듭해 왔다. 서양인들은 14세기에 이탈리아에서 시작된 르네상스운동을 전개하면서 여가문화의 관점에서도 큰 변화를 맞이하였다. 레오나르도 다빈치와 미켈란젤로, 라파엘로가 주도한 르네상스운동은 신본주의 사회에서 인본주의 사회로 변모하는 계기가 되었다.

유럽인들은 틈만 나면 성당에서 하느님께 기도하는 것을 중시했는데, 르네상스 운동 이후에는 종교생활을 하면서도 예전과 달리 하느님만을 전적으로 의지하던 생활습관에서 벗어나 인간 스스로 사후세계가 아닌, 현세에서 보다 멋지고 행복을 삶을 누려야 한다는 공감대가 확산되었다.

그들은 다른 대륙에 사는 사람들의 삶에 대해서도 많은 호기심과 궁금증을 가지게 되었다. 작은 배로는 타 대륙으로 항해하는 것이 불가능했기에 보다 크고 안전한 대형선박을 건조하며, 왕이나 귀족들의 후원을 받은 탐험가들이 아메리카와 인도 등지로 탐험여행을 떠나기 시작했다.

그 결과 유럽과 미국 중심의 서양사회가 세계를 주도하는 계기가 되었다. 유럽인들의 대항해시대는 그들에게 엄청난 황금과 귀한 보물들을 안겨주었고, 산업혁명을 일으킬 수 있는 충분한 재원과 과학적 역량을 고도화시킬 수 있는 토대가 되었다.

이제 우리는 여행하면서도 멋진 인생으로 나아가기 위한 지혜를 터득하는 여가문화를 확산시켜 나가야 한다. 한국인들은 여가활동을 보다 나은 삶으로 도약하기 위한 투자라고 인식하기보다는 시간과 경제적인 여건이 허락될 때 즐기는 소비행위로 인식하는 경향이 있다.

인간의 문명 자체가 놀이에서 비롯되었다는 호모 루덴스Homo Ludens의 관점에서도 놀이(여가활동)의 중요성은 재론의 여지가 없다. 인간은 노동과 놀이의 상호작용 속에서 노동의 질을 개선하며 행복한 삶으로 나아가야 한다.

사람들은 놀이를 즐기며 공동체에서 중요시하는 습관을 형성하고 사회적 가치를 자연스럽게 습득한다. 또한 놀이의 공정한 경쟁을 통해 승리의 중요성을 터득할 수 있고, 노동으로 인한 극심한 스트레스를 털어낼 수도 있다.[89]

놀이하는 인간을 상징하는 호모 루덴스는 노동과 대비되는 단순한 휴식으로서의 놀이 그 이상의 가치를 함축하고 있다. 인간의 놀이는 단순한 행동을 뛰어넘어 각 개인과 지역사회의 문화를 발전시키는 의미있는 행위로 인식되어야 한다.[90]

또한 여가활동은 노동의 질을 개선하는 데도 효과적이다. 노동으로 인한 단기적인 고통은 스스로 감내할 수 있지만, 고통이 장기화되면 이성적인 판단능력이 저하되어 사회적으로 지탄받는 돌출행동에 빠져들 수 있다. 반면 노동과 단절되어 매일매일 놀이에만 몰두해 있는 사람은 놀이의 재미와 유익을 실감하기 어렵다.

이순신의 건강과 음주문화

이순신은 장수들과 함께 술을 마시며 친교하는 것을 즐겼다. 『난중일기』에는 조선의 장수들이 즐겼던 음주문화의 단면이 고스란히 담겨 있다. 당시 군인들이 술을 마시며 교제했던 관행은 오늘날의 관점에서는 이해하기 어려운 측면이 있다.

장수들은 생사를 넘나드는 전쟁터에서 술을 마시며 현실의 고통을 잠시 잊기도 하고, 군인으로서의 자긍심을 확인하기도 했다. 또한 첩보를 공유했으며 적을 섬멸하기 위해서는 자주 만날 수밖에 없었고, 공무를 마친 후 장수들과 우정을 나누는 음주는 단합을 촉진하는 순기능도 발휘했다.

하지만 전란 중에 먹을 것이 없어서 굶어죽는 백성들이 적지 않았던 현실 속에서 조선의 장수들이 즐겼던 음주는 지나친 측면이 있다. 곡물로 술을 빚는 전통주의 특성을 고려할 때, 장수들에게 술을 공급하려면 엄청난 양의 곡물이 필요했을 것이다.

1594년 7월 20일에도 이순신은 장수들과 아침부터 저녁까지 술을 마시며 교제하였다. "아침을 먹은 뒤 파총이 내 배로 내려와서 조용히 이야기하였다. 이별주 7잔을 마신 뒤 닻줄을 풀고 함께 포구 밖으로 나가 재삼 간절한 뜻을 표하며 전송하는데 마음이 아쉬웠다. 그길로 경수(이억기)와 충청수사, 순천부사, 발포만호(황정록), 사도첨사(김완)와 같이 사인암으로 올라가 하루 종일 취하고 이야기하다가 돌아왔다."

> 맑음. 아침에 미조항 첨사(김승룡)가 와서 만났다. 술 석 잔을 권하고서 보냈다. 종사관의 공문 3건을 작성하여 보냈다. 식후에 사정射亭으로 올라가니, 경상우수사(원균)가 와서 만났다. 술 10잔을 마시고 취하여 말에 광기가 많았으니 우스운 일이다. 우조방장도 와서 함께 취했다. 저물어서 활 3순을 쏘았다. 『난중일기』 1594년 2월 11일

　장군은 1594년 7월 27일에 몸이 불편하여 술을 조금밖에 마시지 못했다. 적의 동태를 살피며 늘 전투태세를 유지해야 하는 수군 장수의 막중한 책무는 그의 심신을 괴롭혔다. 1597년 2월에 체포되어 한양으로 압송되었고, 온갖 고초를 겪은 후에는 건강이 크게 악화되었다.

> 흐리고 바람이 불었다. 밤의 꿈에 머리를 풀고 곡을 했는데, 이것은 매우 길한 조짐이라고 한다. 이날 충청수사, 순천부사와 함께 누대 위에서 활을 쏘았다. 충청수사(이순신)가 과하주를 가지고 왔다. 나는 몸이 불편하여 조금 마셨는데 역시 좋지 않았다.
> 『난중일기』 1594년 7월 27일

　그는 1595년 5월 5일에도 수군 장수들과 회합했는데, 몸이 몹시 불편하여 괴로워했다. "우수사와 경상수사가 여러 장수들과 모였다. 신시申時 말에 종사관 유공진이 들어왔다. 이충일, 최대성, 신경황이 함께 왔다. 몸이 춥고 불편해서 앓다가 토하고 잤다."

　동년 8월 15일에도 이순신은 장수들과 술을 마시며 친교했다. "이날 삼도의 사수射手와 본도의 잡색군에게 음식을 먹이고, 종일 여러 장수들과 함께 술에 취했다. 이날 밤 희미한 달빛이 누대를 비추어 자려 해도 잠들지 못하고 밤새도록 시를 읊었다."

　이처럼 이순신은 『난중일기』에 장수들을 초대하여 술을 마시거나 음식을 대접했던 이야기들을 반복적으로 기록하였다. 남해현령이 경상수사를 만나고 이순신을 만나러 왔을 때에도 술에 몹시 취해 있었다고 그는 담담히 기록하였는데, 장수들이 술주정하는 행위에 대해서는 비교적 관대하게 받아들였다.

　모범적인 삶을 살았고 자신의 목숨보다 전란으로부터 나라를 구해야 한다는 일념으로 전쟁에 임했던 장군께서 술을 마셨던 이야기들을 진솔하게 기록한 것을 보면, 당시 조선의 장수들은 술을 즐겼고 사회적으로도 용인된 문화였음을 짐작해 볼 수 있다.

그러나 술을 지나치게 많이 마시면 소화기 질환과 심혈관 질환, 당뇨병 등의 합병증으로 인해 사망에 이를 수 있고, 정신건강에 치명적인 손상을 일으킬 수 있다. 세계보건기구도 지나친 음주에 따른 신체적·정신적 건강의 위험성을 경고하고 있다. 정신건강이 나빠지면 우울, 불안, 정서적 통제 상실 등의 부작용이 수반된다.[91)]

오늘날에도 우리의 음주문화는 다양한 부작용을 초래하고 있다. 대학에서 입학식을 마친 후 선배들이 후배들에게 술을 강요하여 사망하는 사고가 발생하기도 하는데, 윗사람이 아랫사람에게 강제로 술을 먹이는 관행은 사라져야 한다. 함께 어울리면서도 상사나 동료의 눈치를 보지 않고 자기 주량만큼 자유롭게 술을 마실 수 있다면 음주에 따른 부작용은 줄어들 것이다.

음주운전 사고에 따른 사회적 피해는 엄청나다. 다정하게 인도를 걸어가던 연인이 술에 취한 음주운전자의 난폭운전으로 말미암아 사망했다는 뉴스를 접했을 때, 나는 큰 충격을 받았다. 도로 위를 달려야 할 자동차가 갑자기 인도로 돌진하여 결혼식을 앞둔 신랑과 신부의 행복한 미래를 송두리째 빼앗아버린 만행은 음주의 부작용을 상징하기에 충분하다.

사람들은 심리적인 압박과 스트레스가 가중되면 이를 탈피하기 위해 술을 마시고픈 충동을 느낄 수 있다. 그러나 과음은 정신질환을 유발할 수 있고 자살 위험도 증가시킨다. 반면 가볍게 마시는 음주는 혈액순환에 도움이 되고 긴장을 이완시키며, 인간관계의 개선에도 도움을 줄 수 있다.

과도한 음주습관이 개선되지 않으면 스트레스가 증가하고 우울한 기분과 자살 충동 등으로 인해 정신건강에 심각한 위험을 초래할 수 있다. 여성의 사회 참여가 증가하고 있는 현실을 고려할 때 남성 음주자에 대한 대응책 외에도 여성 음주자의 음주습관을 개선하고 부작용을 치유할 수 있는 대응책도 모색되어야 한다.[92]

우리나라는 「국민건강증진법」을 제정하여 시민들로 하여금 건강에 대한 가치와 책임의식을 함양하고 건강한 생활을 실천할 수 있는 여건 조성에 심혈을 기울이고 있다. 건강관리란 개인 또는 집단이 건강에 유익한 행위를 지속적으로 수행함으로써 건강한 상태를 유지하는 것을 의미한다.

국민건강증진사업은 보건교육, 질병예방, 영양개선, 신체활동장려, 건강관리 및 건강생활의 실천에 집중하고 있다. 보건교육은 개인 또는 집단으로 하여금 건강에 유익한 행위를 자발적으로 수행하는 데 큰 도움이 된다. 건강친화제도는 근로자의 건강증진을 위하여 직장 내 문화와 환경을 건강 친화적으로 조성하고, 근로자가 자신의 건강관리를 적극적으로 수행할 수 있도록 교육하며, 관련 상담 프로그램 등을 지원한다.

한편으로 생활수준이 향상되면서 와인, 위스키, 맥주 외에도 전통주의 판매량도 꾸준히 증가하고 있다. 우리나라는 전통적으로 음주에 관대한 편이고, 손님이 오면 음식과 함께 술을 대접하는 데 익숙하다.

적절한 음주는 기분전환과 심리적 안정에 도움이 되고 여가활동에도 긍정적인 효과가 있지만, 과도한 음주는 신체뿐만 아니라 정신 건강에도 해가 되며, 가정폭력과 가족 간의 불화를 유발하는 원인이 되기도 한다.

성인의 음주 습관을 음주 안 함, 정상음주, 문제음주, 알코올 남용·의존 등으로 구분하여 연구한 결과에 따르면 과도한 음주에 따른 부작용은 심각하며, 성별에 따라서도 서로 상이한 결과가 도출되었다.[93]

남성의 문제음주는 30~39세, 19~29세 순으로 나타났으며, 알코올 남용·의존은 40대, 50대 순으로 나타나 30대 이후 50대까지 술로 인한 부작용을 효과적으로 극복하지 못하는 것으로 나타났다. 반면 여성들은 20대에 술을 즐기는 자들이 가장 많지만 나이가 들어가면서 음주량이 감소하는 것으로 나타났다. 따라서 음주로 인한 부작용은 여성보다 남성이 심각함을 알 수 있다.

우리나라 남성들이 여성들보다 술을 많이 마시며, 중년의 나이에도 쉽게 극복하지 못하는 이유는 남성들의 놀이문화가 여성들보다 다양하지 못한 데서 실마리를 찾아볼 수 있다. 여성들은 친구를 만나면 수다를 떠는 데 익숙하고, 남성들은 친구를 만나면 술을 마시는 데 익숙하다.

술 자체가 나쁘다고 할 수는 없다. 친교하며 가볍게 마시는 술은 모임이나 비즈니스의 순기능을 촉진할 수 있다. 하지만 술을 과하게 마시며 진행되는 교제는 다양한 부작용을 초래하여 파멸의 길로 나아가는 독이 될 수 있다.

코리안
리더십

일터에서 체험하는 여가활동

조선을 건국한 주도 세력은 고려 말기의 부정부패에 바둑도 한 몫을 하였던 것으로 인식했다. 하지만 세종 대에 접어들어 왕족들과 권력층 사이에서 점차로 인기를 끌면서 대중들에게까지 확산되었다.[94]

이순신은 바둑과 장기를 즐겼다. 『난중일기』에는 바둑을 두며 장수들과 소통했던 다양한 이야기들이 실려 있다. 그는 1594년 4월 20일에 충청수사(구사직)와 장흥부사 등과 함께 바둑을 두고 군사적인 문제를 논의했다. 동년 7월 29일에는 순천부사(권준)와 충청수사(이순신)가 바둑 두는 모습을 구경했다. 1595년 3월 21일에도 이순신은 조방장 박종남과 바둑을 두며 담소를 나눴다.

그는 『난중일기』에 장기를 두

> 몸이 몹시 불편하여 종일 누워서 신음했다. 식은땀이 때도 없이 흘러 옷을 적시어 억지로 일어나 앉았다. 늦게 비가 내리다가 가끔 개기도 했다. 순천부사가 와서 만나고 우영공도 와서 만났다. 이첨사(이순신)도 왔다. 종일 장기를 두었다. 몸이 몹시 불편했다. 가리포 첨사도 왔다. 본영의 탐후선이 들어와서 어머니께서 평안하시다고 한다.
> 『난중일기』 1593년 8월 12일

며 장수들과 소통했던 이야기들도 기록하였다. 1595년 1월 21일에 이순신은 이경명과 장기를 두었다. 동년 3월 12일에는 박 조방장과 우후 이몽구가 장기 두는 것을 구경하였다. 동월 25일에도 이순신은 장수들을 만나 장기를 두었다.

"권 동지(권준)와 우후, 남도포 만호, 나주반자羅州半刺가 와서 만났다. 영광군수(정연)도 왔다. 권 동지와 장기를 두었는데 권준이 이겼다. 저녁에 몸이 몹시 불편했는데 닭이 울어서야 열이 조금 내리고 땀이 흐르지 않았다."

이 밖에도 『난중일기』에는 씨름角力을 하며 장졸들과 화합을 도모했던 이야기도 등장한다. 당시 씨름은 병졸들의 놀이수단으로서 군인들의 사기를 높이고 상무정신을 고취하기 위한 놀이였지만, 상황에 따라서는 장수와 병졸들이 어우러져 즐기기도 하였다.

본래 씨름은 2명이 다리와 허리의 샅바를 맞붙잡고, 일정한 규칙 아래 힘과 재주를 이용하여 상대 선수의 발바닥 이외의 신체부분을 바닥에 먼저 닿게 넘어뜨리면 이기는 경기다.[95]

> 맑음. … 경상수사가 술잔 돌리기가 한창일 때 씨름을 시켰는데, 낙안군수 임계형이 장원이었다. 밤이 깊도록 이들을 즐겁게 뛰놀게 한 것은 내 자신만이 즐겁게 하자는 것이 아니라, 다만 오랫동안 고생하는 장병들에게 노곤함을 풀어 주고자 한 계획인 것이다.
> 『난중일기』 1596년 5월 5일

이순신은 전쟁의 소용돌이가 극심했던 시기(1592년, 1593년, 1597년, 1598년)에는 활쏘기 중심의 여가생활을 선호했지만, 전쟁이 소강상태에 접어든 1594년부터 약 3년 동안에는 사냥, 바둑, 장기, 씨름 등 다채로운 여가활동에 참여함으로써 전란으로 인한 스트레스를 극복하며 군인들의 사기 진작을 도모하였다.

조선 수군은 전란 중에도 병사들의 처지를 고려하여 휴가를 보내기도 했다. 이순신은 『난중일기』에 부하 장수들과 장졸들을 휴가 보낸 내용들을 기록하였다. 흥양현감(배흥립)은 1593년 9월 11일에 휴가를 받았으며, 1595년 7월 16일에도 이순신은 휴가신청서를 승인하였다. "미조항 첨사(성윤문)와 사도 첨사(김완)가 휴가신청서를 올리기에 성 첨사에게는 10일, 김 첨사에게는 3일 주어 보냈다."

『난중일기』에는 이순신 장군의 낭만적인 성품을 이해할 수 있는 기록들도 남아있다.

"우수사가 와서 같이 이야기했다. 밤이 깊은데 해海의 피리소리와 영수永壽의 거문고 타는 소리를 들으면서 조용히 이야기하다가 헤어졌다."(1594년 6월 9일)

"이경二更에 바다의 달빛이 누대에 가득 차니, 가을 생각이 매우 어지러워 누대 위를 배회하였다."(1595년 7월 9일)

"아침에 새로 만든 가야금에 줄을 맺다."(1596년 3월 19일)

이순신은 전란 중에도 동료들과 함께 틈나는 대로 활쏘기, 사냥, 장기, 바둑, 씨름, 악기 연주 및 감상 등의 활동을 통해 심신의 피로 회복과 삶의 에너지를 재충전하는 데 많은 노력을 기울였다.

병사들의 전투력은 일상적인 삶이 보람 있고 행복해야만 경쟁력을 확보할 수 있다. 전란 중의 군인이라 하더라도 여가활동을 생략한 채 매일매일 군사훈련에만 매진한다면, 군인들의 사기는 떨어지고 스트레스가 중첩되어 전투력은 저하될 수밖에 없다.

역사적으로 여가활동은 유한계급이 세상을 주도했던 중세 이전의 전통사회, 여가활동이 천시되었던 근대산업사회, 그리고 대중여가사회 등으로 구분된다. 사람들의 여가활동은 사회 변천과 가치관의 변화를 반영하고 있으며, 시민들이 여가활동을 바라보는 시선도 노동에 대한 가치관과 상호작용하며 변모하였다.[96]

잉여생산물이 제한되었던 원시사회에서 사람들은 생존을 위해 노동을 해야만 했다. 당시에도 종교생활이나 정치 활동과 문화생활이 존재했지만 미미했다.

지배계층과 피지배계층이 형성되는 고대사회에서 권력계층은 노예제도나 하층민들 덕에 육체노동으로부터 해방되어 종교, 정치, 교육, 여행 등의 활동에 집중할 수 있었다. 그들은 노동에서 벗어나 자유롭게 여가활동에 참여할 수 있는 특권을 부여받았다.

유럽사회가 중세시대에 접어들자 기독교의 사회적 영향력은 약화되었고, 르네상스운동이 전개되면서 종교생활 중심의 사회풍조가 약화되며 인본주의가 확산되었다.

인본주의의 확산은 사람들의 여가활동에 대한 인식에도 커다란 변화를 가져왔다. 그들은 고대 그리스와 로마 시민들이 즐겼던 인간 중심적인 문화생활을 경험하려는 욕구가 강해졌고, 인적 교제의 품격을 높여주는 파티 등의 사교생활과 다양한 여가활동에도 관심을 집중시켰는데, 지구촌 구석구석을 탐험하는 대여행시대를 맞이하였다.

시민들은 쾌락적이며 향락적인 여가활동의 역기능보다 자아계발이나 지적 욕구를 충족시키는 여가문화의 중요성을 깨닫게 되었다. 왕족과 부유한 귀족의 후원하에 유럽의 음악, 미술, 발레, 문학 등이 전성기를 맞이하였고, 오페라하우스 등 다양한 공연장들이 건설되었다.

　노동에 대한 가치관도 새롭게 정립되었다. 고통이나 형벌로 여겨졌던 노동은 신성한 종교적인 의무이자 도덕적인 가치로 인식되면서, 열심히 일하는 사람은 존경받을 만하지만 게으름을 피우며 일하지 않는 사람의 행위는 순리에 어긋난다는 사회적인 분위기가 확산되었다.

　아이러니컬하게도 노동이 신성시되자 일하지 않고 부귀영화를 누리며 멋진 여가생활을 누려왔던 특권계층은 사회적인 비판대상으로 인식되었다. 사회학자들은 이러한 신풍조를 '근대적 노동관'이라 부른다. 또한 육체노동자도 사회적으로 존경받을 수 있다는 여건이 성숙되었고, 산업사회를 앞당기는 데에도 크게 기여했다.

　이즈음 조선사회는 사농공상의 전통적 가치관을 신봉하며 왕족과 사대부들이 기득권을 형성하였고, 그들은 하층민들의 고통스러운 육체노동 덕에 호사스러운 생활을 누릴 수 있었다. 아쉽게도 조선의 상공업자들은 농사꾼보다 못한 대우를 받는 풍조 속에서 상공업의 발전은 한계에 부딪쳤고, 국부를 농업생산성에 의지하려는 시대착오적인 풍조를 극복하지 못했다.

　세월의 흐름 속에서 1700년대 이후의 유럽사회는 기득권 세력 중심의 전통주의가 약화되면서 개인주의가 확산되었고, 공개경쟁을 통한 성취를 정당화하였으며, 실용적이고 합리적인 가치를 중시하는 사회로 변모하였다.

　유럽의 국가들은 산업생산을 통한 부의 창출 위력을 경험하며 보다 발전된 산업사회로 나아가기 위한 치열한 경쟁에 돌입하자, 여가활동은 신성한 노동의 품격을 방해하는 행위로 간주되는 풍조가 확산되었다.

18세기 중엽에 다다르자 유럽의 일반 평민과 새롭게 부상한 부르주아계급은 여가생활을 서로 다른 관점에서 해석하며 마찰을 일으켰다. 오늘날 한국사회는 주6일에서 주5일을 근무하는 사회로 변모했지만, 당시 유럽의 평민들은 1년 중 일하는 날이 노는 날보다 적었을 만큼 부지런하게 일하는 사회풍조에 익숙하지 않았다.

반면 산업사회를 주도한 신흥 중산층 세력은 노동일 수를 확대하여 부를 증대하는 것을 선호함에 따라 산업노동현장에서는 노동자와 경영자 간의 갈등이 심화될 수밖에 없었다. 당시 평범한 시민들의 여가활동은 사회발전을 저해하는 행위로 간주되기도 했다.

20세기에 접어들어 제1차, 제2차 세계대전의 영향으로 유럽사회는 경제적으로 큰 어려움을 겪었고, 신흥 강대국으로 부상한 미국도 1930년대에 경제 대공항으로 어려움을 겪기도 했지만 비약적인 경제발전으로 인해 시민들은 풍요로운 생활을 만끽할 수 있는 토대를 마련했다.

미국은 1920년대에 도시화가 급속히 확산되었으며, 전국적으로 대도시의 규모가 팽창하면서 대량소비와 여행 등의 여가활동이 대중화되는 계기를 마련했다. 자동차 보급의 대중화는 철도 이용자의 수를 감소시켰지만 영화산업과 프로스포츠 시장의 활성화에 지대한 영향을 미쳤고, 여가산업의 고속성장을 견인하는 원동력이 되었다.

자기계발과 지적 체험, 그리고 노동의 질 개선 효과 등 여가문화의 순기능이 부각됨에 따라 대중들의 여가활동은 행복한 인생을 위한 필수적인 체험으로 자리매김하였다.

반면 우리나라의 여가문화는 역사적인 흐름 속에서 체계적으로 발전하지 못하는 한계를 드러냈다. 중세시대는 물론이고 20세기 초반기까지만 해도 한국인의 여가문화는 소수의 특권층에 의해 주도되었다. 일반 대중들은 경제적인 어려움 때문에 여가생활을 누리기 어려웠다. 안타깝게도 일제강점기를 거치면서 창녀촌 등의 퇴폐적인 문화가 철도역을 중심으로 유입되면서 우리나라의 여가문화는 자기계발과 지적 체험 등의 순기능보다, 사회발전을 저해할 수 있는 역기능이 확산되는 모순을 낳고 말았다.

21세기에 접어들어 한국사회는 경제 성장률 둔화와 저출산의 문제 외에도 일중독자의 치유 문제가 부각되고 있다. 급격한 도시화로 인해 시민들은 농경사회에서 경험할 수 없었던 정서적인 장애와 정신적인 스트레스에 신음하고 있다.

한국사회는 경제적으로는 선진국 반열에 올라섰지만, 우리의 여가문화는 음주가무의 부작용에서 온전히 벗어나지 못하고 있다. 이제 한국인들은 우리문화의 역동성과 창의적인 문제해결능력을 토대로 선진적인 여가문화의 정립을 앞당겨야 한다. 노동과 여가생활은 실과 바늘처럼 분리하기보다 통합적인 해법을 모색해야만 실효성을 높일 수 있다.

여가활동의 역기능인 퇴폐문화가 쉽사리 치유되지 못하는 현상은 단지 우리 사회만의 문제는 아니지만, 여가생활의 역기능이 자기계발과 지적 체험 등의 순기능을 앞서지 못하도록 관리해야 한다.

여가체험의 중요성은 긍정심리학positive psychology의 관점에서도 타당성을 확인할 수 있다. 긍정심리학은 인간의 삶 속에서 열악한 환경으로 인해 피폐해진 심리를 치료하는 차원을 뛰어넘어 개인의 긍정적인 자질을 향상시키는 데 초점을 맞추고 있다.[97]

긍정심리학에서 진화된 긍정심리자본positive psychological capital은 경제적인 자본에서 탈피하여 인간의 심리적 강점을 자본화함으로써 인간의 행복한 삶을 증진하는 데 관심을 집중시키며, 인간 개개인의 발전을 촉진하는 긍정적 심리상태를 중시한다.[98]

무엇보다도 긍정심리자본은 주어진 환경하에서 자신감을 갖고 성공적으로 업무를 수행하기 위한 자기효능감self-efficacy, 목표를 달성하고 실행계획을 성공적으로 수행할 수 있는 원동력인 희망hope, 주어진 환경과 성공적인 미래를 위해 긍정적으로 세상을 바라보는 낙관주의optimism, 어려움이나 난관에 직면했을 때 본래의 상태로 회귀하려는 복원력resilience 등을 중시한다.[99]

한국사회는 노동현장에서의 경쟁력뿐만 아니라 여행 등의 여가활동의 공간에서도 스트레스 해소나 삶의 에너지를 충전하는 목적 외에도 각 개인의 인생을 발전시키는 데 유용한 정보나 지혜를 터득하며 자기계발을 위한 여가체험을 확산시켜 나가야 한다.

Korean Leadership

Epilogue

대한민국은 경제적으로는 선진국 대열에 합류하였다. 역사적으로 우리 민족은 흥망성쇠를 거듭해 왔고, 위기상황에 처할 때는 이순신 장군 같은 위대한 영웅이 나타나 난세를 극복해 왔던 저력을 지니고 있다.

2020년에는 코로나 19로 인해 한국인들뿐만 아니라 전 세계인들이 어려움을 겪고 있다. 대한민국은 전 세계를 강타한 전염병을 탁월한 방역시스템으로 관리하여 세계인들의 찬사를 받았다.

이제 한류문화는 음악, 드라마, 영화 외에도 다양한 영역에서 세계인들을 감동시키고 있다. 이와 같은 한민족의 창조성은 대한민국이 명실상부한 강대국으로 도약하는 밑거름이 될 것이다.

국가든 기업이든 앞서나가려면 훌륭한 지도자를 키워내야 한다. 한국인들은 그동안 서구적인 리더십이나 중국대륙에서 전해진 리더십에 심취해 있었음을 부인하기 어렵다. 조선시대에는 명나라와 청나라의 영향하에서 우리 민족의 자주적인 역량들이 상당 부분 훼손되었다.

세상의 만물이 그렇듯이 한 나라의 역사도 변하기 마련이다. 대한민국은 21세기를 맞이하여 새롭게 도약할 수 있는 전기를 마련하였다. 우리 마음속에 내재되어 있는 열등감과 피해의식을 극복하고, 세계인들을 이끌 수 있는 코리안 리더십을 정립해야만 한다.

우리의 유구한 역사 속에 축적된 위인들을 체계적으로 분석해 보면 세계인들을 이끌 수 있는 코리안 리더십의 핵심적인 가치들을 찾아낼 수 있다. 특별히 이순신 장군은 기득권 세력이 아닌 보통 사람으로서 위기에 처한 나라를 구한 성웅이라는 점에서 시사하는 바가 크다.

조선 건국 후 이순신의 가문은 위세가 당당했지만, 그가 태어났을 때는 과거의 영화를 논할 수 없을 만큼 쇠락해 있었다. 그는 1545년 3월 8일에 한성에서 태어났고, 외가가 있는 충청도 아산으로 이주하여 어린 시절과 청년기를 보냈다.

그는 32세 때인 1576년 2월에 식년무과시험에 지원하여 병과 제4인으로 급제하여 북방지역의 하급군관으로서 장수의 삶을 시작했다. 1587년에는 함경도 조산의 만호와 녹둔도 둔전관을 겸하고 있었는데, 기습으로 침투한 여진족과의 전투에서 패하여 파직되었다. 그리고 이듬해인 1588년 두만강 하류의 녹둔도 전투에서 여진족을 크게 무찔러 명예를 회복했다.

우여곡절 끝에 이순신은 무과에 급제한 지 13년 후인 1589년에 정읍현감으로 부임하였다. 1591년 2월 초에 진도군수로 발령받았지만, 동년 2월 13일에 전라좌수사(정3품)로 발탁되어 진도군수로 부임하기 직전에 전라좌수사로 임명되었다. 이순신이 전라좌수사로 부임하는 데는 유성룡의 도움이 컸다.

당시 조정에서는 일본을 다녀온 통신사들의 견해를 토대로 일본이 조선을 침략할 것이라는 견해와 침략하지 않을 것이라는 견해가 팽팽히 대립했지만, 전쟁이 발발하지 않을 것이라는 낙관론을 받아들였다.

조선 건국 후 약 200여 년간 평화롭게 지내온 것이 독이 되어 조선의 권력자들은 주변국들의 정보 분석에 만전을 기하지 못했고, 새롭게 부상하고 있는 일본의 군사력을 폄하하였다. 다행히도 이순신 장군을 비롯한 몇몇 관료들은 일본의 침략을 대비하는 데 만전을 기했다.

1592년 4월 13일에 일본군 함대 수백여 척이 부산 앞바다로 밀려들며 임진왜란이 발발했다. 이 지역을 관할하던 경상좌수사 박홍은 성을 버리고 경주로 달아났을 만큼 경상좌수군의 전쟁준비는 미흡했다.

일본군이 도성을 향해 파죽지세로 북상하자 선조는 황급히 북으로의 피난길에 올랐다. 임금은 4월 29일에 광해군을 세자로 삼아 민심 수습을 당부하였다. 선조 일행이 북으로 피난하자 백성들은 도성 안의 궁궐들을 불태워버렸다.

이순신은 묵묵히 자신의 소임에 충실했고, 유비무환의 정신으로 최정예 수군 육성에 박차를 가했다. 그는 거북선을 건조하고 판옥선 수를 늘리는 데 집중했고, 해상전투를 위한 강도 높은 훈련에도 혼신의 힘을 다했다.

조선 수군은 판옥선과 거북선에 장착된 다양한 화포들을 사용해 일본 전선들을 효과적으로 파괴할 수 있었다. 또한 조선의 전함들은 바닥이 넓어 회전이 용이했다. 나무못을 사용하여 조선 함선의 강도를 배가한 점도 전투력을 향상시켰다.

거북선은 판옥선에 뚜껑을 덮어놓은 선박 정도로 인식될 수 있지만, 임진왜란 당시의 거북선은 일본 수군을 압도할 수 있는 비대칭무기였다. 당시 조선 수군은 지자총통과 현자총통 같은 화포를 사용해 적선들을 침몰시킬 수 있었지만, 진주대첩 등의 육상전투에서는 비격진천뢰가 적을 제압하는 데 혁혁한 공을 세웠다.

반면 일본 수군의 주력 전함은 대형선박인 아타케부네과 중형 선박인 세키부네였는데, 선체가 튼튼하지 못해 화포 공격을 받으면 힘없이 부서졌다. 아타케부네는 큰 선박이었지만 판옥선이나 거북선과 달리 화포 공격이 용이하지 않았다.

일본은 16세기 중엽 포르투갈 상인으로부터 조총을 구입했는데, 격발장치가 있어서 방아쇠를 당기면 탄환이 발사되었고 명중률이 높고 편리했다. 임진왜란 때 일본군의 피해도 심각했는데 죽음을 각오하고 주군에 충성을 맹세하는 일본인 특유의 무사 기질은, 그들이 추구했던 집단주의 문화에서 실마리를 유추해 볼 수 있다.

마침내 이순신 장군은 1592년 5월 7일 옥포해전에서 첫 번째 승전보를 올렸다. 죽음과 공포에 대한 조선 병졸들의 걱정이 사라지기도 전에 천자총통과 지자총통에서 불을 뿜어대기 시작했고, 화살들도 일본 함선들을 향해 빗발쳤다. 순식간에 적선들은 부서지며 바닷속으로 가라앉기 시작했다. 병사들은 일본 함선들이 초토화되는 광경을 바라보며 불패신화의 서막을 목격했다.

사천, 당포, 당항포, 율포에서 벌어진 제2차 출전(1592.5.29~6.10)에서도 이순신이 이끄는 조선 수군은 전승하였는데, 거북선이 처음으로 출전하였다. 거북선은 판옥선과 달리 근접전투를 하면서도 아군의 피해를 예방할 수 있었기에, 근접 화포공격으로 적의 대장선을 무력화하며 적군의 대열을 흩트려 놓는 데 혁혁한 공을 세웠다.

이순신은 동년 7월 8일에 벌어진 한산대첩에서도 일본 수군을 완벽하게 제압했다. 그는 한산대첩에서 유인전략의 진수를 보여주었다. 와키자카 야스하루가 이끄는 70여 척의 함대는 조선 수군의 학익진 전법에 휘말려 제대로 싸워보지도 못하고 참패를 당했다.

판옥선은 배의 4면에서 함포사격이 가능하도록 설계되었는데, 빠른 방향 전환과 쉼 없이 발사되는 포탄들은 조총으로 무장한 일본군을 원거리에서 제압할 수 비대칭 전략무기였다. 또한 이순신은 전쟁이 끝나고 나면 부하 장수들은 물론이고 힘없는 병졸들의 업적에 대해서도 상세하게 보고하였다.

조선 수군은 한산대첩 이후 부산지역을 제외한 남해안 일대의 제해권을 완전히 회복하였다. 1592년 9월 1일에 조선 수군은 새벽에 출발하여 하루 종일 전쟁을 벌였는데, 화준구미, 다대포, 서평포, 절영도, 초량목, 부산포 등 6곳에서 승리를 거두었다.

조명연합군도 점차로 일본군과의 지상전에서 전세를 반전시켜 나갔다. 자연스럽게 강화교섭이 진행되었지만, 명나라 지원군은 희생이 큰 전쟁으로 일본군을 몰아내는 접근법을 꺼렸다.

강화교섭이 진행되던 1593년 7월에 조선 수군은 3도 수군 통제영을 한산도로 옮겼고, 8월에는 이순신 장군이 삼도수군통제사로 임명되어 조선 수군의 지휘체계가 보다 공고해졌다. 이후 강화협상이 본격화되었고, 10월에는 선조가 한양으로 귀환하였다.

강화교섭이 진행되는 와중에도 이순신은 첩보전에 만전을 기했고,

지속되는 전투에서도 불패신화를 이어나갔다. 조선 수군과 일본군 간에 소강상태가 장기화되자 선조는 이순신을 불신하기 시작했다. 조정의 관료들도 선조의 불편한 심기에 불을 지폈다.

1596년 9월에 명나라 사절단은 도요토미 히데요시를 만나 양국의 입장을 조율하였으나 입장 차이는 좁혀지지 않았다. 전란의 소강상태가 장기화되자 선조는 마음이 조급해졌고, 급기야 이순신에게 부산에 둥지를 틀고 있는 일본군의 본진을 공격하라는 교지를 내렸다. 부산포 일대에 주둔한 일본군에 대한 공격은 신중하게 접근해야 한다는 명장 이순신의 충언에 선조는 귀를 닫아버렸다.

이순신은 선조의 계속되는 명을 따르지 않았는데, 결국 그는 1597년 3월 4일에 투옥되어 온갖 고초를 겪었고, 동년 4월 1일에 풀려나 백의종군하였다.

그는 임진왜란 이후 건강상태가 좋은 편은 아니었으나, 온갖 고초를 겪고 백의종군하게 되는 동년 4월 이후에는 몸 상태가 예전보다 나빠져 자주 병치레를 했다. 장군은 4월 13일에 어머님을 뵙기 위해 길을 재촉했지만, 종 순화로부터 어머님의 부고 소식을 접하고 통곡했다.

선조는 원균을 삼도수군통제사로 임명한 후 부산포 공격을 명령했다. 선조의 오판은 지속되었고 그의 참모들은 임금의 눈치를 살피기에 급급했다. 선조의 명을 거스르지 못했던 권율은 지속적으로 부산포 공격을 명령했고, 원균은 자의 반 타의 반으로 부산포공격을 준비했다.

이즈음 배설은 12척의 전함을 거느리고 도주했고, 동년 7월 15일에 원균이 이끄는 조선 수군 함대는 거제도의 칠천량에서 왜군에게 기습을 당했다. 안타깝게도 조선 수군은 130여 척의 전함을 잃었는데, 100여 척의 판옥선과 3척의 거북선도 포함되어 있었다.

칠천량해전에서 대패하자 선조와 대신들은 충격에 휩싸였다. 당시 일본군은 여세를 몰아 조선을 완전히 제압하려 하였다. 선조는 황급히 동년 7월 22일에 백의종군 중인 이순신을 삼도수군통제사로 재임명하는 교지를 내렸다.

강화협상이 실패하자 일본은 1597년 8월에 재차 조선을 침공하며 정유재란이 발발했다. 가토 기요사마가 지휘하는 왜군 12만 명이 부산으로 침략해 남해안 일대의 왜성에 웅크리고 있던 약 2만 명의 왜군과 합류했다.

마침내 동년 9월 16일에 133척의 일본 수군과 13척의 조선 수군은 울돌목에서 충돌하며 명량대첩이 발발했다. 수적으로 조선군을 압도했던 일본의 함선들은 겁 없이 명량해협으로 돌진해 왔다.

조선 함대는 일자진 전법으로 임할 수밖에 없었고, 수적으로 10배가량인 적선들을 맞이하여 조선 수군은 물러설 수 없는 일전을 치러야만 했다. 이순신의 발포 명령이 내려지자 적선들은 하나둘씩 침몰하기 시작했고, 30척이 넘는 왜선들은 조선 수군의 화포 공격과 울돌목의 물살을 통제하지 못한 채 파괴되었다.

이순신은 명량대첩에서 승리함으로써 남해바다를 통제할 수 있었고, 한양 인근에 머물던 일본군은 보급이 차단되어 남해안의 왜성으로 후퇴할 수밖에 없었다. 이후 일본군은 남해안 일대에 축성한 왜성들에 틀어박혀 전쟁을 기피하고 있었다.

조명연합군은 1598년 11월 19일에 철군을 서두르고 있는 500여 척의 일본 함대를 맞이하여 노량해전에서 승리하였다. 조명연합군은 왜선 450여 척을 부수었고, 왜군 수만 명을 죽였다. 하지만 이순신 장군은 이 전투에서 순국하였고, 노량해전을 끝으로 전란은 종식되었다.

전란 중에 수많은 백성들은 삶의 터전을 떠나 스스로의 힘으로 생명을 보존해야 했다. 굶주린 백성들은 살아남기 위해 도적질도 불사했다. 당시 조선의 식량 사정은 전란으로 인해 극도로 악화되었고, 기근으로 인해 굶어 죽는 자들도 적지 않았다.

이순신은 한양으로부터 충분한 군비를 지원받기 어려운 상황에서 일본의 침략을 예견하고 거북선과 판옥선을 건조하는 과업 외에도 필요한 군비를 자체적으로 조달하는 비범한 리더십을 발휘했다.

전쟁이란 생사를 넘나들며 적을 죽이지 않으면 아군이 죽어야 하는 특수한 상황이기에, 장수의 엄격한 법 집행이 허용된다. 이순신은 나라에 충성하고 군율을 분명히 하면서도 병졸들뿐만 아니라 불쌍한 피난민들의 처지까지 배려하였다. 그가 충성을 맹세한 나라는 장수들과 병졸들의 나라였고, 불쌍한 백성들의 나라였다.

그는 기록경영의 중요성을 몸소 실천한 인물로서 자신이 잘한 일뿐만 아니라 아쉬웠던 사건들도 『난중일기』에 기록하였다. 위기상황에 처해버린 조선을 구해야 한다는 신념으로 혼신의 힘을 다한 이순신은 하늘을 감동시켰고, 장졸들과 백성들의 마음을 사로잡을 수 있었다.

무에서 유를 창조한 이순신은 혁신의 아이콘이자 위기관리의 위대한 스승이다. 군자금이 부족하면 장졸들과 함께 소금을 굽거나 물고기를 잡는 등 자체적으로 해결하였다. 이순신은 7년 전쟁이 지속되는 동안 곳곳에서 난제를 풀어야 했지만 좌절하지 않았고, 창조적으로 해법을 모색하며 23전 23승이라는 불패신화를 일궈냈다.

『난중일기』에는 활쏘기에 관한 기록이 자주 등장한다. 식량문제를 온전히 해결하지 못한 전쟁터에서 사냥은 굶주림을 해결할 수 있는 수단으로 활용되었다. 사냥은 무예를 연마하는 군사훈련일 뿐만 아니라 여가활동으로도 활용되었다.

이순신은 전쟁 중에도 적절한 놀이를 통해 군사들의 안정적인 심리상태를 유지할 수 있었다. 여가활동(놀이)은 노동의 질을 개선하는데도 효과적이다. 인간의 문명 자체가 놀이에서 비롯되었다는 호모 루덴스의 관점에서도 놀이의 중요성은 재론의 여지가 없다. 인간은 노동과 놀이의 상호작용 속에서 노동의 질을 개선하며 행복한 삶으로 나아가야 한다.

그는 장수들과 어울리며 술을 마시고 친교하는 것을 즐겼다. 모범적인 삶을 살았고 자신의 목숨보다 전란으로부터 나라를 구해야 한다는 일념으로 전란에 임했던 장군께서 자주 술을 마셨던 이야기를 진솔하게 기록한 것을 보면, 당시 조선 장수들은 술을 즐겼고 사회적으로도 용인된 문화였음을 짐작해 볼 수 있다.

장군은 전쟁의 소용돌이가 극심했던 1592년, 1593년, 1597년, 그리고 1598년에는 활쏘기 중심의 여가생활을 선호했다. 조선의 장수들과 병졸들은 전쟁이 소강상태에 접어든 1594년부터 약 3년 동안 사냥, 바둑, 장기, 씨름 등 다채로운 여가활동에 참여함으로써 전란으로 인한 스트레스를 극복하며 군인들의 사기 진작을 도모하였다.

노동과 여가생활은 실과 바늘처럼 분리하기보다 통합적인 해법을 모색해야만 실효성을 높일 수 있다. 이제 한국사회는 노동현장에서의 경쟁력뿐만 아니라 여가활동의 공간에서도 스트레스 해소나 삶의 에너지를 재충전하고, 삶의 지혜를 터득하며 자기계발을 도모하는 여가생활에 익숙해져야 한다.

참고
문헌

1) 현충사관리소, 『충무공 이순신과 임진왜란』, 현충사관리소, 2011.

2) 유성룡 저·김홍식 역, 『징비록』, 서해문집, 2003.

3) 김형모, 이순신 실천사상의 행정철학적 함의에 관한 연구, 단국대학교 박사학위
논문, 2003.

4) 안창범, 『천지인 사상에서 한국본원사상이 나왔다』, 삼진출판사, 2013.

5) 손자 저·김원중 역, 『손자병법』, 휴머니스트, 2020.

6) 장준호, 柳成龍의 『懲毖錄』 硏究, 서강대학교 박사학위논문, 2017.

7) 현충사관리소, 『충무공 이순신과 임진왜란』, 현충사관리소, 2011.

8) 구스도 요시아키 저·조양욱 역, 『천하제패 경영』, 경영정신, 2000.

9) 박정의, 『일본 일본인의 이해』, 지식과교양, 2011.

10) 김희영, 『궁금해서 밤새 읽는 일본사』, 청아출판사, 2018.

11) 김준배, 근대 일본 이순신(李舜臣)·넬슨(Nelson) 비교 담론의 등장과 변화 - 도요
토미 히데요시(豊臣秀吉)·도고 헤이하치로(東鄕平八郎) 담론의 영향을 중심으로-,
『일본언어문화』 38 : 237-259, 2017.

12) 마킨 판 크레펠트 저·이동훈 역, 『전쟁본능』, 살림출판사, 2010.

13) 권오상, 『전쟁의 경제학』, 플래닛미디어, 2017.

14) 장연 편역, 『한권으로 읽는 삼국지』, 김영사, 2010.

15) 이민웅, 壬辰倭亂 海戰史 硏究, 서울대학교 박사학위논문, 2002.

16) 『선조수정실록』 1591년 7월 1일

17) 이춘근, 『전쟁과 국제정치』, 북앤피플, 2020.

18) 4차 산업혁명의 군사적 접목을 위한 전투실험(국방일보 2019.12.19)

19) 현충사관리소, 『충무공 이순신과 임진왜란』, 현충사관리소, 2011.

20) 현충사관리소, 『충무공 이순신과 임진왜란』, 현충사관리소, 2011.

21) 손창련, 現代的인 造船工學 技術에 基盤한 韓國 傳統船舶의 재현, 목포대학교 박사학위
논문, 2013.

22) 세종 때 완성된 세계적 화약무기… "임진왜란 승리의 비밀"(조선비즈, 2019.11.23)

23) 박재광, 임진왜란기 朝·明·日 삼국의 무기체계와 교류 - 火藥兵器를 중심으로 -,
『군사』 51 : 109-149, 2004.

24) 국립민속박물관, 『새롭게 읽는 조선의 궁술』, 휴먼컬처아리랑, 2014; 김세현, 조선시대
궁장(弓匠)과 활 제작기술 연구, 한서대학교 석사학위논문.

25) 이민웅,『임진왜란 해전사』, 청어람미디어, 2004.

26) 김영환, 壬辰戰爭期 韓·中·日 3國의 戰爭指導와 軍事作戰에 대한 比較硏究, 원광대학교 박사학위논문, 2018.

27) 이상훈, 신립의 작전지역 선정과 탄금대 전투,『군사』87 : 275-302, 2013.

28) 박정의,『일본 일본인의 이해』, 지식과교양, 2011.

29) 최두환, 충무공 이순신의 리더십에 관한 연구 : 난중일기에 나타난 리더십 사례를 중심으로, 경남대학교 박사학위논문, 2005.

30) 도설천하 국학서원계열 편집위원회 엮음·유소영 역,『三十六計』, 시그마북스, 2010.

31) 클라우제비츠 저·허문순 역,『전쟁론』, 동서문화사, 2009.

32) 박기봉 편역,『충무공 이순신전서 1』, 비봉출판사, 2006.

33) 임원빈, 첨단 조선 수군과 이순신 제독의 혁신,『이순신연구논총』28 : 229~266, 2017.

34) 이민웅, 壬辰倭亂 海戰史 硏究, 서울대학교 박사학위논문, 2002.

35)『선조수정실록』25년 7월 1일

36) 박기봉 편역,『충무공 이순신 전서 1』, 비봉출판사, 2006.

37) 박기봉 편역,『충무공 이순신 전서 1』, 비봉출판사, 2006.

38) 이영석, 제1·2차 진주성 전투 시 지휘관들의 리더십 연구,『정신전력연구』51 : 153-215, 2017.

39) 김평원, 행주산성 전투에 사용된 변이중 화차의 복원,『한국과학사학회지』33(3) : 477-508, 2011.

40) 신윤호, 임진왜란 강화교섭 시기 조선의 對日정책,『이순신연구논총』23 : 1-37, 2015.

41) 김한신, 임진왜란기 강화교섭과 유성룡의 외교활동(1593.4-1595.7),『민족문화연구』77 : 213-255, 2017.

42) 김영수,『사기의 경영학』, 원앤원북스, 2009; 전국역사교사모임,『처음 읽는 중국사』, 휴머니스트, 2018.

43) 김영수,『사기의 경영학』, 원앤원북스, 2009.

44) 이춘근,『전쟁과 국제정치』, 북앤피플, 2020.

45) 김경태, 정유재란 직전 조선의 정보수집과 재침 대응책,『한일관계사연구』59 : 229-271, 2018.

46) 김문자, 임진왜란 연구의 제 문제 -임진정유재란 발발 원인에 대한 재검토-,『한일관계사연구』67 : 139-175, 2020.

47) 제장명, 이순신의 백의종군의 역사적 의미,『순천향대학교 이순신연구소 2014년 이순신학술세미나』, 10-39.

48) 손자 저·김원중 역,『손자병법』, 휴머니스트, 2020.

49) 이원희, 정유재란기 칠천량해전의 패인 분석 - 전쟁의 원칙 적용을 중심으로 -,『군사연구』139 : 289-317, 2015.

50) 대럴 릭비 & 정지택,『CEO의 위기경영』, 청림출판, 2010.

51) 하버드 경영대학원 저 · 정경호 역, 『위기관리』, 웅진윙스, 2008.

52) 램차란 저 · 김정수 역, 『램차란의 위기경영』, 살림Biz, 2009.

53) 이지훈, 『혼창통魂創通』, 쌤앤파커스, 2010.

54) 손자 저 · 김원중 역, 『손자병법』, 휴머니스트, 2020.

55) 김만호, 壬辰倭亂期 民人의 反王朝活動, 전남대학교 박사학위논문, 2015.

56) 현충사관리소, 『충무공 이순신과 임진왜란』, 현충사관리소, 2011.

57) 한비 저 · 김원중 역, 『한비자』, 글항아리, 2012.

58) 안진규, 李舜臣의 體育思想 硏究, 한양대학교 박사학위논문, 2007.

59) 피터 피스크 저 · 장진영 역, 『게임체인저』, 인사이트앤뷰, 2015.

60) 박영숙 · 제롬, 『유엔미래보고서 2045』, 교보문고, 2015.

61) 유발 하라리 저 · 전병근 역, 『21세기를 위한 21가지 제언』, 김영사, 2018.

62) 최재봉, 『포노 사피엔스』, 쌤앤파커스, 2019.

63) 이순신 저 · 노승석 역, 『교감완역 난중일기』, 여해, 2019.

64) 김대환, 메모습관, 『수필시대』 1 : 266-268, 2006.

65) 편집부, 잊기 위해 메모하라 - 성공인의 메모 습관 따라하기, 『월간 샘터』, (2004. 01)

66) '봉테일'의 아이패드 사랑…기생충 스토리보드 빼곡(한국경제, 2020.4.24)

67) 제임스 클리어 저 · 이한이 역, 『아주 작은 습관의 힘』, 비즈니스북스, 2019.

68) 송경근, 중세유럽의 십자군 전쟁은 원정인가 침략인가?, 『지중해지역연구』 9(1) : 83-106, 2007.

69) 김덕영, 『루터와 종교개혁』, 길, 2017.

70) 차기문, 『현대사를 통해 본 정의의 전쟁』, 도서출판 역락, 2008.

71) 송병락, 『전략의 신』, 쌤앤파커스, 2015.

72) 柳奇玉 역주, 『明心寶鑑』, 신아출판사, 2005.

73) 김종호, 현대 법철학에 있어서 국가론의 기본적 구조와 문제점 - 정의론에서 자유와 평등의 위치에 대한 고찰 -, 『법이론실무연구』 8(3) : 185-225, 2020.

74) 마이클 샌델 저 · 김명철 역, 『JUSTICE』, 미래엔, 2019.

75) 김정현, 무의식과 꿈의 문제 - 니체와 프로이트, 융의 해석을 중심으로 -, 『니체연구』 13 : 35-67, 2008.

76) 프리드리히 니체 저 · 정동호 역, 『유고(1984년 초~가을)』, 책세상, 2019; 김정현, 무의식과 꿈의 문제 - 니체와 프로이트, 융의 해석을 중심으로 -, 『니체연구』 13 : 35-67, 2008.

77) 정미선, 『전쟁으로 읽는 세계사』, 은행나무, 2009.

78) 에드워드 기번 저 · 강석승 역, 『로마제국쇠망사』, 동서문화사, 2016.

79) 새뮤얼 헌팅턴 저 · 이희재 역, 『문명의 충돌』, 김영사, 1997.

80) 안현호, 『한 중 일 경제 삼국지』, 나남, 2013.

81) 주영하, 『음식전쟁 문화전쟁』, 사계절, 2000.

82) 안진규, 李舜臣의 體育思想 硏究, 한양대학교 박사학위논문, 2007.

83) "호텔로 출근하세요"…사무실 자처하는 특급호텔들(조선비즈, 2020.7.2.)

84) 안진규, 李舜臣의 體育思想 硏究, 한양대학교 박사학위논문, 2007.

85) 박현모, 『세종처럼』, 미다스북스, 2014.

86) 진윤수 외, 이순신의 난중일기에 나타난 종정도(從政圖)에 관한 연구, 『한국체육 학회지 인문·사회과학편』 45(4) : 13~21, 2006.

87) 양재연 외, 『한국의 풍속』, 문화재관리국, 1970.

88) 진윤수 외, 이순신의 난중일기에 나타난 종정도(從政圖)에 관한 연구, 『한국체 육학회지 인문·사회과학편』 45(4) : 13~21, 2006.

89) 정용수, 호모루덴스로 살펴보는 인간 규정 - 피로사회 극복을 위한 시론, 『대동철학』 82 : 85~103, 2018.

90) 요한 하위징아 저·이종인 역, 『호모 루덴스』, 연암서가, 2010.

91) C. T. Veit & J. E. Ware, The structure of psychological distress and well-being in general population, *Journal of Consulting and Clinical Psychology*, 51(5) : 730-742, 1983.

92) 이은숙·조혜정, 성인 음주자의 음주 패턴에 따른 정신건강과 주관적 건강상태에 대한 융합적 연구, 『한국융합학회논문지』 11(7) : 319-328, 2020.

93) 임복희·이용철, 성인 남녀의 음주정도에 영향을 미치는 요인 및 음주정도에 따른 건강행위 비교분석, 『알코올과 건강행동연구』 11(2) : 107-123, 2010.

94) 안진규, 李舜臣의 體育思想 硏究, 한양대학교 박사학위논문, 2007.

95) 안진규, 李舜臣의 體育思想 硏究, 한양대학교 박사학위논문, 2007.

96) 김문겸, 여가의 역사와 여가사회의 신화, 『사회조사연구』 17 : 1-22, 2002; 조광익, 『여가의 사회이론』, 대왕사, 2010.

97) Seligman, M. & Csikszentmihalyi, M., Positive psychology: An introduction, *American Psychologist* 55(1) : 5-14, 2000.

98) 프레스 루당스 외 저·김강훈 외 역, 『긍정심리자본』, 럭스미디어, 2012.

99) Luthans, F. et al., Positive Psychological Capital: Measurement and Relationship with Performance and Satisfaction, *Personnel Psychology* 60 : 541-572, 2007; 최일선, 여가경험을 통한 긍정심리자본의 형성 : 놀이성을 중심으로, 한양대학교 박사학위논문, 2015.

본 저서는 '난중일기'와 관련된 기록들을 "이순신 저·노승석 역, 『교감완역 난중일기』, 여해, 2019"에서 발췌하였다.

저자약력

이 영 관

순천향대학교 관광경영학과 교수

1964년 충청남도 아산에서 태어났다. 한양대학교 관광학과
졸업 후 인류 역사를 빛낸 위인들의 발자취를 답사하며 글로
벌 리더십의 중요성을 깨달았고, 우리 역사를 빛낸 영웅들을
연구하며 코리안 리더십을 체계화하고 있다.
한양대 대학원에서 기업윤리를 연구해 박사학위를 받았으며,
미국 코넬대학교 호텔스쿨과 메사추세츠대학교(Umass) 경영
대학의 교환교수, '세종 온양행궁 포럼' 상임공동대표를 역임
했다.

리더십 연구는 비전을 제시하며 조직 경쟁력을 높여야 하는
최고 경영자의 관점에서 접근할 수도 있고, 조직 구성원들과
민주적으로 소통하며 팀이나 부서의 성과를 향상시켜야 하는
중간 관리자의 관점에서도 해법을 모색할 수 있으며, 남녀노
소를 불문하고 성공을 꿈꾸는 사람들의 자기계발 차원에서도
삶의 지혜를 이끌어 낼 수 있다.

주요저서로 『코리안 리더십 세종에 묻다』, 『조선의 리더십을 탐
하라』, 『스펙트럼 리더십』, 『한국의 아름다운 마을』, 『대한민
국 걷기 좋은 길 111』(공저), 『우리 강산 샅샅이 훑기(서해안
여행)』(공저), 『여행업 창업과 경영』(공저), 『1박2일 실버여행』
(공저), 『대한민국 머물기 좋은 방 210』(공저) 등이 있다.

코리안 리더십 이순신의 킹핀

2021년 3월 20일 초판 1쇄 인쇄
2021년 3월 25일 초판 1쇄 발행

지은이 이영관
펴낸이 진욱상
펴낸곳 (주)백산출판사
교 정 박시내
본문디자인 오행복
표지디자인 오정은

등 록 2017년 5월 29일 제406-2017-000058호
주 소 경기도 파주시 회동길 370(백산빌딩 3층)
전 화 02-914-1621(代)
팩 스 031-955-9911
이메일 edit@ibaeksan.kr
홈페이지 www.ibaeksan.kr

ISBN 979-11-6567-235-5 03190
값 18,500원